古代歷史文化研究輯刊

二六編

王明蓀 主編

第9冊

信息傳遞與帝國統治：唐代朝集使研究

于曉雯 著

國家圖書館出版品預行編目資料

信息傳遞與帝國統治：唐代朝集使研究／于曉雯 著 -- 初版
-- 新北市：花木蘭文化事業有限公司，2021〔民 110 〕
序 2+ 目 2+192 面；19×26 公分
（古代歷史文化研究輯刊 二六編；第 9 冊）
ISBN 978-986-518-592-3（精裝）

1. 官制 2. 唐代

618　　　　　　　　　　　　　　　　　110011820

ISBN-978-986-518-592-3

9 789865 185923

古代歷史文化研究輯刊
二六編　第 九 冊　　　　　ISBN：978-986-518-592-3

信息傳遞與帝國統治：唐代朝集使研究

作　　者　于曉雯
主　　編　王明蓀
總 編 輯　杜潔祥
副總編輯　楊嘉樂
編　　輯　許郁翎、張雅淋、潘玟靜　美術編輯　陳逸婷
出　　版　花木蘭文化事業有限公司
發 行 人　高小娟
聯絡地址　235 新北市中和區中安街七二號十三樓
　　　　　電話：02-2923-1455／傳真：02-2923-1452
網　　址　http://www.huamulan.tw 信箱 service@huamulans.com
印　　刷　普羅文化出版廣告事業
初　　版　2021 年 9 月
全書字數　200495 字
定　　價　二六編 32 冊（精裝）台幣 88,000 元　　　版權所有 · 請勿翻印

信息傳遞與帝國統治：唐代朝集使研究

于曉雯 著

作者簡介

于曉雯，高雄人。國立政治大學歷史學系碩士。現為國立臺灣師範大學歷史學系博士候選人。研究領域為中國中古史、法制史。

提　　要

　　隋唐時代的朝集使，是在秦漢上計的脈絡下發展而來。上計制度起初帶有「述職」的意味，地方將諸項統計資料上報中央、接受考核，中央藉此檢驗官員一年來的工作表現。隋文帝結束南北朝以來的分裂局面，建立一統政權，並且改革上計制，創建朝集制。朝集使由地方長官充使入京，展現中央對於地方的直接支配。上計吏的工作也一分為二，戶籍與計帳由計帳使在年初攜帶入京；朝集使帶著考課與其他資料於年底入京，並參加元會。唐代朝集使攜帶的簿冊，有考課、刑獄、捉錢品子名、官畜私馬與官船帳，以及僧尼身死還俗帳等，當中牽涉到官僚考績、司法運行、運輸體系和特殊身分者優待事項。朝集使提供的信息，在有形簿冊之外，他對地方風俗的瞭解、國家政策的看法，亦為朝廷採用。

　　唐代元會雖已不具更新君臣關係的功能，但在參與者的位次上，京官、朝集使、外藩的排序，為中國天下觀的實際表現。唐代諸多使職中，唯有朝集使參與多項國家禮儀，顯示其特殊性。朝集使參與的國家祭祀，絕大多數是皇帝曾親祭過、與皇權密切相關的儀式。朝集使曾受安史之亂的影響而暫停，德宗曾短暫恢復，但不變的局勢已不適合朝集使的運作。中晚唐信息傳遞的管道，由新起的進奏院溝通上下。進奏院是肅、代二朝因時興起的機構，最初為藩鎮服務。進奏院與朝集使曾一度並存，但二者沒有繼承關係。

自 序

　　本文為筆者 2012 年碩士論文修改而成。碩士論文完成後，曾將第三章第二節「朝集使的禮儀職能」、第三節「朝集使的任期與敕戒」以〈大唐開元禮中的朝集使：兼論朝集使在京時間〉為題，發表於《政大史粹》第 25 期（2013.12）；第四章第三節「賀正使與禮儀參與」以〈唐代的朝集使與賀正使〉為題，發表於韓國外國語大學哲學文化研究中心、臺灣研究中心主辦，第五屆東亞「文史與社會」研究生論壇（韓國外國語大學，2015.12.27-29）。此次修改，仍維持原論文框架，僅調整部分文句並增補近年來相關研究。

　　論文出版距離當初畢業時隔了一段時間，感謝指導教授陳登武教授和口試委員羅彤華教授與陳俊強教授的鼓勵，我才有信心將論文修改出版。登武老師即使諸項行政工作忙碌，對我這個駑鈍的學生，在課業上、生活中，都耐心教導，指引方向。

　　此次提筆修改論文，回想到過往諸多師長、助教、學長姐、同儕的提攜和相助，至今仍深懷感謝。寫論文時，每兩週從政大坐車到師大，向老師報告論文進度、或是聆聽同門的報告。有一天，老師體恤地問我搭車會不會辛苦？我向老師說：完全不會，反而對於每兩週能「進城」感到開心又期待！那瞬間，我突然覺得自己像朝集使一般，帶著自己的「考課」，定期「進京」，回報概況。以前只能從文字上認識朝集使，現在開始從心境上理解朝集使。

　　碩士論文寫作期間獲得 2011 年廖風德先生學術研究培育獎，特此致謝。

　　感謝我的父母兄長一直以來無盡的支持與包容，家人的支持，是我能走到今天動力。

目

次

第一章 緒 論

一、研究動機

　　中國自先秦時期，就有地方長官定期朝覲，並向中央匯報地方情況的制度。《孟子‧梁惠王》：「天子適諸侯曰巡狩，巡狩者，巡所守也。諸侯朝於天子曰述職，述職者，述所職也」。[註1] 又《漢書‧司馬相如傳》錄〈子虛賦〉：「夫使諸侯納貢者，非為財幣，所以述職也；封彊畫界者，非為守禦，所以禁淫也」，郭璞曰：「諸侯朝於天子曰述職」，顏師古注曰：「述，循也，謂順行也」。[註2] 古時諸侯朝覲天子，獻上貢賦，並向天子報告職守，即為述職。春秋戰國時期，集權國家逐漸形成，諸侯述職則演變為日後秦漢的上計制度。[註3] 上計之「計」，本為計量、計算或統計之意，將各種計算與統計的資料紀錄作為簿冊，就是「計簿」、「計帳」；地方官將計簿進呈朝廷，稱為上計。[註4]

　　目前春秋戰國所留下的上計資料不多，且敘事都頗為相近，[註5] 這些情

〔註1〕（漢）趙岐注，（宋）孫奭疏，十三經注疏整理委員會整理，《孟子注疏》（北京：北京大學出版社，2000），卷2，〈梁惠王章句下〉，頁49。

〔註2〕（漢）班固，《漢書》（北京：中華書局，1962），卷57，〈司馬相如傳〉，頁2547。

〔註3〕嚴耕望，《中國地方行政制度史甲部：秦漢地方行政制度》（臺北：中央研究院歷史語言研究所，1997），第八章〈上計〉，頁257。

〔註4〕高敏，〈秦漢上計制度述略〉，收入氏著，《秦漢史探討》（鄭州：中州古籍出版社，1998），頁175。

〔註5〕如《韓非子‧外儲說左下》與《晏子春秋》的主角原本皆是勤政愛民的地方官，因杜絕請託得罪權貴，在上計時被國君誤認政績不良，差點被革職，之後便對於不法之事「網開一面」，滿足權貴份子，在中央反而擁有好名聲。參見：（戰國）韓非，陳奇猷校注、中華書局上海編輯所編輯，《韓非子》（北京：中華書局，1958），卷12，〈外儲說‧左下〉「說四」，頁693。吳則虞編著，

節相似的事例，葛劍雄認為都是以事寓言。〔註6〕然不可否認，此時期上計制度確實存在，當時的資料也反映出上計制度的幾個重點：其一是在上計層級與人員上，直屬國君的縣，上計於國君；隸屬於郡的縣，先上計於郡守，再由郡守上計國君，此係當時地方行政一級與二級並置，故上計制度亦有二重。〔註7〕其二為上計的時間，於每年歲末舉行，如《韓非子‧外儲說右下》：「田嬰相齊，人有說王者曰：『終歲之計，王不一以數日之間自聽之，則無以知吏之姦邪得失也』」。〔註8〕其三是上計的項目，當時應有賦稅、戶口等項目，寫於木券、上呈國君，國君再將此木券一分為二，左券發還地方，右券留上級存查。年終，地方便依據本年上計的內容進行結算，待由上級核實，國君再依此對地方官員進行考課。〔註9〕上計制度於此時已有了大致的雛型，秦確立中央集權後，上計制度的規範面與運作面將越來越清晰。

上計制度存在的目的，主要體現在國家對於官員政績的考核，背後反映了國家對地方的控制。此外，官員上呈的各式資料，亦可視為一種信息，作為中央瞭解天下概況基礎，舉凡人口多寡、土地大小邊界、賦稅徭役情形、農作物收成、犯罪人數與類型、是否有水旱蝗災等等。此一制度，實謂當時的信息傳遞渠道。

上計原是在秦漢大一統國家下運行的制度，歷經魏晉南北朝各政權輪替，以及諸項政治與社會的變遷，到隋朝建立時，原本的制度已不再適用於當時，故隋文帝另設朝集使，取代上計制度重新聯繫中央與地方。

在信息傳遞的最初端，基層對於信息的蒐集與整理，將影響到中央看到

《晏子春秋》（北京：中華書局，1962），卷7，〈外篇〉「晏子再治東阿上計景公迎賀晏子辭第二十」，頁478。同事亦見（漢）劉向，盧元駿註譯，《說苑》（臺北：商務印書館，1988），卷7，〈政理〉，頁213。另在《韓非子‧難二》、《淮南子‧人間訓》、《新序‧雜事》等書中有上計超過原本額度而引起關注的記載。參見：《韓非子》，卷15，〈難二〉，頁835。（漢）劉安，（漢）高誘注，《淮南子》（北京：中華書局，1989），卷18，〈人間訓〉，頁606。（漢）劉向，《新序》（臺北：商務印書館，1991），〈雜事〉，頁69。

〔註6〕葛劍雄，〈秦漢的上計和上計吏〉，《中華文史論叢》，22（上海，1982.05），頁181。

〔註7〕嚴耕望，《中國地方行政制度史甲部：秦漢地方行政制度》，第八章〈上計〉，頁258。

〔註8〕《韓非子》，卷14，〈外儲說‧右下〉，「說四」，頁781。

〔註9〕徐富昌，〈秦簡所見的上計內容〉，收入氏著，《睡虎地秦簡研究》（臺北：文史哲出版社，1993），頁431。

的地方樣貌；而中央掌握信息能力的強弱，亦反映國家權力的大小。中央集
權強大時，各地無不聽從號令，按時上計、朝拜中央；相反地，國家權力減弱
之時，地方便出現不奉計的情形。因此，觀察信息傳遞的運作方式，亦是瞭
解中央與地方關係的一個途徑。〔註10〕對疆域遼闊的帝國而言，各地情資的
蒐集掌握是中央集權能否有效貫穿的關鍵。唐律規定臣下在對制、奏事、上
書的內容必須如實，不得造假，否則將加以懲罰。〔註11〕朝廷將訊息的可靠
性上升到法制層面，反映中央重視訊息真實的一面。〔註12〕

　　從上計吏到朝集使，當中的轉變有何意義？朝集制度在哪些方面繼承了
上計制度，又有哪些方面的改革與創新？朝廷又是如何利用朝集使進行國家
統治、加強皇權？此外，上計制度自秦漢到魏晉南北朝，實行數百年之久，
但朝集使歷經安史之亂後，卻難再恢復，當中的原因為何？筆者期望透過訊
息傳遞與帝國統治這兩個層面，探討唐代朝集制度的興衰起滅。

二、文獻回顧

（一）朝集使研究

　　學界關於朝集使的研究，以單篇論文居多，目前尚無專書論著。管見所及，
較早研究朝集使者首推日本學者坂本太郎。唐代的朝集制度經由遣唐使傳入日
本，在日本發展為四度使制：朝集使、大帳使、稅帳使、貢調使，故欲探究日
本的朝集使，必先論及唐代的制度。坂本氏在《日本古代史の基礎的研究》中，
雖旨在介紹日本的朝集使制度，亦對唐代朝集制度做了一番梳理。〔註13〕

　　在朝集使溯源方面，以曾我部靜雄的研究最為詳盡。氏著《中國社會經
濟史の研究》第六章〈上計吏と朝集使〉中，從《周禮》出發，追溯上計吏
的源頭，並注意到北齊以來諸州郡國使人的出現，其與日後朝集使的關係。
此觀察罕為學界所見，而日後學者在討論朝集使與上計吏關係之時，少有對
此加以發揮解釋，多在上計吏到底是唐代的計帳使還是朝集使上打轉，甚為

〔註10〕鄧小南主編，《政績考察與信息渠道——以宋代為重心》（北京：北京大學出
　　　　版社，2008），〈前言〉，頁3～4。
〔註11〕（唐）長孫無忌等撰，《唐律疏議》（北京：中華書局，1983），卷25，〈詐偽
　　　　律〉，「對制上書不以實」條（總368條），頁458～459。
〔註12〕謝元魯，《唐代中央政權決策研究》（臺北：文津出版社，1992），頁176。
〔註13〕（日）坂本太郎，〈朝集使考〉，收入氏著，《日本古代史の基礎的研究（下：
　　　　制度篇）》（東京：東京大學出版會，1964），頁189。

可惜。關於上計吏、朝集使、計帳使三者間的關係，曾我部氏也試圖解決。曾我部氏從西魏蘇綽制計帳戶籍之法，說明計帳使與朝集使之分野並非始於唐朝，在西魏時就已分明。另外，曾我部氏亦論及唐日二國朝集使的差異，提供讀者不一樣的方向，可在中日比較的視野下理解朝集制度。〔註14〕

目前學界於此課題的討論中，多集中在唐代朝集制度設立的時間點、從上計吏到朝集使的變化，以及朝集制度崩毀的原因等。申忠玲撰有〈唐代朝集制度確立時間小考〉一文，探討學界對於朝集制度起源的看法：有雷聞的武德七年說、胡寶華的貞觀二年到五年說、《中國歷史大詞典》「朝集使」條的開元八年說，申氏針對三種說法一一辨析，並推論朝集制度應在貞觀五年確立。申氏採貞觀五年作為朝集制度的確立時間，在於其將朝集使與朝集制度分開論述，申氏認為有朝集使不代表朝集制度已經建立，作為一種制度，其中運行的穩定性與規範性相當重要。〔註15〕但制度的存在是長期演變的結果，將朝集使與朝集制度的起始分開談論，難窺朝集制度的全貌，而朝集使從非定制走向定制的過程，實有仔細探究的必要。

在勾勒朝集制度的細節方面，雷聞撰有〈隋唐朝集制度研究——兼論其與兩漢上計制之異同〉中，對於朝集制度的細節，如朝集使團的成員、朝集使的職能等做了詳細論述，另從宋敏求的《長安志》中，推得朝集使在京城州邸的坐落。〔註16〕此外，雷氏另有〈俄藏敦煌 Дx.06521 殘卷考釋〉一文，利用敦煌文書中關於朝集制度的規定，修訂了今本《唐會要》在朝集制度方面傳抄過程中的一些錯誤，另推得唐朝規範朝集制度的法律規定主要存於〈戶部格〉與〈考課令〉中，其中佚失的〈考課令〉更對朝集制度的理解有重要的貢獻。〔註17〕以往關注朝集使的研究中，多以正州朝集為研究對象，王義康〈唐代蕃州朝集制度試探〉，指出蕃州朝集的時間要到貞觀二十一年（647）滅薛延陀後才形成，管理蕃州朝集的主管單位是禮部主客司和鴻臚寺，故蕃州朝集使具有四

〔註14〕 （日）曾我部靜雄，〈上計吏と朝集使〉，收入氏著，《中國社會經濟史の研究》（東京：吉川弘文館，1976），頁 371～403。

〔註15〕 申忠玲，〈唐代朝集制度確立時間小考〉，《西安文理學院學報（社會科學版）》，10：1（西安，2007.02），頁 61～63。

〔註16〕 雷聞，〈隋唐朝集制度研究——兼論其與兩漢上計制之異同〉，《唐研究》，7（北京，2001.12），頁 289～310。

〔註17〕 雷聞，〈俄藏敦煌 Дx.06521 殘卷考釋〉，《敦煌學輯刊》，39（蘭州，2001.06），頁 1～13。

夷朝賀的色彩。另王文考察蕃州朝集都督府的制度運行和意義。〔註18〕

　　論及朝集使的禮儀活動與政治意涵，以渡邊信一郎的〈元會的建構——中國古代帝國的朝政與禮儀〉為代表。渡邊氏從禮儀的角度，論述漢到唐之間元會儀的轉變，從中推演上計吏到朝集使的變化。漢唐之間元會儀的變化，表現在兩方面：一是確認君臣關係的委贄之禮廢除，轉為表達臣服的舞蹈禮。在委贄禮中，贄的種類象徵著官僚的禮制身分秩序，故隨著身分的不同，獻贄的種類也有所差異；而在舞蹈禮中，每個人都跳著相同的舞蹈，面對皇帝，每個臣子都是同等的。二是敕戒儀式的消失，漢魏元會的敕戒儀式，中央頒佈敕戒給上計吏，向地方長官宣佈應當遵守的職務規範；朝集使由地方長官親自擔任，敕戒儀式就無其必要性。唐代朝集使最重要的任務，在於上報考課，這與財務、政務報告為中心的上計吏有所不同，故從上計吏到朝集使，是從財政到人事的轉換。〔註19〕渡邊氏已討論朝集使參加元會的意義，然朝集使參與其他禮儀活動的意涵及其與帝國統治間的關係，仍待開拓。吳麗娛〈朝集使在郊廟禮儀中的出現——《大唐開元禮》校讀劄記一則〉解答開元禮中的諸州使人和朝集使的關係。吳麗娛從開元禮製作的角度解釋，原本不論有無朝集使都是以諸州使人稱呼，日後才根據情況將部分儀目增添朝集使。故有朝集使的諸條就是開元禮對前禮的修改，反映了開元禮對朝集制度的重視和強化。〔註20〕

　　寧志新《隋唐使職制度研究（農牧工商編）》，針對漢到唐的使職特點概況作一描繪。寧著雖屬通論，然其中談及州使與冬使這兩個使職，為筆者關懷朝集使問題時，提供思索的方向。州使是州級政權派遣的使者，始於魏晉南北朝，唐代的州使可分為二類，一是州府派遣的使者，稱為諸州使人；另

〔註18〕王義康，〈唐代蕃州朝集制度試探〉，《陝西師範大學學報（哲學社會科學版）》，43：3（西安，2014.05），頁102～105。

〔註19〕（日）渡邊信一郎，周長山譯，〈元會的建構——中國古代帝國的朝政與禮儀〉，收入（日）溝口雄三、小島毅主編，《中國的思維世界》（南京：江蘇人民出版社，2006），頁363～409。

〔註20〕吳麗娛指出《大唐開元禮》二十種皇帝親祭郊廟儀中，朝集使只出現在六種儀目中，此與朝集使在京時間相關。此觀察與筆者論文觀點一致。然筆者撰寫論文的過程中，對於諸州使人與朝集使的關係，始終沒有頭緒。閱讀此文後始有豁然開朗之感。參見：吳麗娛，〈朝集使在郊廟禮儀中的出現——《大唐開元禮》校讀劄記一則〉，《隋唐遼宋金元史論叢》，7（北京，2017.06），頁45～54。

是指州府長官。冬使是以派遣季節為命名，〔註21〕據寧氏考證，冬使早在春秋時期就已出現，南朝宋時也有冬使，南朝的冬使是例行性的設置，由下級政權派往上級政權的使職。到了隋唐，定期於冬季入朝匯報情況的使職稱為朝集使，而冬使則罕見於史籍之中。〔註22〕寧氏將南朝冬使與隋代朝集使做連結，雖然稍嫌武斷，但為朝集使溯源提供不一樣的思考方向。

關於朝集使消亡之因，胡寶華認為與節度使取代都督一職有關；〔註23〕渡邊氏歸因於安史之亂。〔註24〕雷聞則提出較全面的見解，由於唐代地方行政體系的改變、考課權易主、訊息傳遞功能多元化，使得朝集使背負的功能一一被取代，安史之亂的爆發無疑是加速其消亡的過程。〔註25〕于賡哲主要由訊息傳遞的角度出發，論述從朝集使到進奏院的過程及原因。〔註26〕申忠玲提出朝集制度本身的缺陷，如進京成本過高、只能進行定時性的匯報、職能受其他使職分化等，外部衝擊只是為朝集制度提供廢止的契機。〔註27〕

直接從訊息傳遞的觀點討論朝集使，可見前田紫穗美的〈律令制下における朝集使と文書の遞送〉前田氏從日本律令中對朝集使的規範切入，由《養老令・公式令》中看日本朝集使的特性，如離京的距離會影響朝集使的交通工具，以及四度使與文書運送的關係等面向。前田氏討論的是日本的朝集使，但對唐代朝集使仍有諸多啟發。〔註28〕

（二）信息傳遞研究

訊息傳遞是近幾年來研究的新視角，動態呈現歷史發展與帝國的樣貌，

〔註21〕 寧氏指出，四季當中只有冬使而不見其他三季使者之名，與古代農業作息相關，冬季是農閒季節，大規模的定期朝觀只能選在冬季舉行。參見：寧志新，《隋唐使職制度研究（農牧工商編）》（北京：中華書局，2005），頁16。

〔註22〕 寧志新，《隋唐使職制度研究（農牧工商編）》，頁8〜9、16。

〔註23〕 胡寶華，〈唐代朝集制度初探〉，《河北學刊》，1986年3期（石家莊，1986.06），頁73〜75。

〔註24〕 （日）渡邊信一郎，〈元會的建構——中國古代帝國的朝政與禮儀〉，《中國的思維世界》，頁401。

〔註25〕 雷聞，〈隋唐朝集制度研究——兼論其與兩漢上計制之異同〉，頁289〜310。

〔註26〕 于賡哲，〈從朝集使到進奏院〉，《上海師範大學學報（社會科學版）》，31:5（上海，2002.09），頁45〜50。

〔註27〕 申忠玲，〈唐代朝集制度的廢止及其原因〉，《青海師範大學學報（哲學社會科學版）》，2009年6期（西寧，2009.11），頁76〜78。

〔註28〕 （日）前田紫穗美，〈律令制下における朝集使と文書の遞送〉，《皇學館論叢》，34：6（伊勢，2001.12），頁41〜61。

當中以鄧小南主編的《政績考察與信息渠道——以宋代為重心》為代表。〔註29〕此書分為兩個層面來探討訊息與國家統治間的關係，一是課績與考察，二是上傳與下達。中央透過考課與監察取得地方資訊，納入帝國控制的網絡，並從中探討信息傳遞的管道與信息的真實性、可靠性。在中央與州縣官員的連結外，中央與民間的信息流通，諸如民眾的冤情、建言，甚至是法律的公佈等，書中皆有探討。〔註30〕該書所收的論文以宋代為大宗，對於唐代也略有提及，是筆者在操作此課題時的參考範本。

　　王靜〈朝廷和方鎮的聯絡樞紐：試談中晚唐的進奏院〉一文，〔註31〕考察史籍記載的進奏院集中在長安城東北部，鄰近大明宮、太極宮、興慶宮與皇城一帶，群聚化的原因與其職能和長安城區域功能的分化息息相關。李永〈從朝集使到進奏官——兼談中國古代的「駐京辦事處」〉，〔註32〕比較朝集使與進奏官的身分、在京居所，以及二者在信息傳遞類型上的差異；另將時間段限拉長，從秦漢以來的上計吏，到唐代的朝集使、進奏院，可看出中國古代地方政府「駐京辦事處」的歷史演進。謝元魯在《唐代中央政權決策研究》中，專門以〈決策的依據和信息傳達渠道〉介紹唐代中央與地方之間訊息傳遞的方式，〔註33〕可供理解朝廷與地方間的溝通概況。

　　綜上所述，多數學者投入唐代朝集制度、信息傳遞方面的研究，對於理解朝集制度有很大的貢獻，然有不少細節仍待探究與補白。第一，朝集使的人員資格，依《唐六典》的規定：「凡天下朝集使皆令都督、刺史及上佐為之」，〔註34〕雷聞又根據出土文書，補充錄事參軍亦可代集，〔註35〕法律的規定面

〔註29〕鄧小南，《政績考察與信息渠道——以宋代為重心》。北京大學又於 2012 年出版鄧小南、曹家齊與平田茂樹主編的《文書・政令・信息溝通——以唐宋時期為主》一書。近年關於信息研究的回顧可參：吳麗娛，〈唐代信息研究的特色與展望——以信息傳遞的介質、功能為重點〉，《唐宋歷史評論》，4（北京，2018.05），頁 173～195。

〔註30〕鄧小南，《政績考察與信息渠道——以宋代為重心》。

〔註31〕王靜，〈朝廷和方鎮的聯絡樞紐：試談中晚唐的進奏院〉，收入鄧小南主編，《政績考察與信息渠道——以宋代為中心》，頁 235～273。

〔註32〕李永，〈從朝集使到進奏官——兼談中國古代的「駐京辦事處」〉，《天府新論》，2011 年 6 期（成都，2011.11），頁 132～136。

〔註33〕謝元魯，《唐代中央政權決策研究》，頁 128～135。

〔註34〕（唐）李林甫等撰，陳仲夫點校，《唐六典》（北京：中華書局，1992），卷 3，頁 79。

〔註35〕雷聞，〈俄藏敦煌 Дx.06521 殘卷考釋〉，頁 1～13。

與實際面是否一致？尚須一一比對史料留存的朝集使身分才能確知。第二，仁井田陞《唐令拾遺・選舉令》云「朝集使一年在京」，〔註36〕朝集使每年由地方入京朝參，若是視為一年一任，確實合理，但真的有可能在京城待到一年之久嗎？既然朝集使是每年從地方前往中央，又要如何理解唐代的「三年上計」之說？第四，朝集使在京期間除了參與元會大典以外，還會參加國家大祀的活動，這些禮儀都可見於《大唐開元禮》中，朝廷為何規定朝集使要出席這些場合？這些禮儀活動有何相關之處？朝集使又扮演何種角色？第五，唐代皇帝在朝集使離京時會頒佈敕書，每任皇帝所頒內容不一，當中又以玄宗朝的數量為最，其原因何在？敕書內容反映了何種社會現象？以上所舉內容，是過去朝集使研究當中較少談論到的部分。另外，近年來新史料《天聖令》的發現，當中〈獄官令〉、〈廄牧令〉、〈營繕令〉、〈賦役令〉、〈雜令〉等條目，有不少是傳統史料所未見，對於補足朝集使的空白，確立朝集使的職能有很大助益。

三、章節安排

　　本論文旨在考察唐代朝集制度的內容，以及朝集使在唐前期國家統治下扮演的角色及意義。論文從歷史溯源、朝集制度的性質與職能、朝集使的終結三方面進行討論。第一章說明研究動機、文獻回顧與章節安排。第二章從朝集使的前身，秦漢上計制度談起。一個制度的形成必有其歷史背景與緣由，要理解朝集使的意義，必先從秦漢上計著手。自先秦的「天子巡狩，諸侯述職」，到《睡虎地雲夢秦簡》將上計規定在法律當中，以及漢代的一切事務皆上計，展現國家權力的集中。魏晉南北朝上計情形雖無法與漢代相比，但此時期是漢代上計到隋唐朝集制的過渡階段，尤其是元會的具體化，為日後唐代元會奠定基礎。隋文帝一改兩漢上計，創建朝集使，朝集使與上計吏的身分差異，反映隋代國家勢力直接滲透到地方。

　　第三章從信息傳遞與禮儀兩方面討論朝集使的職能。以往所知朝集使從地方攜帶的簿冊有考課、刑獄、捉錢品子名簿，因《天聖令》的發現，增加了官畜私馬與官船帳。朝集使以地方官身分進京，代表地方發言，深受皇帝重視，其與皇帝間的互動，亦為皇權的展現。禮儀方面，朝集使攜帶地方貢物

〔註36〕（日）仁井田陞原著，栗勁等編譯，《唐令拾遺》（長春：長春出版社，1989），〈選舉令〉「朝集使一年在京」，頁217。

與貢士於元會時觀見，向中央進獻特產與人才，反映《禹貢》中地方臣服的思想。《大唐開元禮》紀錄了許多朝集使參加的禮儀，可分為國家祭祀與皇家禮儀兩種，細數這些活動，皆是皇權展示的場合。當朝集使達成任務準備返州時，皇帝會設宴款待，並頒布敕書。敕書的內容反映了當時政治或社會問題，以及中央和地方的關係，這方面是相關研究中較少著墨的部份。

　　第四章敘述朝集使的終結，首先談論朝集使因安史之亂被迫中斷，到德宗建中元年復甦一事。德宗恢復朝集制度後，卻於隔年下令本年度的貢物與文書由考典運行至京即可，暫停朝集使入京。不久後德宗因出逃再度停止朝集，此後朝集制度正式走向歷史。朝集制度重建失敗，中央與地方關係的改變是最大的原因。朝集使的職能被新的使職或其他管道取代。玄宗開元年間設置的採訪使，掌管地方考課，侵奪朝集使的職能；安史亂後採訪使變為觀察處置使，儼然成為刺史的上級長官，朝集使不再是中央與地方的連接點。採訪使、觀察使與朝集使競爭考課權，諸道派出專人賀正，有意與朝集使一別苗頭，但賀正使始終無法取代朝集使在元會中代表天下秩序的意涵，且因朝集使的消失，唐後期元會也不太受到重視。安史亂後，藩鎮自立，紛紛在京設立進奏院，負責聯繫中央與地方，成為唐後期上下溝通的管道。第五章結論則綜合前面三章的討論，檢視朝集使的歷史意義。

第二章　朝集使的歷史淵源與性質

　　一個制度的出現，必與政治、社會環境有莫大關連，而其萌芽的過程、歷史的積累，更是瞭解一個制度何以流傳的原因。朝集制度於隋代建立，此為隋文帝改良秦漢上計制度所創新的體系，絕非憑空創造出來。從秦漢到魏晉南北朝，上計制度產生何種變革？又是如何影響後來的朝集使？若要瞭解隋唐的朝集使，必要先從秦漢上計著手。本章先分析秦漢與魏晉南北朝的上計制度，先梳理其歷史脈絡，再論及由上計吏到朝集使的過程，最終針對唐代朝集使的規範與性質作全面性的考察。

第一節　秦漢上計

一、秦之上計

　　前言已提及，上計制度源自古時的諸侯述職，〔註1〕且在春秋戰國時就已逐漸成型。目前記載早期上計制度的史料，見於《睡虎地雲夢秦簡》中的〈倉律〉、〔註2〕〈金布律〉。〔註3〕秦簡中規定上計的項目，有糧食、公器、衣物

〔註1〕嚴耕望，《中國地方行政制度史甲部：秦漢地方行政制度》（臺北：中央研究院歷史語言研究所，1997），第八章〈上計〉，頁257。

〔註2〕《睡虎地雲夢秦簡·倉律》：「稻後禾孰（熟），計稻後年。已穫上數，別粲、穤（糯）秙（黏）稻。別粲、穤（糯）之襄（釀），歲異積之，勿增積，以給客，到十月牒書數，上內〔史〕。（倉三六）」參見：睡虎地秦墓竹簡整理小組，〈秦律十八種釋文註釋〉，收入《睡虎地秦墓竹簡》（北京：文物出版社，2001），頁28。

〔註3〕《睡虎地雲夢秦簡·金布律》：「官相輸者，以書告其出計之年，受者以入計之。八月、九月中其有輸，計其輸所遠近，不能逮其輸所之計，□□□□□□移計其後年，計毋相繆。工獻輸官者，皆深以其年計之。（金布律七一）」；「受（授）衣者，夏衣以四月盡六月稟之，冬衣以九月盡十一月稟之，過時者勿

等數量與物品名，糧食可能是要繳稅，其他則牽涉到國家對於物資的統一調配管理。〈金布律〉提及「有餘褐十以上，輸大內，與計偕（金布九三）」，〔註4〕與計偕，即指一同上計，說明上計不只是繳納簿冊，還有其他物資要一併交付。據學者研究，秦簡中反映的上計內容，包括戶口、徭役、賦稅、土地、農桑、災害等資料。〔註5〕地方上計的簿冊文書可說是當地一年的行政總報告，若由財政的角度來看，則反映上一個年度的財政狀況，是國家作為度支來年國用的憑據。〔註6〕統治者藉由一年一次的上計，掌握各地情況；更有甚者，改朝換代之時，新統治者亦仰賴前朝的資料迅速掌握局勢。劉邦入咸陽時，底下將領皆互爭金銀財帛，唯蕭何獨具慧眼，「盡收秦丞相府圖籍文書」，〔註7〕圖籍指地圖，文書為計簿，〔註8〕由此劉邦可知天下地勢險要、戶口多寡，奠定日後治理的基礎。〔註9〕

〈倉律〉中提到「到十月牒書數，上內〔史〕」，〔註10〕此處牽涉到上計的時間。《後漢書·百官志》敘述漢代上計：「凡郡國皆掌治民，進賢勸功，決訟檢姦……歲盡遣吏上計」，盧植《禮注》曰：「計斷九月，因秦以十月為正故」。〔註11〕盧植認為，因秦以十月為正月，所以上計的時間才安排在九月。然而，秦改十月為歲首是在秦始皇統一之後，〔註12〕而睡虎地秦簡是反映戰國晚年到秦統一天下後的這段時間。關於秦簡「計斷九月」之因，張

稟。後計冬衣來年。……已稟衣，有餘褐十以上，輸大內，與計偕。（金布九三）」參見：睡虎地秦墓竹簡整理小組，〈秦律十八種釋文註釋〉，收入《睡虎地秦墓竹簡》，頁37、41。

〔註4〕睡虎地秦墓竹簡整理小組，〈秦律十八種釋文註釋〉，收入《睡虎地秦墓竹簡》，頁41。

〔註5〕李孔懷，〈秦漢課計制度〉，《中國古代史論叢》，1981年1輯（福州，1981），頁131。

〔註6〕張榮強，〈從計斷九月到歲終為斷——漢唐間財政年度的演變〉，收入氏著，《漢唐籍帳制度研究》（北京：商務印書館，2010），頁197。

〔註7〕（漢）班固，《漢書》（北京：中華書局，1962），卷1，〈高帝紀〉「元年（B.C. 206）」，頁23。

〔註8〕韓連琪，〈漢代的戶籍和上計制度〉，《文史哲》，126（濟南，1978.07），頁19。

〔註9〕《漢書》，卷39，〈蕭何傳〉，頁2006。

〔註10〕睡虎地秦墓竹簡整理小組，〈秦律十八種釋文註釋〉，《睡虎地秦墓竹簡》，頁28。

〔註11〕（南朝宋）范曄，《後漢書》（北京：中華書局，1973），志28，〈百官志〉，頁3621。

〔註12〕（漢）司馬遷，《史記》（北京：中華書局，1959），卷26，〈曆書〉，頁1259。

榮強認為這和當時的農業經濟有關，據前引〈倉律〉「稻後禾孰（熟），計稻後年」，顯示財政年度的斷限與粟穀的成熟時間有高度關連性。當時官府稅收以粟為主，粟為國家經濟、財政之下重要的一環，重要經濟作物的成熟時間實際影響了官方計簿的時間計算，計斷九月與秦以十月為正沒有必然關係。〔註13〕

　　上計之目的不僅使國君得以瞭解地方，更重要的是反映一年來地方的行政概況，以考核地方官，此在秦簡中亦可獲得證實，〈廄苑律〉：

　　　　今課縣、都官公服牛各一課，卒歲，十牛以上而三分一死；不【盈】

　　　　十牛以下，及受服牛者卒歲死牛三以上，吏主者、徒食牛者及令、

　　　　丞皆有罪。內史課縣，大（太）倉課都官及受服者。〔註14〕

律文提及主管單位每年都會對各縣、各都官的官方駕車用牛情況加以考核，由內史考核各縣、太倉考核各都官與領用牛之人。若一年之中公服牛死亡率過高，主管的吏與飼養的徒、令、丞都有罪。從秦簡看來，秦代接受上計的單位，以內史、大內、太倉為主。秦簡中的內史為一財政主管，〔註15〕大內與太倉皆為內史的下屬機關，大內分管物資，〔註16〕太倉主管縣級軍糧、俸祿等糧草管理。〔註17〕內史掌管諸縣上計的計簿，加以賞罰，並透過其屬官大內與太倉掌握公器與縣倉。當內史接受各縣計簿後，還要上呈給君王與丞相，

〔註13〕張榮強，〈從計斷九月到歲終為斷──漢唐間財政年度的演變〉，頁194～197。

〔註14〕睡虎地秦墓竹簡整理小組，〈秦律十八種釋文註釋〉，收入《睡虎地秦墓竹簡》，頁24。

〔註15〕內史的職責，自先秦至漢歷經不同的轉變。《漢書・百官公卿表》：「內史，周官，秦因之，掌治京師。」彭邦炯認為此句在句讀上應改為：「周官，秦因之。掌治京師。」先秦時期已有內史一職，為史官性質，負責起草、宣讀君王詔令，此一職能到了戰國時期部份由御史所繼承。秦代沿襲周代官名，當時的內史因應商鞅制定的耕戰體制，轉為負責經濟相關事務。在秦統一天下後，內史的階段性任務完成，其下的太倉與大內另獨立出來，成為治粟內史，掌管國家財政。原本的內史則改派治理京師劇增的人口，成為掌治京師之官；掌治京師是秦末漢初內史的職掌範圍，與先秦、戰國時期的職責有所差異。參見：《漢書》，卷19，〈百官公卿表〉，頁731。（日）工藤元男，李守愛譯，〈秦內史──依睡虎地簡為主之研究〉，《簡牘學報》，10（臺北，1981.07），頁182～189。彭邦炯，〈從出土秦簡再探秦內史與大內、少內和少府的關係與職掌〉，《中國文化月刊》，123（臺中，1990.01），頁52～57。

〔註16〕彭邦炯，〈從出土秦簡再探秦內史與大內、少內和少府的關係與職掌〉，頁59～60。

〔註17〕（日）工藤元男，李守愛譯，〈秦內史──依睡虎地簡為主之研究〉，頁177。

進行最終考課。〔註 18〕每年上計的文書收於丞相府中，此亦與前述蕭何自秦丞相府中蒐羅圖籍文書相互應證。〔註 19〕

二、兩漢時期

漢代繼承秦朝的上計制度，並加以發揮。對統一的大帝國而言，上計是連結中央與地方的重要橋樑。漢代上計的項目，可見《後漢書‧百官志》「州郡」：

> 屬官，每縣、邑、道，大者置令一人，千石；其次置長，四百石；小者置長，三百石；侯國之相，秩次亦如之。本注曰：皆掌治民，顯善勸義，禁姦罰惡，理訟平賊，恤民時務，秋冬集課，上計於所屬郡國。
>
> 胡廣曰：「秋冬歲盡，各計縣戶口墾田，錢穀入出，盜賊多少，上其集簿」。〔註 20〕

據《後漢書》記載，漢代地方的戶口、墾田、錢穀收支、治安刑獄等皆需編列成冊，於秋冬上計；此外，宗室名籍、〔註 21〕戍卒財物、〔註 22〕行政區劃〔註 23〕等皆需一一上報。〔註 24〕戶口、墾田數與錢穀，關係到朝廷的田租、口賦、徭役和兵役的徵收，盜賊多寡事涉當地安靖與否；〔註 25〕宗室為皇家血親，享有徭役與刑罰上的特殊待遇，相關人口自然要詳加列冊，以便管理。自漢

〔註 18〕 （日）重近啟樹，〈秦の內史をめぐる諸問題〉，收入「中國古代の國家と民眾」編輯委員會編，《堀敏一先生古稀記念：中國古代の國家と民眾》（東京：汲古書院，1995），頁 78～84。

〔註 19〕 韓連琪，〈漢代的戶籍和上計制度〉，頁 19。

〔註 20〕 《後漢書》，志 28，〈百官志〉，頁 3622～3623。

〔註 21〕 《後漢書‧百官志》：「宗正，卿一人，中二千石。本注曰：掌序錄王國嫡庶之次，及諸宗室親屬遠近，郡國歲因計上宗室名籍。若有犯法當髡以上，先上諸宗正，宗正以聞，乃報決」。參見：《後漢書》，志 26，〈百官志〉，頁 3589。

〔註 22〕 《史記‧建元以來侯者年表》：「（武帝元狩）二年（B.C.121），侯賢坐為上谷太守入戍卒財物上計謾罪，國除」。參見：《史記》，卷 20，〈建元以來侯者年表〉，頁 1038～1039。

〔註 23〕 《漢書‧匡衡傳》：「（元帝）初元元年（B.C.48），郡圖誤以閩佰為平陵佰。積十餘歲，衡封臨淮郡，遂封真平陵佰以為界，多四百頃。至（成帝）建始元年（B.C.32），郡乃定國界，上計簿，更定圖，言丞相府」。參見：《漢書》，卷 81，〈匡衡傳〉，頁 3346。

〔註 24〕 除了史書記載的項目外，出土文書展現了上計資料的豐富性，尹灣漢簡的《集簿》補充了傳統文獻的不足。相關資料可參見：高恒，〈漢代上計制度論考——兼評尹灣漢墓木牘《集簿》〉，《東南文化》，123（南京，1999.02），頁 80～83。

〔註 25〕 韓連琪，〈漢代的戶籍和上計制度〉，頁 20。

代列入計簿的內容看來，可謂地方一切情況都要入計。〔註26〕對國家而言，上計不僅是掌握地方的重要情報，其內容亦是朝廷制定政策與財政的依據，甚而今日兩漢書中所見歲入支出、漕運鹽鐵與糧食生產等概況，或〈刑法志〉所記載的刑案類型、犯案人數，很大一部份都是吸收了上計的資料。〔註27〕

　　漢代上計與前朝不同之處，主要在於上計人員的身分差異。上計制度最初是地方長官親自前往，然兩漢是地方長官的僚屬上計，這也是史書中「上計吏」之名在兩漢後才出現的原因。由於漢代的地方行政體系為郡縣制，在制度上是縣上計郡國，郡國上計中央的二重上計，〔註28〕前引《後漢書・百官志》亦能證明屬縣上計郡國一事。上計者的身分，在西漢與東漢又有區分，〔註29〕西漢郡國上計者由郡丞、長史擔任，到了東漢，上計吏則轉為太守自辟之屬吏。〔註30〕

　　漢代上計為一年一度，〔註31〕每年秋冬之時，上計吏會帶著計簿、賦錢、

〔註26〕嚴耕望，《中國地方行政制度史甲部：秦漢地方行政制度》，第八章〈上計〉，頁261。

〔註27〕葛劍雄，〈秦漢的上計和上計吏〉，《中華文史論叢》，22（上海，1982.05），頁184。池田溫補充，《漢書》以下的正史中，全國戶口統計代代相傳的背景，就是因為重視計書之故。參見：（日）池田溫著，龔澤銑譯，《中國古代籍帳研究》（北京：中華書局，2007），頁34。

〔註28〕嚴耕望，《中國地方行政制度史甲部：秦漢地方行政制度》，第八章〈上計〉，頁258。另有學者根據出土資料，說明漢代上計制度並非僅單純的縣道上計郡國、郡國上計中央之二級制。就計簿而言，有縣道計簿、郡國計簿以及漢廷彙整以供皇帝簡閱之漢廷計簿三種。此外，就計簿數據內容觀之，郡國計簿的錢穀出入部份，在縣道上計以外，還有邊郡都尉府所提供的資料，故舊說以為縣道上計郡國的部份，宜新增「障塞上計郡國」補充。參見：吳昌廉，〈兩漢障侯、都尉上計考略〉，收入簡牘學會編輯部主編，《勞貞一先生九秩榮慶論文集（簡牘學報第十六期）》（臺北：蘭臺出版社，1997），頁461～473。

〔註29〕葛劍雄由史籍中不見西漢上計吏的記載，推論西漢時期的上計吏不過是個執行公務的低級官吏，到了東漢，計吏的地位才產生變化。在東漢，尤其是漢末到曹魏初年，史籍中所見的上計吏多達數十人，不少出身計吏者官運頗佳，甚至位至三公。參見：葛劍雄，〈秦漢的上計和上計吏〉，頁190～191。

〔註30〕嚴耕望，《中國地方行政制度史甲部：秦漢地方行政制度》，第八章〈上計〉，頁262～263。

〔註31〕國家雖規定一年上計一次，但遇官員失職、遭遇戰亂，或有尚未正式建立郡縣的邊遠地區，也會發生多年才上計的情況。由於漢制每年一小考，三年一大考，故在特殊情況下不得遲過三年。參見：葛劍雄，〈秦漢的上計和上計吏〉，頁185。嚴耕望，《中國地方行政制度史甲部：秦漢地方行政制度》，第八章〈上計〉，頁259。

貢物等物品，向中央繳納錢穀計簿，隨行者有儒生、〔註32〕衛士〔註33〕等人。各郡在京有郡邸，供上計人員居住，平時有守邸者。〔註34〕到京後，將簿冊上呈丞相等人，接受校考。西漢承秦制，由丞相受計，〔註35〕東漢則改為司徒，實際上是由尚書省三公曹負責。〔註36〕丞相受計之時，一旁亦會有相關人員共同審核上計文書，〔註37〕丞相或司徒所接受的應為一般戶田錢穀的計簿，特殊的項目則由相關部門接收。〔註38〕主管官員根據書面報告判斷地方施政是否良好，給予獎賞；除了書面報告外，還會以口頭抽問，對答不完善者，將會遭到懲處。〔註39〕

〔註32〕《漢書·儒林傳》：「太常擇民年十八以上儀狀端正者，補博士弟子。郡國縣官有好文學，敬長上，肅政教，順鄉里，出入不悖，所聞，令相長丞上屬所二千石。二千石謹察可者，常與計偕，詣太常，得受業如弟子」。另《後漢書·百官志》：「歲盡遣吏上計。並舉孝廉，郡口二十萬舉一人」。渡邊信一郎指出，地方所薦舉的孝廉，在通過中央考試後，根據成績高低可任秩比三百石到六百石的郎官（三署郎），效忠朝廷。郎官在皇帝聽政的宮殿擔任警護的武官，元會時站在正殿左右維持秩序，確保禮儀進行。參見：《漢書》，卷88，〈儒林傳〉，頁3594。《後漢書》，志28，〈百官志〉，頁3621。（日）渡邊信一郎，周長山譯，〈元會的建構——中國古代帝國的朝政與禮儀〉，收入（日）溝口雄三、小島毅主編，《中國的思維世界》（南京：江蘇人民出版社，2006），頁375。

〔註33〕（日）渡邊信一郎，周長山譯，〈元會的建構——中國古代帝國的朝政與禮儀〉，頁375～376。

〔註34〕《漢書·朱買臣傳》：「初，（朱）買臣免，待詔，常從會稽守邸者寄居飯食。拜為太守，買臣衣故衣，懷其印綬，步歸郡邸。直上計時，會稽吏方相與群飲，不視買臣。買臣入室中，守邸與共食，食且飽，少見其綬。守邸怪之，前引其綬，視其印，會稽太守章也」。參見：《漢書》，卷64，〈朱買臣傳〉，頁2792。

〔註35〕《史記·太史公自序》：「（司馬）無澤生喜，喜為五大夫，卒，皆葬高門」，《史記集解》如淳曰：「《漢儀注》太史公，武帝置，位在丞相上。天下計書先上太史公，副上丞相」。西漢計書是先上太史公，副本上丞相。參見：《史記》，卷130，〈太史公自序〉，頁3286。

〔註36〕高敏，〈秦漢上計制度述略〉，《秦漢史探討》，頁189～191。侯旭東另針對兩漢受計制度的變遷作進一步的討論。參見：侯旭東，〈丞相、皇帝與郡國計吏：兩漢上計制度變遷探微〉，《中國史研究》，2014年4期（北京，2014.11），頁99～120。

〔註37〕高恒，〈漢代上計制度論考——兼評尹灣漢墓木牘《集簿》〉，頁77～78。

〔註38〕如前引《後漢書·百官志》，宗室名籍是報宗正。另居延漢簡釋文：「（元帝）建昭元年（B.C.34）十月盡二年九月，大司農部丞簿錄簿算」，邊郡屯戍區的簿算則由大司農部丞掌管。參見：葛劍雄，〈秦漢的上計和上計吏〉，頁188。

〔註39〕《後漢書·百官志》：「胡廣曰：功多尤為最者，於廷尉勞勉之，以勸其後。

　　計簿所記載的資料，反映了地方官的政績標準，〔註40〕對官員考課有所影響，優異者得到嘉獎，反之會遭到懲處。官員因害怕受到責罰，即便有人口流失、治安不佳，也不一定會如實呈現。《漢書·萬石君石奮傳》：「今流民愈多，計文不改」，〔註41〕就道出了這種情形；加上計簿僅記載數字概況，官員易在其中動手腳，故計簿中也有浮報不實的問題。對此，朝廷亦有察覺，漢宣帝曾云：

> 方今天下少事，繇役省減，兵革不動，而民多貧，盜賊不止，其咎安在？上計簿，具文而已，務為欺謾，以避其課。三公不以為意，朕將何任？……御史察計簿，疑非實者，按之，使真偽毋相亂。〔註42〕

《漢書·萬石君石奮傳》與《漢書·宣帝紀》皆反映計簿登載與實際情形不符，原本是國家賴以掌握地方的資料，卻形同具文，失去了上計的意義。然對地方而言，誠實上報該地人民流亡、盜賊案件多時，恐會影響考課，面臨責難。此為上計制度無法如實達到預期效果之因。〔註43〕

　　此外，過於嚴苛的法律，亦是官員選擇欺謾的原因之一。漢武帝時，由於地方治安惡化，遂頒布《沈命法》以阻遏盜匪，其中規定凡地方上有群盜起事而未發覺，或者發覺而未能全捕捉者，從二千石以下的官到小吏，負責者皆處死刑。此法因執行面上的困難與刑罰過於嚴苛，造成官吏雖遇盜匪犯案卻不敢偵辦，唯恐查辦不力拖累長官同僚，更會影響考課，〔註44〕因此呈現出計簿中一面祥和，實際上治安敗壞的情形。上計不僅是文書的呈現，口頭對答也是重要的一環，當官員偽造計簿之時，上計吏的回答也要符合「實情」，以免露出破綻，故計簿的「製作」與上計吏的對答就是重要的關鍵，

負多尤為殿者，於後曹別責，以糾怠慢也。諸對辭窮尤困，收主者，掾史關白太守，使取法。丞尉縛責，以明下轉相督敕，為民除害也」。參見：《後漢書》，志28，〈百官志〉，頁3623。

〔註40〕王東洋，《魏晉南北朝考課制度研究》（北京：社會科學文獻出版社，2009），頁128。

〔註41〕《漢書》，卷46，〈萬石君石奮傳〉，頁2198。

〔註42〕《漢書》，卷8，〈宣帝紀〉「黃龍元年（B.C.49）」，頁273。

〔註43〕相關分析詳見李成珪，〈虛像的太平：從漢帝國之瑞祥與上計的造作——從尹灣簡牘〈集簿〉的分析說起〉，《國際簡牘學會會刊》，4（臺北，2002.05），頁255～315。

〔註44〕沈命法，《史記集解》引《漢書音義》：「沈，藏匿也。命，亡逃也」。參見：《史記》，卷122，〈酷吏列傳〉，頁3151。

地方會選擇「便巧史書習於計簿能欺上府者，以為右職」。〔註45〕為了杜絕地方造假，皇帝委派御史詳查計簿，〔註46〕嚴加審核，務求計簿內容的真實性。

　　計簿審核之後，在丞相府朝會殿的殿庭，丞相、御史大夫承皇帝之意，頒布敕戒予上計吏，委由計吏向地方官轉達皇帝旨意。《後漢書》引《漢舊儀》：

> 哀帝元壽二年（B.C.1），以丞相為大司徒。郡國守長史上計事竟，遣公出庭，上親問百姓所疾苦。記室掾史一人大音讀敕畢，遣敕曰：「詔書殿下禁吏無苛暴。丞史歸告二千石，順民所疾苦。急去殘賊，審擇良吏，無任苛刻。治獄決訟，務得其中。」〔註47〕

魏斌指出此段文字斷句有誤，同一句中有「公」、「上」兩個主語，應為「遣公出庭上，親問百姓所疾苦」。〔註48〕郡國守丞長史上完計簿後，由大司徒親問計吏地方百姓生活，計吏回答完後，由記室掾史宣讀敕書，使守丞長史歸告

〔註45〕《漢書》，卷72，〈貢禹傳〉，頁3077。葛劍雄指出，東漢以後，各地戶口、墾田數不實的現象嚴重，官員不敢照實上報，計簿的作偽需要上計吏來配合。另外，郡太守因自身無法進京，常利用計吏進京之際挾辦其他公私事務，上計吏也容易成為行賄、進獻的工具。計吏因在經濟上有利可圖，成為肥缺。參見：葛劍雄，〈秦漢的上計和上計吏〉，頁195。

〔註46〕漢代主管考課的是丞相與御史二府。丞相在歲竟「課其殿最，奏行賞罰」，御史太夫為副丞相，審核上計簿的虛實。蓋御史太夫為監察機構長官，參與考課過程，是考課制度中正常運作且不可缺少的環節。參見：王東洋，《魏晉南北朝考課制度研究》，頁156。

〔註47〕《後漢書》，志24，〈百官志〉，頁3560。另見（漢）衛宏撰，（清）紀昀等輯，《漢官舊儀》，收入（清）孫星衍等輯，周天游點校，《漢官六種》（北京：中華書局，1990），卷上，頁38。此文字另收於《全漢文》，孔光，〈丞相遣郡國計吏敕〉：「郡國守丞長史上計，事竟發遣。君侯出坐庭上，親問百姓所疾苦。所計掾史各一大音聲者上答。又讀五條詔書敕，讀畢罷遣」。《全漢文》的文字與《漢官舊儀》稍有出入，《漢官舊儀》未有《五條詔書》之名。查諸史籍，此條記載似到清朝被收錄在各文集中才出現《五條詔書》之說。參見：《全漢文》，卷13，孔光，〈丞相遣郡國計吏敕〉，收入（清）嚴可均校輯，《全上古三代秦漢三國六朝文》（北京：中華書局，1991），頁200。（清）李兆洛編，殷海國、殷海安校點，《駢體文抄》（上海：上海古籍出版社，2001），卷7，〈策命類〉，「元壽二年（B.C.1）丞相遣郡國計吏敕」，頁106。（清）孫星衍，《續古文苑》（上海：上海古籍出版社，1995），卷5，〈冊·敕·賜書〉，「元壽二年丞相遣郡國計吏敕」，頁69。（清）張英，《淵鑒類函》（臺北：世界書局，1987），卷115，〈設官部〉，「上計」，頁229。

〔註48〕魏斌，〈五條詔書小史〉，《魏晉南北朝隋唐史資料》，26（武漢，2010.12），頁8。

地方長官。從敕書內容來看，大致可分為地方政治與人民的安寧、注意屬吏任用問題、刑罰判決公正。皇帝之敕反映了朝廷對地方長官的要求，亦是來年地方考課的依據，可視為考課地方官的標準。敕戒的內容與地方長官的具體作為相關，其中亦有涉及品德的要求，如「務飭儉恪」、「務省約如法」，可藉此一窺漢代對於考課的標準。〔註49〕此為實務行政手續的完結，為上計儀式的第一階段。

　　其次是參加元會謁見皇帝。渡邊信一郎指出，漢高祖七年（B.C. 200）十月朝會奠基日後朝會禮的基礎。當時漢承秦制，尚以十月為歲首，到武帝太初元年（B.C. 104）改曆，才以正月為歲首。〔註50〕由於缺乏西漢元會的記載，無法確知西漢時上計吏參加元會的情形。〔註51〕東漢時期元會的相關禮儀已相當完備，且東漢的元會就有上計吏參與。東漢初的元會，或許可從上陵的記載窺知一二，據《後漢書・明帝紀》記載：「永平元年（58）春正月，帝率公卿已下朝於原陵，如元會儀」。原陵為光武帝之墓，東漢明帝上陵的禮儀規範與表現與元會相同。〔註52〕上計吏參加元會，是行政手續完成後，表示慰勞、禮儀性的象徵行為。在元會中，上計吏將所攜的租稅、地方特產上繳中央；地方特產的實際經濟意義不大，在國家財政的幫助上並未扮演吃重的角色，然在維護皇權方面卻有重大的意涵。〔註53〕

　　除了元會外，上計吏在京亦會參與其他禮儀活動，諸如朝中大喪、〔註54〕

〔註49〕上計考察的是官員的政績，無法看出官員的品行，先秦時期到西漢中葉的考課標準都是較注重官員政績，然在其他之處還是可看出對品行的要求。參見：王東洋，《魏晉南北朝考課制度研究》，頁38～46。

〔註50〕（日）渡邊信一郎，周長山譯，〈元會的建構——中國古代帝國的朝政與禮儀〉，頁367。

〔註51〕西漢元會的情況雖不明，然《漢書》中記載武帝四次受計的情形，此四次分別為元封五年三月（B.C.106）、太初元年春（B.C.104）、天漢三年三月（B.C.98）、太始四年三月（B.C.93），其中三次在封泰山之時，一次（太初元年）是自泰山歸來而進行，然這並非意謂其他皇帝不受計，而是武帝大張旗鼓的舉動，史官才會特別書之。參見：葛劍雄，〈秦漢的上計和上計吏〉，頁188。高敏，〈秦漢上計制度述略〉，頁186。

〔註52〕《後漢書》，卷2，〈明帝紀〉，頁99。

〔註53〕（日）渡邊信一郎，周長山譯，〈元會的建構——中國古代帝國的朝政與禮儀〉，頁374。

〔註54〕《後漢書・禮儀志》「大喪」：「故事：百官五日一會臨，故吏二千石、刺史、在京都郡國上計掾史皆五日一會。天下吏民發喪臨三日」。參見：《後漢書》，志6，〈禮儀志〉，頁3143。

地方獻祥瑞等，〔註55〕都有上計吏的蹤影。計吏在京活動時，若表現良好，很有可能被朝廷網羅入仕，留在朝廷做郎官或被任命為縣令，擺脫屬吏的身分，成為步入仕途的一個管道。〔註56〕東漢曾有「時郡國計吏多留拜為郎」的記載，〔註57〕因上計吏而拜為三署郎的人數曾一度高達七百多人，不僅造成國庫負擔，不良首相更「欲因國為池，澆灌糞穢」，〔註58〕楊秉向桓帝上書，宜杜絕此種行為，故終桓帝之世，不再有上計吏被留至朝中的情況。

上計對於朝廷的意義，可由東漢上計吏入京所受待遇窺之。《後漢書・百官志》：

> 大鴻臚，卿一人，中二千石。本注曰：掌諸侯及四方歸義蠻夷。其
> 郊廟行禮，贊導，請行事，既可，以命群司。諸王入朝，當郊迎，
> 典其禮儀。及郡國上計，匡四方來，亦屬焉。〔註59〕

大鴻臚卿掌諸侯及四方歸順之族，諸王入朝時，當郊迎款待；郡國上計吏因來自各地，亦享同等待遇。《後漢書》此處將上計入京與諸王入朝相連接，不僅表示朝廷對上計吏的重視，還反映了中央與地方的關係。上計既是由古代諸侯述職衍生而來，本身就帶有臣服、封建的意謂。郡國上計吏代表地方，遠道而來向中央貢獻財賦、貢物、人才，其意義不僅在於官員接受考課、展現中央的統治力，更代表對地方對中央的效忠，故拒絕上計是叛亂行為，〔註60〕而在動亂時不廢上計則是效忠朝廷的表徵，會受到嘉獎。〔註61〕另外，觀察上計吏參與元會的意義，不僅是報告過去一年以來的財務、政務情形，還

〔註55〕《論衡・驗符》：「（章帝）建初三年（78），零陵泉陵女子傅寧宅，土中忽生芝草五本，……蓋紫芝也。太守沈酆遣門下掾衍盛奉獻。皇帝悅懌，賜錢衣食。詔會公卿，郡國上計吏民皆在，以芝告示天下。天下並聞，吏民歡喜，咸知漢德豐雍，瑞應出也」。（漢）王充，黃暉，《論衡校釋》（北京：中華書局，1990），卷19，〈驗符〉，頁841。

〔註56〕葛劍雄，〈秦漢的上計和上計吏〉，頁196。

〔註57〕《後漢書》，卷54，〈楊秉傳〉，頁1772。

〔註58〕《後漢書》，卷54，〈楊秉傳〉，頁1772。

〔註59〕《後漢書》，志25，〈百官志〉，頁3583。

〔註60〕《三國志・魏書》〈二公孫陶四張傳〉引〈魏名臣奏載中領軍夏侯獻表〉：「公孫淵昔年敢違王命，廢絕計貢者，實挾兩端。既恃阻險，又怙孫權。故敢跋扈，恣睢海外」。參見：（晉）陳壽，（南朝宋）裴松之注，《三國志》（北京：中華書局，1959），〈魏書〉，卷8，頁257。

〔註61〕《後漢書・郭杜孔張廉王蘇羊賈陸列傳》：「獻帝即位，天下大亂，（陸）康蒙險遣孝廉計吏奉貢朝廷，詔書策勞，加忠義將軍，秩中二千石。」參見：《後漢書》，卷31，〈郭杜孔張廉王蘇羊賈陸列傳〉，頁1114。

會貢獻地方特產，並帶著新官員候補者與首都警備衛士一起入朝，元會實際上是中央政府與地方郡國之間貢納從屬關係的更新場所。〔註62〕上計吏在帝國扮演的角色，不僅是單純運送地方簿冊與物資，還會參加元會儀、供備詢政俗，亦承中央詔敕，帶回當地宣達守相，作為地方的行政準則，〔註63〕成為連接中央與地方的媒介。

第二節　魏晉南北朝時代

　　上計既是連結中央與地方間的橋樑，國家控制力的強弱，將影響地方奉行上計與否。魏晉南北朝政權更迭頻仍，上計在此時期是存是廢？運行狀況為何？《文獻通考·選舉考》「舉官」論及宋代制度時，馬端臨認為：「按自魏晉以來，州郡無上計之事，公府無辟召之舉」。〔註64〕然翻閱史書，魏晉南北朝之世都有上計吏與地方上計的記載，故馬端臨對於魏晉以來無上計的評論有再商榷之必要。魏晉在上計制度與元會上，皆承漢制。然漢代計吏常得拜郎，魏、晉之世此例甚少，〔註65〕這可能與當時戶口墾田數不清，以致上計制度雖存，徒餘禮儀形式有關；況且在門閥制度之下，世家子弟無須藉由上計吏這一管道入仕，故計吏地位與漢代不可同日而語。〔註66〕

　　歷經漢末戰亂，上計制度雖無法像漢代一般如常舉行，然在曹魏有羊怙任上計吏，〔註67〕蜀國姜維「仕郡上計掾，州辟為從事」。〔註68〕西晉恢復穩定局勢，上計制度也穩定運行，趙至即被遼西郡舉為計吏；〔註69〕即使遭遇八王之亂，計吏仍進京上計。〔註70〕2004年湖南郴州市蘇仙橋發現了西晉木

〔註62〕（日）渡邊信一郎，周長山譯，〈元會的建構——中國古代帝國的朝政與禮儀〉，頁376。

〔註63〕嚴耕望，《中國地方行政制度史甲部：秦漢地方行政制度》，第八章〈上計〉，頁265。

〔註64〕（元）馬端臨，《文獻通考》（臺北：臺灣商務印書館，1987），卷36，〈選舉考·舉官〉「宋」，頁342。

〔註65〕嚴耕望，《中國地方行政制度史·魏晉南北朝地方行政制度（上）》（上海：上海古籍出版社，2007），頁290～291。

〔註66〕葛劍雄，〈秦漢的上計和上計吏〉，頁185。

〔註67〕（唐）房玄齡，《晉書》（北京：中華書局，1974），卷34，〈羊怙傳〉，頁1013。

〔註68〕《三國志》，〈蜀書〉，卷44，〈姜維傳〉，頁1062。

〔註69〕《晉書》，卷92，〈文苑列傳·趙至〉，頁2379。

〔註70〕《晉書·趙王倫傳》：「（倫）乃僭即帝位，大赦，改元建始（301）。是歲，賢

簡 900 餘枚，孔祥軍認為有一部分的晉簡當屬於西晉桂陽郡郡府保存的上計簿副本，年代在西晉惠帝元康元年（291）七月後至晉懷帝永嘉元年八月（307）前，上計內容包括了城邑（含縣治所在、縣治位置、縣治去州和京城的距離、縣令吏員等）、戶口、田租、鄉亭郵驛、綿絹賈布，將此文書命名為「西晉桂陽郡上計階簿」。〔註71〕晉簡的出土提供了西晉時期上計制度的運行狀況。

　　上計制度不僅是計吏上繳計簿，元會儀的參與亦是重要的一環。晉武帝時頒布的《咸寧儀注》，綜合前代禮儀，確立了元會儀的禮儀規範，並對後世的元會儀起了決定性的影響，可謂中國古代元會儀的完成。〔註72〕元會的禮儀可分為晨賀與晝會兩個部份，〔註73〕據渡邊信一郎的分析，晨賀進行的委贄之禮，是再度確認君臣關係的儀式；晝會進行的是上壽與萬歲之禮、酒禮共食的宴饗、眾伎舞於音樂之中的歌舞以及頒予上計吏戒敕，代表君臣和合的儀式。〔註74〕在晝會中，只有授予上計吏敕戒是嚴肅的活動，並於活動最末舉行，此一程序完成後，元會儀便結束。西漢已有在丞相府授予上計吏敕戒的記載，在元會儀中頒布戒敕，推測是在東漢時期。〔註75〕晉武帝曾於泰始四年（268）頒布《五

良方正直言、秀才、孝廉、良將皆不試；計吏及四方使命之在京邑者，太學生年十六以上及在學二十年，皆署吏；郡縣二千石令長敕日在職者，皆封侯」。參見：《晉書》，卷 59，〈趙王倫傳〉，頁 1601～1602。

〔註71〕孔祥軍，〈西晉上計簿書復原與相關歷史研究——以湖南郴州蘇仙橋出土晉簡為中心〉，《中華歷史與傳統文化研究論叢》，1（秦皇島，2015.04），頁 139～177。

〔註72〕（日）渡邊信一郎，周長山譯，〈元會的建構——中國古代帝國的朝政與禮儀〉，頁 377。

〔註73〕杜佑於《通典·禮典》「咸寧儀注」正文之後注曰：「未盡七刻謂之晨賀，晝漏上三刻更出，百官奉壽酒，謂之晝會」。參見：（唐）杜佑，王文錦等點校，《通典》（北京：中華書局，1988），卷 30，〈禮·嘉禮〉「元正冬日受朝賀」，頁 1930。

〔註74〕渡邊氏觀察《咸寧儀注》的內容，指出禮儀程式雖日益明確化，但元會儀的實質性構造與漢代仍然一致。參見：（日）渡邊信一郎，周長山譯，〈元會的建構——中國古代帝國的朝政與禮儀〉，頁 379。

〔註75〕渡邊信一郎指出，《後漢書·禮儀志》中記載的元會儀，還看不到有關戒敕的內容，因此在元會儀中授予上計吏戒敕，很可能始於東漢後期。然魏斌認為就目前的史料而言，東漢上計吏確實參加元會，但卻沒有元會宣讀戒敕的記載，戒敕的宣讀和發遣仍在主管受計部門進行，此情況一直延續到西晉初期，泰始四年（268）頒佈的《五條詔書》仍是在尚書台受計後宣讀。魏斌推測晉武帝制訂《咸寧儀注》時，將宣讀戒敕合併於元會中，元會戒敕沿用《五條詔書》。參見：（日）渡邊信一郎，周長山譯，〈元會的建構——中國古代帝國的朝政與禮儀〉，頁 381。魏斌，〈五條詔書小史〉，頁 6～11。

條詔書》：「一曰正身，二曰勤百姓，三曰撫孤寡，四曰敦本息末，五曰去人事」，
〔註76〕晉武帝的《五條詔書》雖僅存條目，詳細內容的條目與日後北齊元會儀
的《五條詔書》十分接近，〔註77〕另梁代元會儀也有頒布《五條詔》，〔註78〕
故梁、北齊的《五條詔書》應是上承晉武帝的《五條詔書》。

　　南朝的上計資料留存較少，然在劉宋立國之初有一個特殊的使職：「冬
使」，其職與上計吏頗為相似，見於《宋書·武帝紀》永初元年閏八月（420）
的一道詔書：

　　　諸處冬使，或遣或不，事役宜省，今可悉停。唯元正大慶，不在其
　　　例。郡縣遣冬使詣州及都督府，亦停之。〔註79〕

依史書所載，冬使是下級行政機關派至上層的使者，主要功能不明，現只保
留參與元會的職能。劉裕於永初元年六月於南郊設壇，正式即位。〔註80〕初
登王位的君王，多會整頓朝政，破舊立新，冬使便是劉裕要改革的項目之一。
宋武帝才剛即位，故此處提及的冬使應為東晉制度。由詔書中觀察冬使的職
責，是各行政機構向上派遣的使者，郡縣派至諸州及都督府，還會上至中央
參加元會大典，與漢魏上計吏的外在形式相同，有學者認為，此處的冬使極
可能就是指上計吏。〔註81〕

　　查閱史籍，冬使一詞最早見於春秋戰國時期，〔註82〕除了宋武帝的詔書

〔註76〕《晉書》，卷3，〈武帝紀〉，頁58。

〔註77〕魏斌從郴州出土西晉簡分析西晉五條詔書的由來、五條詔書與元會戒敕的關
　　　　係，以及五條詔書日後的演變。詳見：魏斌，〈五條詔書小史〉，頁1～21。

〔註78〕《隋書·禮儀志》：「尚書騎騎引計吏，郡國各一人，皆跪受詔。侍中讀五條
　　　　詔，計吏每應諾訖，令陳便宜者，聽詣白獸樽，以次還坐。」參見：（唐）魏
　　　　徵，《隋書》（北京：中華書局，1973），卷9，〈禮儀志〉，頁182。

〔註79〕冬使又被稱為慶冬使，《宋書·禮志》載永初元年八月同條詔書：「慶冬使或
　　　　遣不，事役宜省，今可悉停。唯元正大慶，不得廢耳。郡縣遣冬使詣州及都
　　　　督府者，亦宜同停」。參見：（梁）沈約，《宋書》（北京：中華書局，1974），
　　　　卷3，〈武帝紀〉「永初元年」，頁56；卷14，〈禮志〉，頁346。

〔註80〕《宋書》，卷3，〈武帝紀〉「永初元年」，頁51。

〔註81〕王東洋，《魏晉南北朝考課制度研究》，頁258。另寧志新指出，到了隋唐，定
　　　　期於冬季入朝匯報的使職稱為朝集使，故冬使一稱罕見於史籍當中。寧氏雖
　　　　未云冬使就是上計吏，然其將冬使、朝集使做連結，朝集使的前身為上計吏，
　　　　故可判定寧氏認為冬使即上計吏。參見：寧志新，《隋唐使職制度研究（農
　　　　牧工商編）》（北京：中華書局，2005），頁16。

〔註82〕冬使之名，最早見於春秋時期。據《漢書·五行志》：「（魯）釐公二十一年
　　　　（B.C.638）『夏，大旱』。董仲舒、劉向以為齊（威）〔桓〕既死，諸侯從楚，
　　　　釐尤得楚心。楚來獻捷，釋宋之執」，顏師古注曰：「謂此年楚執宋公以伐

提及外，宋順帝昇明元年（477）沈攸之謀反一事，《通鑑考異》引沈約《齊紀》考證沈攸之舉兵時間時亦提及：

> 十一月，攸之遂謀為亂。張敬兒遣使詣攸之慶冬，攸之呼使人於密室謂之曰：「奉皇太后令，得袁司徒、劉丹陽諸人書，呼我速下；可令雍州知此意。」答敬兒書曰：「信口一二，」而封雞毛、桃耳數物置函中。敬兒賀冬使即乘驛白公。十二日壬辰，攸之遣孫同等先發。十七日丁酉，張敬兒使至。……按是歲宋曆閏十二月庚辰朔，魏曆閏十一月庚戌朔；然則冬至必在十一月晦。攸之對敬兒賀冬使者猶隱祕，豈可十二日已發兵東下乎！〔註83〕

《齊紀》中提及張敬兒遣使詣沈攸之慶冬，該使為賀冬使。按沈攸之當時任車騎大將軍、荊州刺史，張敬兒為征虜將軍、雍州刺史，〔註84〕二者皆為州刺史，為平行機關，照理冬使只會派至上級機構或至中央參加元會，不會派往平行機關聯絡。或許張敬兒是藉慶冬之名聯絡沈攸之，則此冬使就不可能為上計吏。此外，由名稱觀之，上計吏是由地方長官自辟屬吏為之，故以吏為名。冬使之使，為使職派遣之意，使職是由皇帝派遣官員出巡，銜有皇命，地位非同一般；屬吏由長官任命，聽候長官差遣，使、吏二者的身分地位不同。以職能論，上計吏是入京奏計，冬使可能是冬天至京城參與朝觀或元會的使者，〔註85〕二者存在的目的亦不同。然而，冬使有沒有可能是上計吏的代稱，或者只要是冬季入京朝觀者皆稱冬使？若冬使為上計吏的代稱，何以劉宋兩則上計吏的記載未如此稱呼？且史籍中似未見將冬使與上計吏相連結的注疏。因此，雖然冬使的職能與上計吏參與元會這部份相同，但二者應有所區別。

　　現今流傳的資料當中，劉宋明帝還留有四方受貢計的記載，宋明帝泰始二年（466）正月七日，「奉子勛為帝，即偽位於尋陽城，年號義嘉元年，備置

宋，冬使宜申來獻捷，十二月盟于薄，釋宋公也」。此處獻捷的宜申，是目前見於史籍的第一位冬使，然春秋時期的冬使，與劉宋的冬使因年代相去甚遠，二者應無相關。參見：《漢書》，卷27，〈五行志〉，頁1386。

〔註83〕（宋）司馬光編著，（元）胡三省音註，《資治通鑑》（北平：古籍出版社，1956），卷134，〈宋紀〉「順帝昇明元年（477）十二月乙亥」條，頁4209～4210。

〔註84〕《宋書》，卷10，〈順帝本紀〉「昇明元年」，頁195。

〔註85〕寧志新試圖解釋冬使名稱的源由，與農業生產的時節相關，因為冬季農閒，大規模的定期朝觀活動只能在此時進行，這也說明為何沒有以其他季節為名的使職。參見：寧志新，《隋唐使職制度研究（農牧工商編）》，頁16。

百官，四方並響應，威震天下。是歲四方貢計，並詣尋陽」。〔註86〕宋明帝泰豫元年（472）春正月，「皇太子會萬國於東宮，並受貢計」。〔註87〕南齊僅見一二例與上計相關的事例，如張岱曾被舉郡舉為上計掾；〔註88〕丘靈鞠，史書云其「少好學，善屬文。與上計，仕郡為吏」。〔註89〕梁陳時期的上計情形則不甚明朗，然據前引《隋書・禮儀志》記載，梁代元會之禮中，郡國派遣上計吏一人參與元會，跪受皇帝詔書，侍中宣讀五條詔書，〔註90〕故梁代應有上計吏定期朝會。

北朝在十六國時即有上計的例子，石勒曾下詔特赦涼州殊死，涼州計吏皆拜郎中，並賜絹、綿等賞物。〔註91〕崔逞在前燕幽帝慕容暐時，受郡舉為上計掾，當苻堅滅前燕後，任齊郡太守。〔註92〕北魏孝文帝於太和七年（483）時，曾詢問州郡使者、秀孝、計掾等人關於地方長官的治理情形、「苛虐之狀」，然計掾秀孝等人卻未據實以對，令孝文帝相當失望。〔註93〕另胡太后亦曾於朝堂親策秀孝、州郡計吏。〔註94〕由君王親自接見諸州郡計吏，並詢問當地百姓生活、考核長官政績，可見北魏孝文帝至宣武帝時上計制度應確實運行。值得注意的是，孝文帝時出現了與秀孝、計掾一同面對皇帝的「州郡使者」。北魏皇帝曾多次遣使巡行各地，藉此掌握民情並勘查各地長官是否奉公守法，孝文帝時還出現了以出使方位為命名的使者。〔註95〕寧志新以為，孝文帝時的州郡使者應指由州郡機構派遣的使職，〔註96〕與奉皇帝之命由中央派至各

〔註86〕《宋書》，卷80，〈晉安王子勛傳〉，頁2060。

〔註87〕《宋書》，卷8，〈明帝紀〉「泰豫元年」，頁169。

〔註88〕（梁）蕭子顯，《南齊書》（北京：中華書局，1972），卷32，〈張岱傳〉，頁580。

〔註89〕《南齊書》，卷52，〈文學傳〉，頁889。

〔註90〕《隋書》，卷9，〈禮儀志〉，頁182。

〔註91〕《晉書》，卷105，〈石勒載紀〉，頁2747～2748。

〔註92〕（北齊）魏收，《魏書》（北京：中華書局，1974），卷32，〈崔逞傳〉，頁757。

〔註93〕《魏書》，卷7，〈高祖紀〉，頁152。

〔註94〕《魏書》，卷13，〈宣武靈皇后列傳〉，頁338。

〔註95〕《魏書・高祖紀》載孝武帝太和八年（484）春正月詔書：「詔隴西公元琛、尚書陸叡為東西二道大使，褒善罰惡」。除了東道、西道大使外，北魏其他皇帝另別置南道大使、北道大使、東南道大使、河南（七州）大使、陝西大使、畿內大使等，其任務不外黜陟能否、褒善罰惡、徵查貪贓枉法等事，北朝歷史上亦多見以出使地域為名的「大使」。參見：《魏書》，卷7，〈高祖紀〉，頁153。寧志新，《隋唐使職制度研究（農牧工商編）》，頁12～15。

〔註96〕寧志新，《隋唐使職制度研究（農牧工商編）》，頁8～10。

地的使職不同。由皇帝下旨巡察各地之使者是探查各地的不法情事，作為監察的一環，補充上計制度的不足，而孝文帝時的州郡使者卻與秀孝、計掾一同隱瞞實情，更可見其代表州郡的立場。那麼孝文帝時的州郡使者究竟扮演何種角色？其與上計掾吏的關係為何？囿於史料限制，此處無法言明，還待學界進一步分析。

　　北朝上計制度，至北齊發生了重大變化。元會儀中諸州郡派至中央之人，除了沿襲舊制的上計吏，還多了「諸州郡國使人」。《隋書・禮儀志》紀錄北齊元會的概況：

> 後齊正日，侍中宣詔慰勞州郡國使。詔牘長一尺三寸，廣一尺，雌黃塗飾，上寫詔書三。計會日，侍中依儀勞郡國計吏，問刺史太守安不，及穀價麥苗善惡，人間疾苦。又班五條詔書於諸州郡國使人，寫以詔牘一枚，長二尺五寸，廣一尺三寸，亦以雌黃塗飾，上寫詔書。正會日，依儀宣示使人，歸以告刺史二千石。〔註97〕

北齊地方派至中央的人員，有郡國計吏與州郡國使。郡國計吏於計會日出席，計會日之「計」，應為上計之意，可能與漢代計吏先至丞相、司徒府上計簿、接受考核一事相似。受計者照例詢問州郡長官概況、當地作物收成情形及民生疾苦，另頒布《五條詔書》予諸州郡國使人，改變了以往由計吏受敕的傳統。在元會當天，當眾宣讀《五條詔書》，由諸州郡國使人傳達給地方長官。關於北齊《五條詔書》的內容，見《隋書・禮儀志》：

> 一曰，政在正身，在愛人，去殘賊，擇良吏，正決獄，平徭賦。二曰，人生在勤，勤則不匱，其勸率田桑，無或煩擾。三曰，六極之人，務加寬養，必使生有以自救，沒有以自給。四曰，長吏華浮，奉客以求小譽，逐末捨本，政之所疾，宜謹察之。五曰，人事意氣，干亂奉公，外內溷淆，綱紀不設，所宜糾劾。〔註98〕

《五條詔書》的要求其實就是地方長官所應遵守的職責，其與前引晉武帝《五條詔書》的條目十分接近，原則上並未有太多的更動。北齊元會中較為特出的一點，是針對上計吏加以考核評選。侍中黃門在宣召慰勞計吏後，發紙予計吏，使其「遣陳土宜」，只要內容有不妥者，會當眾懲罰：若字有脫誤者，則呼其名命罰站；字跡濫劣者，罰飲一升墨水；文理孟浪、無可取者，則「奪

〔註97〕《隋書》，卷9，〈禮儀志〉，頁183。
〔註98〕《隋書》，卷9，〈禮儀志〉，頁183～184。

容刀及席」。〔註99〕朝廷對於素質不佳、表現不良的上計吏淘汰懲處，對「文迹才辭可取者」，則上報吏部，簡同流外三品敘，〔註100〕推知北齊的上計吏亦為晉升的一種管道。

　　自漢以來，上計吏的職責是代表地方向中央上計，北齊出現的諸州郡國使人，開始分化上計吏的職能。在元會儀中，諸州郡國使人是向地方長官傳遞朝廷對於地方治理的戒命，而上計吏則是報告所屬郡國的政情。〔註101〕原本在元會中接受朝廷戒敕的上計吏，到了北齊時此一功能被新出現的諸州郡國使人取代。上計制度自秦漢沿襲至南北朝，到了北齊出現了變化，地方另外派遣使者至朝廷參加元會儀，〔註102〕接受中央戒敕，而上計吏僅負責文書傳遞與報告。

第三節　朝集使與朝集制度的建立

　　隋朝的建立結束了南北朝數百年間的分裂，成為大一統帝國。為了解決南北朝遺留下的諸多問題，進而有效統治，隋文帝改革許多制度，上計制度亦屬其一。隋代不再有上計之制，取而代之的是在開皇年間創立的朝集使。關於朝集使確立的年代，據《資治通鑑·陳紀》〈高宗宣皇帝太建十三年（581）十月壬辰〉條記載，隋文帝於諸州朝集使前讚揚德州司馬房恭懿政績卓越，〔註103〕故渡邊信一郎認為開皇元年（581）即有朝集使，但據雷聞考證，《資治通鑑》之書例常於一事之下兼敘他事，不代表二者發生在同一時間，況且胡三省亦於該條註明：「房恭懿之被襃擢，非必皆是年事。《通鑑》因梁彥光事，悉書於此，以見開皇之治，以賞良吏而成」。〔註104〕關於朝集使確切成

〔註99〕北齊策秀孝，遇「其有脫誤、書濫、孟浪者，起立席後，飲墨水，脫容刀」，與對上計吏的懲罰相似。參見：《隋書》，卷9，〈禮儀志〉，頁188。

〔註100〕《隋書》，卷9，〈禮儀志〉，頁184。

〔註101〕（日）曾我部靜雄，〈上計吏と朝集使〉，收入氏著，《中國社會經濟史の研究》（東京：吉川弘文館，1976），頁386。

〔註102〕《隋書·禮儀志》描述北齊元會儀末端的文字：「元正大饗，百官一品已下，流外九品已上預會。一品已下、正三品已上、開國公侯伯、散品公侯及特命之官、下代刺史，並升殿。從三品已下、從九品以上及奉正使人比流官者，在階下。勳品已下端門外」，曾我部靜雄認為，其中的奉正使人即是指諸州郡國使者。參見：（日）曾我部靜雄，〈上計吏と朝集使〉，頁386。

〔註103〕《資治通鑑》，卷175，〈陳紀〉「高宗宣皇帝太建十三年（581）十月壬辰」條，頁5448。

〔註104〕《資治通鑑》，卷175，〈陳紀〉「高宗宣皇帝太建十三年（581）十月壬辰」條，頁5448。

立的時間，雷氏認為應以《隋書·高祖本帝》開皇六年（586）二月四日文帝制：「刺史上佐每歲暮更入朝，上考課」[註105] 為朝集制度之始。[註106] 筆者同意雷氏對於隋代朝集制度確立的年代推論，因隔年（開皇七年，587）正月十八日，文帝制：「諸州歲貢三人」，[註107] 恢復地方貢舉人才的傳統。在上計制度下，貢士是跟隨上計吏入京，今朝集使取代上計吏，貢士應隨同朝集使於歲末入京。開皇七年之制，顯然是對於開皇六年建立朝集使制度的補充。

朝集，應為朝會之意。[註108] 朝集使之名，前引《資治通鑑·陳紀》〈高宗宣皇帝太建十三年(581)十月壬辰〉條：「新豐令房恭懿，政為三輔之最，……累遷德州司馬。帝謂諸州朝集使曰：『房恭懿志存體國，愛養我民，……卿等宜師範之』」。胡三省注曰：「隋志：每元會，諸州悉遣使赴京師朝集，謂之朝集使」。[註109] 此處點明朝集使是赴京朝集之使，可見參加元會乃是朝集使主要的任務。此外，朝集使另一個重要任務是入京上考課，故又被稱為「考使」。隋代朝集使與漢魏以來的上計吏，皆是由地方上派至中央的代表，攜帶官員考課入京，以供校核，並參與正月的元會。然從朝集使與考使之名稱觀之，朝集使與漢以來的上計吏已有差異，隋代朝集使由刺史、上佐擔任，與漢魏以來由地方屬吏擔任的上計吏屬不同層級；在職能上，朝集使以考課、

〔註105〕 《隋書》，卷 1，〈高祖本紀〉，頁 23。

〔註106〕 雷聞，〈隋唐朝集制度研究——兼論其與兩漢上計制之異同〉，《唐研究》，7（北京，2001.12），頁 289～290。渡邊信一郎雖引《資治通鑑》以為開皇元年為朝集使最初事例，然其在論證朝集使出現的意義之時，以開皇三年（583）地方改革與開皇六年「刺史、上佐上考課」二事，說明其與上計制度在根本上的差異，進一步論證朝集使真正意義上的出現，應在開皇六年。參見：（日）渡邊信一郎，周長山譯，〈元會的建構——中國古代帝國的朝政與禮儀〉，《中國的思維世界》，頁 402。

〔註107〕 《隋書》，卷 1，〈高祖本紀〉，頁 25。

〔註108〕 《資治通鑑·陳紀》〈高宗太建十三年(581)隋主賜李穆詔〉條：「(隋文帝)仍以(李)穆年耆，敕蠲朝集，有大事，就第詢訪。」胡三省注曰：「朝集，猶言朝會也」。另《梁書·劉孝綽傳》：「孝綽少有盛名，而仗氣負才，多所陵忽，有不合意，極言詆訾。領軍臧盾、太府卿沈僧杲等，並被時遇，孝綽尤輕之。每於朝集會同處，公卿間無所與語，反呼騶卒訪道途間事，由此多忤於物」。參見：《資治通鑑》，卷 175，〈陳紀〉「高宗太建十三年隋主賜李穆」條，頁 5437。（唐）姚思廉，《梁書》（北京：中華書局，1973），卷 33，〈劉孝綽傳〉，頁 483。

〔註109〕 《資治通鑑》，卷 175，〈陳紀〉「高宗太建十三年(581)十月壬辰」條，頁 5448。

參與元會為主，與上計吏要攜帶眾多的戶籍錢糧簿冊等相比簡化了許多，渡邊信一郎認為這是意味著從財政到人事的轉變。〔註110〕筆者以為，更可說是從邦國到帝國的展現。上計制度是邦國向中央納貢的從屬關係，朝集制度則是中央對地方的直接檢視與管理。

隋代改革上計制度，創立朝集使，可說是中央與地方關係的一大轉變，反映在現實上是隋朝中央集權的確立。隋文帝於開皇三年進行地方行政調整，將原有的州郡縣三級制改為州縣二級，地方原有民政系統的州官改為鄉官，軍政系統的府官任用權自北朝末年已逐漸被中央收回，至此則皆由中央掌控，地方屬吏品官化。〔註111〕鄉官為名譽銜，實被排除在行政事務之外；〔註112〕到了開皇十五年（595），廢除州郡鄉官。〔註113〕中央完全掌握官員的人事任命權，刺史僚屬皆由朝廷直接任命，結束了漢代以來長期存在的二重君主關係，中央統一任官，勢力直接深入地方。漢魏以來的上計吏是由地方長官自行辟署的屬吏擔任，每年上計展現的是地方向中央朝廷納貢的從屬關係；〔註114〕隋代在中央集權之下，官員皆為國家臣僚，朝集使由地方長官所任，展現的是國家對官員的直接支配。

一、朝集使與計帳使

隋代創立了朝集使，結束了秦漢以來數百年的上計制度。朝集使可說是

〔註110〕（日）渡邊信一郎，周長山譯，〈元會的建構——中國古代帝國的朝政與禮儀〉，《中國的思維世界》，頁400。

〔註111〕《隋書·百官志》：「罷郡，以州統縣，改別駕、贊務，以為長史、司馬。舊周、齊州郡縣職，自州都、郡縣正已下，皆州郡將縣令至而調用，理時事。至是不知時事，直謂之鄉官。別置品官，皆吏部除授，每歲考殿最。刺史、縣令，三年一遷，佐官四年一遷。佐官以曹為名者，並改為司」。另《通典·選舉典》：「當時之制，尚書舉其大者，侍郎銓其小者，則六品以下官吏，咸吏部所掌。自是，海內一命以上之官，州郡無復辟署矣。（注云：自後魏末、北齊以來，州郡僚佐已多為吏部所授，至隋一切歸在省司）」。參見：《隋書》，卷28，〈百官志〉，頁792。《通典》，卷14，〈選舉典〉，頁342。

〔註112〕（日）渡邊信一郎，周長山譯，〈元會的建構——中國古代帝國的朝政與禮儀〉，《中國的思維世界》，頁402。

〔註113〕《隋書·百官志》：「（開皇）十五年，罷州縣、鄉官」。參見：《隋書》，卷28，〈百官志〉，頁793。關於廢鄉官的歷史脈絡及意義，可參考（日）濱口重國，黃正建譯，〈所謂隋的廢止鄉官〉，收入劉俊文主編，《日本學者研究中國史論著選譯（六朝隋唐卷）》（北京：中華書局，1992），頁315～333。

〔註114〕（日）渡邊信一郎，周長山譯，〈元會的建構——中國古代帝國的朝政與禮儀〉，《中國的思維世界》，頁405。

上計吏的繼承，但二者的面貌不同，除了前述任職人員的差異外，朝集使攜帶的資料主要以考課、政務為主，地方財務資料改由計帳使負責。計帳，《新唐書·食貨志》云：「又有計帳，具來歲課役以報度支。國有所須，先奏而斂」，〔註115〕故計帳使是帶著地方一年來的課役及相關財政資料上報朝廷，計帳當中明確有當地戶、丁數，才能成為國家度支的依據。〔註116〕計帳的源頭，可上溯西魏北周的蘇綽，《資治通鑑·梁紀》「武帝大同元年（535）」：「（蘇）綽始制文案程式朱出、墨入及計帳、戶籍之法，後人多遵用之」，胡三省注曰：「計帳者，具來歲課役之大數，以報度支。戶籍者，戶口之籍」。〔註117〕由胡三省之注文，可知唐代計帳確實是承繼北周計帳之法。〔註118〕到了唐代，則「每一歲一造計帳，三年一造戶籍」。〔註119〕關於計帳使入京的規定，可見《唐六典·尚書都省》：

> 凡天下制敕、計奏之數，省符、宣告之節，率以歲終為斷。京師諸
> 司，皆以四月一日納於都省。其天下諸州，則本司推校以授勾官，

〔註115〕（宋）歐陽脩、宋祁等撰，《新唐書》（北京：中華書局，1975），卷51，〈食貨志〉「租庸調法」，頁1343。

〔註116〕李錦繡，《唐代財政史稿（第一冊）》（北京：社會科學文獻出版社，2007），頁9。

〔註117〕蘇綽同時創立的《六條詔書》，深受宇文泰重視，不但常置於身旁，甚至「牧守令長，非通六條及計帳者，不得居官」。參見：《資治通鑑》，卷157，〈梁紀〉「高祖武皇帝大同元年（535）魏丞相泰以軍旅未息」條，頁4865。（唐）令狐德棻等，《周書》（北京：中華書局，1971），卷23，〈蘇綽傳〉，頁391。史書未寫明蘇綽的計帳、戶籍之法具體細目為何，然敦煌出土文書可彌補此方面的不足，相關研究可見：王永興，〈介紹敦煌文書西魏大統十三年（547）的計帳戶籍殘卷〉，收入氏著，《陳門問學叢稿》（江西：江西人民出版社，1993），頁256～281。（日）池田溫著，龔澤銑譯，《中國古代籍帳研究》，第二章，〈古代籍帳制度的變質〉，頁53～70。

〔註118〕蘇綽當時訂的計帳明確記載了租調數，然唐之計帳並不載租庸調數，僅有戶口數；這說明在唐代只要統計出課戶與課丁數，便可依此統計課役數字。關於西魏到唐之間計帳內容的變化，翁俊雄以為反映了租調徵收制度的變化，西魏繼承北魏均田制與租調制，男女、奴婢、耕牛皆授田繳租調，到了隋煬帝大業元年（605）廢除了婦女、奴婢、部曲、耕牛授田，只有丁男才授田繳租調。租調徵收對象的單一化，即反應在計帳內容上。李錦繡認為始於隋文帝開皇三年（583）民部代替度支成為尚書六曹之一相關。參見：李錦繡，《唐代財政史稿（第一冊）》，頁9。翁俊雄，〈唐代計帳制度探索〉，《北京師院學報（社會科學版）》，1988年3期（北京，1988.06），頁64～74。

〔註119〕（唐）李林甫等撰，陳仲夫點校，《唐六典》（北京：中華書局，1992），卷3，頁74。

　　勾官審之，連署封印，附計帳使納於都省。常以六月一日都事集諸
　　司令史對覆，若有隱漏、不同，皆附於考課焉。〔註120〕

地方每年上報中央的各種官文書與財政報告皆以歲終為斷，〔註121〕在京諸司
要於四月一日前繳納至都省，其他各州的官文書在經過本司勾官審勘，連署
封印後，交由計帳使上繳都省。〔註122〕計帳使應於年初赴尚書省，〔註123〕
與都省官典對覆勾帳，其中若由隱瞞疏漏，附於考課當中。朝集使是由都督、
刺史或上佐充之，至於計帳使，查諸《唐六典》、《兩唐書》等皆未載由何者擔
任。《唐六典·三府督護州縣官吏》中，京兆、河南、太原三府，以及都督府、
各州、縣、都護府等皆有帳史一人。帳史，據《新唐書·百官志》：「戶曹司戶
參軍事，掌戶籍、計帳、道路、過所」，注云：「帳史二人，知籍，按帳目捉
錢」。〔註124〕帳史有兩項職務，一為負責戶籍、計帳的具體工作，二為徵收
籍帳錢。〔註125〕帳史負責的工作即是計帳使帶進京師上報的基礎工作與相關
項目，然帳史地位卑下，〔註126〕應不可能擔任進京對帳的計帳使一職。史籍
中未明文規定計帳使的所任人員，推測應為州長官臨時指派相關幕僚為之。

〔註120〕《唐六典》，卷1，頁12。
〔註121〕秦漢的財政年度是以每年十月至隔年九月，此可見前引上計文書的內容，南
　　　　朝由於租稅徵收時間的變動，影響財政年度的起始時間。張榮強認為《唐六
　　　　典》中規定的「歲終為斷」，應是受到南朝的影響。參見：張榮強，〈從計斷
　　　　九月到歲終為斷——漢唐間財政年度的演變〉，《漢唐籍帳制度研究》，頁
　　　　209。
〔註122〕唐代財務體系的運作與執行，有賴各級單位檢核稽查，詳情參見：羅彤華，
　　　　〈財務查核體系的制約〉，收入氏著，《唐代官方放貸之研究》（板橋：稻鄉
　　　　出版社，2008），頁451～525。
〔註123〕羅彤華指出，《唐六典》雖云「常以六月一日都事集諸司令史對覆」，然據《唐
　　　　會要》卷85〈籍帳〉：「開元十八年（730）十一月敕：『諸戶籍三年一造，起
　　　　正月上旬，縣司責手實計帳，赴州依式勘造。……三月三十日納訖，並裝潢
　　　　一通，送尚書省，州縣各留一通』。故諸州每歲計帳應於三月底送至都省。
　　　　另外比部勾檢的時間似乎亦需要再做修正，《唐會要》卷59〈比部員外郎〉
　　　　引長慶元年（821）六月比部奏：「各具色目，分明造帳，依格限申比部。准
　　　　常限，每限五月三十日都結奏」。比部的勾檢工程應在五月底前完成。參見：
　　　　羅彤華，〈財務查核體系的制約〉，《唐代官方放貸之研究》，頁482～486。
〔註124〕《新唐書》，卷49，〈百官志〉「外官」，頁1312～1313。
〔註125〕李錦繡認為，帳史脫離了一般的佐史、府史而成為獨立的帳典，反映了唐前
　　　　期對戶籍、計帳的重視。參見：李錦繡，《唐代財政史稿（第一冊）》，頁301。
〔註126〕唐前期的典基本上由流外、色役、職役三種身分的人構成，李錦繡也論證州
　　　　縣佐史、帳史等為職役而非流外官。參見：李錦繡，《唐代財政史稿（第一
　　　　冊）》，頁294。

在此情況下可說，計帳使在某種程度上需聽從朝集使（刺史）指揮。計帳使入京僅是攜帶財政資料，並與相關單位對帳，不似朝集使還參加各種禮儀活動，其事務性質高，政治性質較低。

計帳使所攜的財務資料，應與漢代上計吏相近，此可由唐人觀點印證。《漢書‧武帝本紀》記載元封五年（B.C. 106）三月甲子，「祠高祖于明堂，以配上帝，因朝諸侯王列侯，受郡國計」。顏師古注曰：「計，若今之諸州計帳也」。〔註127〕《後漢書‧光武帝本紀》載建武十四年（38），「越巂人任貴自稱太守，遣使奉計」。李賢注曰：「計謂人庶名籍，若今計帳」。〔註128〕可見計帳使的確肩負了上計吏在財政方面的職能，將地方戶籍財稅上報中央，顏師古與李賢才會在提到上計吏奉計、帝王受計時，比之曰「今之計帳」。

上計吏的職能，到了隋唐二代紛紛為朝集使、計帳使取代，上計吏、朝集使、計帳使三者間的關係如何？唐人是如何理解？前述顏師古與李賢將計帳使的職能與上計吏相連結，《周禮‧天官冢宰》「小宰」：「贊冢宰受歲會，歲終，則令羣吏致事」，注：「使齎歲盡文書來至，若今上計」。唐賈公彥疏曰：「漢之朝集使，謂之上計吏，謂上一年計會文書及功狀也」。〔註129〕賈公彥認為上計吏即為唐代朝集使，其職責是上呈年度計會文書和官員功狀；然而上年度計會文書乃計帳使之職，官員功狀才是朝集使。與其說賈公彥的比喻有誤，不如說賈氏認為唐代朝集使是繼承漢代上計吏而來。

朝集使的職能在大部分與上計吏相近，其承繼關係，學界普遍認為上計吏就是朝集使的前身。〔註130〕對此，曾我部靜雄有詳細的論述：計帳使與朝集使皆負有上計吏的某些職能，故不論是計帳使或朝集使，其前身皆可追溯至上計吏。以制度而論，計帳使與上計吏最初的使命相同；然若比較上計吏的各項任務，則由朝集使繼承，故朝集使比較接近上計吏。〔註131〕這也是為

〔註127〕《漢書》，卷6，〈武帝本紀〉，頁196。

〔註128〕《後漢書》，卷1，〈光武帝本紀〉，頁63。

〔註129〕（漢）鄭玄注，（唐）賈公彥疏，十三經注疏整理委員會整理，《周禮注疏》（北京：北京大學出版社，2000），卷3，「小宰」，頁75～76。

〔註130〕參見：胡寶華，〈唐代朝集制度初探〉，《河北學刊》，1986年3期（石家莊，1986.06），頁73。申忠玲，〈唐代朝集制度確立時間小考〉，《西安文理學院學報（社會科學版）》，10：1（西安，2007.02），頁61。于賡哲，〈從朝集使到進奏院〉，《上海師範大學學報（社會科學版）》，31:5（上海，2002.09），頁45～47。

〔註131〕（日）曾我部靜雄，〈上計吏と朝集使〉，頁392～393。

何談到「計」、「計帳」之時，就將上計吏與計帳使比擬，但論及上計吏其他的工作項目時，就認為朝集使為其延伸。筆者以為，朝集使的確是繼承上計吏的傳統而來，雖然計帳使上繳戶籍、丁口數代表著臣服與統屬關係，然而朝集使所攜帶的考課與其他政務資料則可使統治者檢視該地治理情形，藉由此方式掌握地方長官政績與當地概況。至於計帳使的源頭，應由蘇綽創立計帳之法的原因來檢視，可能是漢到唐之間社會職能分化的結果。〔註132〕

唐人對於上計吏與朝集使的認識，其實有清楚的承繼關係。時人常以「計吏」稱呼朝集使，將進京朝集一事稱之「入計」。如上官儀〈為房州長史請朝觀表〉：「臣預應朝集，……今以衰疾之年，久違趨拜，望充計吏」，〔註133〕此是描述房州長史久未進京，祈求能任朝集使之願。《太平廣記》「李揆」條引《異苑》：「唐代宗將臨軒送上計郡守，百僚外辦，御輦俯及殿之橫門，帝忽駐輦，召北省官謂曰：『我常記先朝每餞計吏，皆有德音，以申誡勵』」。〔註134〕此處「上計郡守」、「計吏」皆指各州朝集使。除了文人筆法以外，官方文書亦如此稱呼，蘇頲〈處分朝集使敕〉：「每計吏還州，與之陛見。示其賞罰，錫以筐篚，亦云命而已矣」。〔註135〕〈處分朝集使敕〉是開元年間朝集使離京時皇帝所頒布的敕戒，當中亦將朝集使稱為計吏。另《唐會要・諸侯入朝》：「（開元八年，720）十一月十二日勅：諸州朝集使長官上佐，分蕃（番）入計」，〔註136〕皇帝敕令將朝集使進京視為入計。由上述數例觀之，唐人對於朝集使的代稱，亦蘊含了其對漢代上計吏的繼承觀。

二、朝集制度、人選與使團

唐朝在武德元年（618）成立，然在武德七年（624）天下大勢才底定。唐代朝集制度於何時確立？最早的朝集使是何時派遣至京？這些都是探究唐開

〔註132〕雷聞，〈隋唐朝集制度研究──兼論其與兩漢上計制之異同〉，頁305。
〔註133〕（宋）李昉等編，（宋）彭叔夏辨證，（清）勞格拾遺，《文苑英華》（北京：中華書局，1966），卷606，上官儀，〈為房州長史請朝觀表〉，頁3140。《全唐文》收錄的標題為〈為房州刺史請朝觀表〉，不論刺史或長史，都是朝集使的人選。參見：（清）董誥等編，《全唐文》（北京：中華書局，1987），卷155，上官儀，〈為房州刺史請朝觀表〉，頁1583。
〔註134〕（宋）李昉等編，《太平廣記》（北京：中華書局，1995），卷137，〈徵應・人臣休徵〉「李揆」條引《異苑》，頁987。
〔註135〕（宋）宋敏求編，《唐大詔令集》（北京：商務印書館，1959），卷103，〈政事・按察〉「處分朝集使敕八道」之五（開元八年二月十九日），頁526。
〔註136〕（宋）王溥，《唐會要》（北京：中華書局，1990），卷24，〈諸侯入朝〉，頁459。

國之初中央何時掌握地方的另一面。關於朝集制度的確立年代，學界大致有三種說法，分別為（1）雷聞的武德七年說，（2）胡寶華的貞觀二年（628）到五年說（631），（3）申忠玲的貞觀五年說。〔註137〕（1）雷聞舉《冊府元龜·帝王部》高祖武德九年（626）「宴朝集使於百福殿」，〔註138〕以及《通典·職官典》：「武德中，天下初定，京師穀羅貴，遠人不相願仕流外，始於諸州調佐史及朝集典充選」，〔註139〕以二例證明武德年間已有朝集使及隨之進京的屬吏。〔註140〕因武德七年天下平定，故雷聞認為唐代朝集制確立於武德七年四月定新令之時。〔註141〕（2）胡寶華引《唐會要》貞觀元年（627）梁州都督竇軌請入朝一事，太宗對曰：「君臣共事，情猶父子。外官久不入朝，情或疑懼，朕亦須數見之，問以人間風俗。許令入朝」。〔註142〕既然「外官久不入朝」，就說明此前無定期朝集之制，胡氏以為竇軌請入朝當屬個別案例，〔註143〕不宜以貞觀元年為朝集制度之始。朝集制度的確立，應由朝集使的正式記載：貞觀五年趙郡王孝恭等眾朝集使上表請封禪一事來論，〔註144〕故胡氏認為朝集制度的確立應在貞觀二年至五年之間。〔註145〕（3）申忠玲的貞觀五年說是對胡寶華說的修正。申氏認為，朝集使的設置不等於朝集制度的確立，作為一種制度，其中的規範性與穩定性相當重要。武德七年後雖有朝集使設置的紀錄，然據《通典·選舉典》，武德中授官不清，朝集使的考課功能似未受突顯，〔註146〕故此時朝集制度應未正式確立。至於應為貞觀何年？申氏否

〔註137〕還有一說是《中國歷史大辭典》的開元八年說，然其說已不辯自明。申忠玲以為此說並非無稽，此因唐代朝集制度在開元時期有重大改革與發展，如對朝集人數的規定以及參與禮儀活動的明確化等方面，故開元八年可說是朝集制度的革新。參見：申忠玲，〈唐代朝集制度確立時間小考〉，頁62～63。

〔註138〕（宋）王欽若等編，《冊府元龜》（北京：中華書局，1994），卷109，〈帝王部·宴享〉，頁1301。

〔註139〕《通典》，卷22，〈職官典·尚書〉「歷代都事主事令史」，頁610。

〔註140〕于賡哲亦同意高祖武德年間就有朝集使的活動，唯認為此時的朝集使尚未制度化。參見：于賡哲，〈從朝集使到進奏院〉，頁49。

〔註141〕雷聞，〈隋唐朝集制度研究——兼論其與兩漢上計制之異同〉，頁291。

〔註142〕《唐會要》，卷24，〈諸侯入朝〉，頁458～459。

〔註143〕太宗所言令人費解，前舉《冊府元龜·帝王部》高祖武德九年三月「宴朝集使於百福殿」，說明當時朝集使入京朝集並受到高祖賜宴。筆者同意胡寶華所說，竇軌請入朝當屬個別案例。

〔註144〕《唐會要》，卷7，〈封禪〉，頁79。

〔註145〕胡寶華，〈唐代朝集制度初探〉，頁73。

〔註146〕《通典·選舉典》：「初，武德中，天下兵革方息，萬姓安業，士不求祿，官不

定了貞觀二年的可能，雖然《貞觀政要・論貢賦》載貞觀二年朝集使上貢賦一事。〔註147〕但申氏認為《貞觀政要》僅論貢賦一事，未提及朝集使的其他職能，進而認為此時朝集使可能未成定制，僅效仿前代故事。此與朝集制度確立後，皇帝動輒告誡朝集使要善待百姓、如實上報地方情形等差異甚大。若貞觀二年尚未建立，而三（629）、四（630）年又陷入與突厥的苦戰，無建制之可能。在貞觀四年滅東突厥後，山東、江南等歸附之地在一段時間的治理後亦相安無事，此種天下局勢的安定，最適合朝集制度的實施，故當以貞觀五年為唐代朝集制度的創立之時。〔註148〕

　　在學界提出的三種時間以外，《唐摭言・統序科第》記載武德四年（621）敕地方貢士，為唐貢士之始：「自武德辛巳歲（武德四年，621），四月一日勅：『諸州學士，及早有明經及秀才、俊士、進士，明于理體，為鄉里所稱者，委本縣考試，州長重覆，取其合格。每年十月，隨物入貢。斯我唐貢士之始也』」。〔註149〕武德四年的敕文提到每年十月地方的貢士將隨地方特產入貢。朝集使的任務不僅上呈地方資料，還要將當地土貢、貢士一同帶進京。《唐摭言》雖未指明朝集使的存在，但「每年十月，隨物入貢。斯我唐貢士之始也」，可能透露了唐代朝集制度於當年開始運行的事實。且前引隋代朝集制度始於開皇六年，並於隔年「諸州歲貢三人」，實為朝集制度的補充，亦可證明貢士與朝集使的關聯（詳第三章第二節）。關於唐代朝集使的起源，筆者大膽將之提前到武德四年至五年之間。

　　武德年間朝集使的記載，確實可以論證唐代朝集使在高祖年間已有活動，

　　　　充員，吏曹乃移牒州府，課人應集，至則授官，無所退遣。四五年閒，求者漸多，方稍有沙汰」。參見：《通典》，卷15，〈選舉・歷代制〉「大唐」，頁362。

〔註147〕《貞觀政要・論貢賦》：「貞觀二年，太宗謂朝集使曰：『任土作貢，布在前典，當州所產，則充庭實。比聞都督刺史，邀射聲名，厥土所賦，或嫌其不善，踰意外求，更相倣效，遂以成俗，極為勞擾。宜改此弊。不得更然』」。參見：（唐）吳兢，《貞觀政要》（臺北：黎明文化，1990），卷8，〈論貢賦〉，頁218。

〔註148〕申忠玲，〈唐代朝集制度確立時間小考〉，頁61～62。

〔註149〕另據《唐摭言・雜記》：「高祖武德四年四月十一日，敕諸州學士及白丁，有明經及秀才、俊士明於理體，為鄉曲所稱者，委本縣考試，州長重覆，取上等人，每年十月隨物入貢。至五年（622）十月，諸州共貢明經一百四十三人，秀才六人，俊士三十九人，進士三十人。十一月引見，敕付尚書省考試」。參見：（五代）王定保撰，黃壽成點校，《唐摭言》（西安：三秦出版社，2011），卷1，「統序科第」，頁1；卷15，「雜記」，220。

另朝集典的存在，也可說明當時已有朝集使團的雛型。胡寶華以《唐會要》
貞觀五年朝集使請封禪為朝集使正式記載，然申忠玲所列《貞觀政要》的貞
觀二年記載更早。至於申氏的論點，實有再商榷之必要，若以史料中未提及
其他職能，並無法證明當時的朝集使不具有該職能。綜合以上三說，關於唐
代朝集制度起始時間，筆者認為武德年間已有雛型，然非定制，確定的時間
則同胡寶華之說，大致落在貞觀二年至五年之間。

朝集使之「使」，為使職之意，屬臨時派遣性質。其擔任者與肩負職務，
除了前引史料稍有提及外，《唐六典·戶部郎中員外郎》的記載更為詳盡，規
範朝集使的所任人員、到京時間與專責事項：

> 凡天下朝集使皆令都督、刺史及上佐更為之；若邊要州都督、刺史
> 及諸州水旱成分，則佗官代焉。皆以十月二十五日至于京都，十一
> 月一日戶部引見訖，於尚書省與群官禮見，然後集于考堂，應考績
> 之事。元日，陳其貢籬於殿庭。凡京都諸縣令，每季一朝。〔註150〕

朝集使由都督、刺史與上佐輪流擔任。〔註151〕朝集使基本上由州長官所任，
上佐因地位或職務之故而任朝集使。《唐六典·三府都護州縣官吏》：「尹、少
尹、別駕、長史、司馬掌貳府、州之事，以紀綱眾務，通判列曹；歲終則更入
奏計」。〔註152〕上佐地位僅居於府州長官之下，輔佐長官處理眾務，具體工
作是充當通判處理公文，歲終充任朝集使，入京奏計。〔註153〕此外，有時上
佐會代行長官事，如巡屬縣、〔註154〕主府務，〔註155〕上佐可謂長官代理者，

〔註150〕《唐六典》，卷3，頁79。

〔註151〕上佐，指別駕、長史、司馬。參見：《通典》，卷33，〈職官·州郡〉「郡佐」，
頁910。上佐因於僚佐當中品位最尊，故因此得名；又有三官之稱。參見：
嚴耕望，〈唐代府州僚佐考〉，收入氏著，《唐史研究叢稿》（香港：新亞研究
所，1969），頁105。

〔註152〕《唐六典》，卷30，頁747。

〔註153〕李方，《唐西州行政體制考論》（哈爾濱：黑龍江教育出版社，2001），頁70。
嚴耕望舉諸史例，認為唐代上佐奉優而無職事，對府州行政沒有影響。然李
方由吐魯番出土文書觀之，西州上佐實非閒職，這可能與西州地處邊疆、戰
事頻仍、民族往來複雜有關，在某種程度上也產生了因應本地需求的職事。
參見：李方，《唐西州行政體制考論》，頁96。

〔註154〕《唐六典》：「若親王典州及邊州都督、刺史不可離州局者，應巡屬縣，皆委
上佐行焉」。參見：《唐六典》，卷30，頁747。

〔註155〕李方，《唐西州行政體制考論》，頁70。上佐主府務有兩種情況：一是親王為
都督、刺史時，常使上佐主府務。二是長官闕人時，由上佐代知府務。參見：
嚴耕望，〈唐代府州僚佐考〉，《唐史研究叢稿》，頁108～109。

故亦為代朝集的人選。若是地處邊州、要州的都督、刺史因離京遙遠、公務難以抽身，〔註156〕或是各州遭受水旱災侵襲，地方官需要親自坐鎮，無法上京者，可派其他官代理。朝集使必須在每年十月二十五日前到達京城，〔註157〕十一月一日在戶部接受引見。特別選定戶部之因，可能是要向戶部繳納從地方帶來的貢物。《唐六典·戶部尚書侍郎》：「戶部尚書、侍郎之職，掌天下戶口井田之政令。凡徭賦職貢之方，經費調給之筭，藏貨贏儲之准，悉以咨之」，〔註158〕元會大典時，諸州貢物是由戶部尚書所奏。〔註159〕因此朝集使一到京師就先至戶部上繳貢物，讓戶部整理驗收，再至尚書省與群官相見，後聚於考堂，應答本州考績。到了隔年元日，參加元會大典，並將本州所帶的土貢陳列於殿庭之上。

　　朝集使的身分既為中央權力的直接支配，那麼羈縻府州是否要遣使朝集呢？唐代官方給予羈縻府州相當大的自治權，只要經過朝廷的冊封許可，當地的都督、刺史皆可世襲，並給予治理其地相當大的空間。不過，羈縻府州需受鄰近正規的都督府或都護府行政統攝，也需向朝廷履行部份義務，如納貢、朝覲、入質、出兵等等，〔註160〕透過朝貢的方式，展現該地與中央政府的聯繫，朝貢的物品主要以地方土特產或珍奇異物；對於一些經濟較為發達、靠近邊州的地區，則徵以定額租。〔註161〕尤其派遣使者進京，更表達了對朝廷的臣服。

〔註156〕開元十八年（730）十一月，玄宗下令限縮靈、勝、涼等五十九個邊州，以及揚、益、幽等十二要州的都督、刺史不需朝集，因這些府州多在軍事要地，故朝集工作改由上佐擔任。參見：《唐會要》，卷24，〈諸侯入朝〉，頁460。

〔註157〕《資治通鑑·唐紀》「太宗貞觀十七年（643）」：「先是，諸州長官或上佐歲首親奉貢物入京師，謂之朝集使，亦謂之考使」，這段記載看似與《唐六典》的十月二十五日到京有所衝突。事實上，朝集使要在元日當天獻上貢物，不可能等到「歲首」才到京，一定會提前到達做準備。此段文字的重點在「諸州長官或上佐歲首親奉貢物」，後面的「入京師」造成了時間上的誤會。唐代法律規定朝集使到京的時間，筆者仍採用《唐六典》的記載。參見：《資治通鑑》，卷197，〈唐紀〉「太宗貞觀十七年（643）」，頁6205。

〔註158〕《唐六典》，卷3，頁63～64。

〔註159〕（唐）蕭嵩等撰，《大唐開元禮》（東京：古典研究院發行，汲古書院發賣，1972），卷97，〈嘉禮·皇帝元正冬至受群臣朝賀並會〉，頁454。

〔註160〕艾沖，《唐代都督府研究——兼論總管府·都督府·節度司之關係》（西安：西安地圖出版社，2005），頁186～191。

〔註161〕程志、韓濱娜著，《唐代的州和道》（西安：三秦出版社，1987），頁71～72。

　　許敬宗編纂的《文館詞林》中，收錄了太宗時期的一道敕文，雖有部份文字亡佚，但提供了貞觀年間羈縻府州遣使朝集的資料：

> 又以卿每年恆遣愛子入京，使人朝集不絕，所以雖聞卿有異圖，不發兵馬。去歲遣劉弘基等纂集，亦有所由，云卿已破新州，復劫數縣。恐百姓塗炭無容，不即防禦。聞卿自悔前怨，令子入侍，更令旋旆，不入卿境。此是朕惜卿本誠，意存含育。卿既有心識，亦應具朕懷。去冬又令員外散騎常侍韋叔諧等殷勤慰諭，想尋達也。……自今以□，但宜在卿家將攝，以自怡養，更不得遣山洞群小鈔掠州縣。仍年別恆令兒子更番來去，又依式遣使參朝，朕即知卿赤心，自然不畏他人表奏。若其掠奪不止，釁惡日彰，欲人不言，其□□也。□至五月末以來，宜遣一子，盡心聞奏。若無使至，朕即發兵屠戮，卿之黨與，一舉必無遺類。今遣朝集使還，示卿此旨，宜深識機微。自求多福。春首尚寒，比無恙也。家門大小，想並平□□□□□。〔註162〕

此敕前部分文字亡佚，但從上述記載的幾項特點推論，可確知為頒布對象是唐羈縻府州之某首長，其理由如下：該首長每年遣子入京為質，故雖有異圖，太宗仍按兵不發。太宗另從劉弘基等人口中證實，某首長已攻破新州，〔註163〕拿下數縣，之後可能懼於唐軍武力，停止戰爭，並令子入侍，結束大軍壓境的危機。為了徹底平息叛亂，太宗不僅命員外散騎常侍韋叔諧等人前往撫慰，更下令要某首長安分守己，每年遣子入京，即是代表歸順之心；並命該首長要在五月底前先派一子入唐，若無使者到來，則派兵征討，殲滅黨羽。從上述描述的史實看來，此敕的頒佈對象或指馮盎。貞觀初年，高州總管越國公馮盎叛，太宗本欲派兵討之，魏徵以天下初定，不宜有大動作，當以懷柔待之，太宗遂遣員外散騎常侍韋叔諧、員外散騎侍郎李公淹持節宣諭，後馮盎遣子智戴入朝；貞觀五年（631）馮盎亦來朝。且《文館詞林》本敕後一條為

〔註162〕編者按語：「此篇前半部份亡佚，作者、題皆不明。文中有『去歲遣劉弘基等纂集』語，檢新舊《唐書》，知弘基為太宗朝人，此敕當為太宗時所草，可補入《全唐文》太宗文中」。參見：（唐）許敬宗編，羅國威整理，《日藏弘仁本文館詞林校證》（北京：中華書局，2001），頁477～478。

〔註163〕《舊唐書·地理志》「新州」：「隋信安郡之新興縣。武德四年（621），平蕭銑，置新州。天寶元年（742），改為新興郡。乾元元年（758），復為新州」。參見：（後晉）劉昫，《舊唐書》（北京：中華書局，1975），卷41，〈地理志〉「十道郡國·嶺南道·新州」，頁1718。

「敕高州都督耿國公馮盎」，筆者疑此敕之內容與馮盎有關。〔註164〕敕文末提到：「今遣朝集使還，示卿此旨，宜深識機微」，該州朝集使將太宗敕帶回給某首長，肩負文書傳遞的責任。可見羈縻府州也要遣使朝集。〔註165〕

　　唐前期成立的諸多羈縻府州，其朝集人數眾多，所花費用龐大，因此玄宗於先天二年（713）十月下敕：

> 諸蕃使、都督府管羈縻府州，其數極廣，每州遣使朝集，頗成勞擾。
> 應須朝賀，委當蕃都督與上佐及管內刺史，自相通融，明為次第。
> 每年一蕃令一人入朝，給左右不得過二人。仍各分頒諸州貢物，於
> 都府點檢，一時錄奏。〔註166〕

此後，應朝集的羈縻府州每年一蕃遣一人入朝，隨從不得超過二人。羈縻府州應上繳的貢物送至都督府，再由都督府送至中央。

　　對照史籍中的朝集使，隋唐二代以都督任朝集使的有唐太宗時梁州都督竇軌、〔註167〕利州都督武士彠。〔註168〕刺史任朝集使有隋文帝定州刺史豆盧通、〔註169〕兗州刺史薛胄，〔註170〕隋煬帝時弘化太守柳儉、〔註171〕汝南太守麥鐵

〔註164〕《資治通鑑》，卷192，〈唐紀〉「太宗貞觀元年（630）九月」條，頁6038～6039。《新唐書》，卷110，〈諸夷蕃將傳〉「馮盎」，頁4113；卷222，〈南蠻傳〉「南平獠」，頁6326。

〔註165〕關於唐代羈縻府州的朝集，可參：王義康，〈唐代蕃州朝集制度試探〉，《陝西師範大學學報（哲學社會科學版）》，43：3（西安，2014.05），頁102～105。

〔註166〕《唐會要》，卷24，〈諸侯入朝〉，頁459。

〔註167〕史籍雖未云竇軌為朝集使，然竇軌於貞觀元年十一月請入朝，太宗對曰：「外官久不入朝，情或疑懼，朕亦須數見之，問以人間風俗，許令入朝」，從太宗的對話內容和竇軌任梁州都督一職，推斷他是以朝集使身分入朝。參見：《唐會要》，卷24，〈諸侯入朝〉，頁458～459。

〔註168〕《冊府元龜》，卷35，〈帝王部‧封禪〉，頁385。

〔註169〕《隋書》，卷2，〈高祖本紀〉，頁34。

〔註170〕《隋書‧高祖本紀》：「（開皇九年，589）冬十一月壬辰，考使定州刺史豆盧通等上表，請封禪，上不許。」《冊府元龜》：「定州刺史豆盧通等上表請封禪，帝不許。又兗州刺史薛胄以天下太平，登封告禪。帝王盛烈。遂遣博士登太山觀古跡。撰封禪圖及儀。上之高祖。謙讓不許」。《隋書》載豆盧通為考使（朝集使），薛胄奏請隋文帝封禪，此乃朝集使常舉，故此處推測薛胄是以朝集使身分言事。參見：《隋書》，卷2，〈高祖本紀〉，頁34。《冊府元龜》，卷35，〈帝王部‧封禪〉，頁384。另《隋書‧薛胄傳》亦載此事，詳見：《隋書》，卷56，〈薛胄傳〉，頁1388。

〔註171〕《隋書》，卷73，〈循吏傳〉「柳儉」，頁1683。太守是隋煬帝大業三年（607）改州為郡之故。

杖〔註172〕與趙郡太守魚俱羅〔註173〕等人；唐在太宗時有定州刺史薛獻、〔註174〕睦州刺史徐令言，〔註175〕高宗武后時有相州刺史許圉師、〔註176〕德州刺史張知謇，〔註177〕玄宗時有同州刺史成大琬、魏州刺史陸餘慶、宋州刺史單思遠、澤州刺史劉知柔、〔註178〕宣州刺史裴耀卿、〔註179〕絳州刺史孔禎、〔註180〕魏州刺史蔣欽緒、〔註181〕豫州刺史裴綱、〔註182〕蒲州刺史崔林、魏州刺史崔沔、鄭州刺史賈曾、懷州刺史王邱〔註183〕、陳州刺史李邕、〔註184〕相州刺史張嘉祐、〔註185〕台州刺史康希銑、〔註186〕江華郡太守和守陽〔註187〕、睢陽太守李峘〔註188〕等例。以上佐任朝集使者有隋文帝時華州長史榮毗〔註189〕、高宗武

〔註172〕 《隋書》，卷64，〈麥鐵杖傳〉，頁1512。

〔註173〕 《隋書》，卷64，〈魚俱羅傳〉，頁1517。

〔註174〕 （宋）李昉等編，《太平御覽》（臺北：臺灣商務印書館，1975），卷258，〈職官部・良刺史〉，頁1338。

〔註175〕 《唐會要》：「貞觀十一年（637），群臣復勸封山，始議其禮。於是國子博士劉伯莊、睦州刺史徐令言等，各上封禪之事」。此處亦以朝集使常奏請帝王封禪，推測徐令言為朝集使。參見：《唐會要》，卷7，〈補・封禪〉，頁82。

〔註176〕 《冊府元龜》，卷155，〈帝王部・督吏〉，頁1877。

〔註177〕 《舊唐書》，卷185，〈良吏傳〉「張知謇」，頁4809。

〔註178〕 《冊府元龜》，卷673，〈牧守部・襃寵〉，頁8041。

〔註179〕 《通典》，卷10，〈食貨・漕運〉，頁221。

〔註180〕 （宋）李昉等編，《文苑英華》（北京：中華書局，1966），卷610，李嶠，〈為朝集使絳州刺史孔禎等進大酺詩表〉，頁3161。

〔註181〕 《全唐文》，卷270，蔣欽緒，〈朝集使等上尊號表〉，頁2748。

〔註182〕 《冊府元龜》，卷157，〈帝王部・誡勵〉，頁1904。

〔註183〕 《唐會要》，卷74，〈選部・論選事〉，頁1339。

〔註184〕 《新唐書・文藝傳》「孫逖」：「李邕負才，自陳州入計，哀其文示逖」，據《舊唐書・文苑傳》，李邕曾於開元年間任陳州刺史，推測李邕是在任陳州刺史時擔任朝集使進京。參見：《舊唐書》，卷190，〈文苑傳〉「李邕」，頁5040～5041。《新唐書》，卷202，〈文藝傳〉「孫逖」，頁5760。

〔註185〕 周紹良主編，《唐代墓誌彙編》（上海：上海古籍出版社，1992），天寶003，「唐故左金吾將軍范陽張公墓誌銘并序」，頁1533。另見：《全唐文》，卷358，柳貫，〈唐故左金吾將軍范陽張公墓誌銘并序〉，頁3636～3637。

〔註186〕 《全唐文》，卷344，顏真卿，〈銀青光祿大夫海濮饒房睦台六州刺史上柱國汲郡開國公康使君神道碑銘〉，頁3487。

〔註187〕 周紹良主編，《唐代墓誌彙編》，天寶071，「唐故中大夫使持節江華郡諸軍事江華郡太守上柱國和府君墓誌銘并序」，頁1580～1581。此處地方長官名改變是因天寶元年（742）改州為郡，刺史為太守之故。

〔註188〕 《新唐書》，卷80，〈太宗諸子傳〉「趙國公峘」，頁3568。

〔註189〕 《隋書》，卷66，〈榮毗傳〉，頁1558。

后時期的渝州長史蕭灌〔註 190〕與玄宗時魏州長史敬讓、辰州長史周利貞、〔註191〕荊州長史韋虛心〔註 192〕、陳州司馬成循〔註 193〕、西州上佐某守信〔註 194〕等人。上佐之中，別駕置廢不常，開元前或由親王擔任，實際在州者不常見；司馬雖常在任上，但位居長史之下，〔註 195〕或可解釋史籍中上佐任朝集使者，以長史為多，少見別駕之因。在都督、刺史、上佐以外，尚有以錄事參軍或其他身分任朝集使。錄事參軍任朝集使有隋文帝秦州總管錄事參軍房彥謙、〔註196〕高宗武后時隆州錄事參軍裴聿、〔註 197〕淄州錄事參軍馮本、〔註 198〕台州錄事參軍事沈佺期，〔註 199〕以及洺州錄事參軍李構。〔註 200〕錄事參軍任朝集使

〔註 190〕《全唐文》，卷 229，張說，〈贈吏部尚書蕭公神道碑〉，頁 2315。

〔註 191〕《唐會要》，卷 62，〈御史臺・知班〉，頁 1085。

〔註 192〕《唐會要》，卷 74，〈選部・論選事〉，頁 1339。

〔註 193〕周紹良主編，《唐代墓誌彙編》，萬歲通天 008，「大周故朝請大夫行陳州司馬上輕車都尉公士成公墓誌銘并序」，頁 894。

〔註 194〕根據大谷文書 3786（3）〈西州官人差使錄〉，雷聞認為某守信為朝集副使，朝集使為高廣濟；然池田溫認為高廣濟為營田使，李方推論此文書中的朝集使應為上佐某守信（詳後）。參見：小田義久編，《大谷文書集成（貳）》（東京：法藏館，1990），圖版 37，錄文見頁 155。該文書錄自（日）池田溫著，龔澤銑譯，《中國古代籍帳研究》（北京：中華書局，2007），頁 207，錄文144。李方，《唐西州行政體制考論》，頁 72～73。

〔註 195〕李方，《唐西州行政體制考論》，頁 69。

〔註 196〕《隋書》，卷 66，〈房彥謙傳〉，頁 1562。

〔註 197〕《新唐書》，卷 79，〈高祖諸子傳〉「滕王元嬰」，頁 3560。

〔註 198〕閻朝隱，〈亳州錄事參軍事上騎都尉馮府君紀孝碑〉：「遷淄州錄事（闕二字）乾封中入計」。此處錄事應指「錄事參軍」，唐詩中常將錄事參軍簡稱為錄事，錄事是錄事參軍的下屬，地位相當低。擔任朝集使的資格必須是地方長官或上佐，非低階的錄事可任。參見：《全唐文》，卷 207，閻朝隱，〈亳州錄事參軍事上騎都尉馮府君紀孝碑〉，頁 2095。賴瑞和，《唐代中層文官》（臺北：聯經出版社，2008），頁 329。

〔註 199〕《新唐書》，卷 202，〈文藝列傳〉「沈佺期」，頁 5749。

〔註 200〕《直齋書錄解題》：「《御史臺故事》三卷，唐朝集使洺州錄事參軍李結撰。結本名構，避光堯御諱，隨齋批注」。又《新唐書・藝文志》：「李構，《御史臺故事》三卷」。陳振孫在編纂《直齋書錄解題》一書時，為避宋高宗趙構諱，將李構改為李結，并於文末註明。《玉海》：「李植，《御史臺故事》三卷。（注曰：唐朝集使述自周迄隋御史故事，併敘漢唐間大夫以下名氏。）」按：《玉海》植當為構之誤。參見：（宋）陳振孫撰，徐小蠻、顧美華點校，《直齋書錄解題》（上海：上海古籍出版，1987），卷 6，〈職官類〉，頁 174。《新唐書》，卷 58，〈藝文志〉「乙部史錄・職官類」，頁 1477。（宋）王應麟，《玉海》（南京：江蘇古籍出版社，1987），卷 121，〈官制〉，頁 2240。

似乎不見於《唐六典》的規定，〔註201〕據俄藏敦煌文書Дx.06521 殘卷：

4. 〔考課〕令：諸都督刺史上佐都〔　　　　　〕〔每年分〕

5. 番朝集若上佐已上有闕及事故，只有〔　　錄事　　〕〔限十〕
參軍代集，若錄事參軍有〔　　　　　　〕

6. 月廿五日到京，十一月一日見。〔所部之內，見任及〕

7. 解代，皆須知。其在任以〔來，年別狀迹，隨問〕

8. 辯答。若知長官考有不當，　　　　　　　　

9. 以狀通送。〔註202〕

〈考課令〉中規定，諸州都督、刺史、上佐每年分番朝集，若上佐以上有闕或其他事故，可由錄事參軍代集。令文層層規定了朝集與代集人選，應是由行政體系中的地位排序。據雷聞考釋，此〈考課令〉應是開元二十五年（737）令。〔註203〕若連錄事參軍無法朝集之時，令文亦規定代集人員，惜因文書有缺，無法得知，然可推測應為錄事參軍下一級，可能為六曹參軍。據此，亦可解釋玄宗時司功崔朔〔註204〕任朝集使一事。開元二十五年的〈考課令〉的源頭可上溯至〈S.1344 開元戶部格殘卷〉：

67. 敕：嶺南及全僻遠小州，官人既少，欲令參軍、縣官替充

68. 朝集者聽。

69.　　　　　　　　　　　　　　　　　　　聖歷元年正月三日〔註205〕

〔註201〕《唐六典》雖然只記載：「凡天下朝集使皆令都督、刺史及上佐更為之」，但後面又有但書：「若邊要州都督、刺史及諸州水旱成分，則佗官代焉」。參見：《唐六典》，卷3，頁79。

〔註202〕原文見上海古籍出版社編，《俄藏敦煌文獻》（上海：上海古籍出版社，2000），彩版四，黑白版見頁120。此處引用雷聞，〈俄藏敦煌Дx.06521 殘卷考釋〉，《敦煌學輯刊》，39（蘭州，2001.06），頁2。《俄藏敦煌文獻》將之初定名為唐律，然雷聞據此文書同時收錄朝集一事的〈考課令〉、〈戶部格〉，考察傳世文獻，其性質很有可能是開元二十五年（737）頒行天下的《格式律令事類》的殘卷，因此將其初步擬名為《唐開元二十五年格式律令事類殘卷》。參見：雷聞，〈俄藏敦煌Дx.06521 殘卷考釋〉，頁8～9。

〔註203〕雷聞，〈俄藏敦煌Дx.06521 殘卷考釋〉，頁4～5。

〔註204〕《全唐文》，卷334，陶翰，〈餞崔朔司功入計序〉，頁3379。陶翰為開元十八年進士，故崔朔應亦為同時期人。

〔註205〕此卷現藏於大英博物館，據劉俊文考釋，此卷即是「編錄當時制敕」，所存十七條，每條首皆冠以「敕」字，末列年月日，其形式與史籍所載唐格之形式正相符合。此卷所載可能為開元三年（715）姚元崇等奉敕修之《開元格》。參見：劉俊文，〈S.1344 開元戶部格殘卷〉，收入氏著，《敦煌吐魯番唐代法制文書考釋》（北京：中華書局，1989），頁281～285。

武后聖曆元年（698）時規定，嶺南與偏遠小州因官員少，可令參軍、縣官任朝集使，可見縣官也是有可能任朝集使。到了開元八年（720）十一月敕：「諸州朝集使長官上佐，分蕃（番）入計。如次到有故，判司代行」。〔註206〕判司，即為司功、司倉、司戶、司兵、司法、司士等六曹參軍。開元二十五年〈考課令〉中對朝集使人員的遞補規定，是吸收前例而成。以上列舉史籍中有明顯職位的朝集使，其他身分特殊或不明的有太宗時趙郡王李孝恭、〔註207〕高宗時于思言〔註208〕、岑翔〔註209〕等人，其餘任朝集使者皆符合《唐六典》或其他唐代法律的規定。

　　《唐六典》規範朝集使每年入京，但唐代曾有「三年上計」之說。如李嶠呈給武后的〈為朝集使絳州刺史孔禎等進大酺詩表〉：「三年入計，行趨玉帛之禮」。〔註210〕張九齡於開元二十二年（734）所作〈奉和聖製送十道採訪使及朝集使〉：「三年一上計，萬國趨河洛」。〔註211〕根據清人陳廷敬《御選唐詩》對張九齡此詩的注疏，「三年上計」，其注曰：

　　　　《史記‧范雎傳》：「（秦）昭王召王稽，拜為河東守，三歲不上計」。

　　　　《通典》：「開元二十五年，命諸道採訪使考課善績，三年一奏」。《漢
　　　　　書‧張蒼傳》：「（張）蒼以列侯居相府，領主郡國上計者」。〔註212〕

陳廷敬所引《史記‧范雎傳》，說明王稽為河東守時，曾三年不上計，因秦漢的上計吏需每年上計，故王稽三年不上計被特別紀錄下來。〔註213〕《漢書‧

〔註206〕《唐會要》，卷24，〈諸侯入朝〉，頁459。

〔註207〕李孝恭為唐宗室，其事蹟可參見：《舊唐書》，卷60，〈宗室‧河間王孝恭列傳〉，頁2347～2349。參與朝集一事見：《冊府元龜》，卷35，〈帝王部‧封禪〉，頁384。

〔註208〕于思言於正史無傳，《文苑英華》收崔融〈為朝集使于思言等請封中岳表〉一文，因崔融為高宗朝人，故于思言應亦為同時代之人。參見：《文苑英華》，卷600，崔融，〈為朝集使于思言等請封中岳表〉，頁3116。

〔註209〕《冊府元龜》，卷673，〈牧守部‧襃寵〉，頁8041。

〔註210〕《文苑英華》，卷610，李嶠，〈為朝集使絳州刺史孔禎等進大酺詩表〉，頁3161。

〔註211〕（唐）張九齡撰，熊飛校注，《張九齡集校注》（北京：中華書局，2008），卷1，〈奉和聖製送十道採訪使及朝集使〉，頁30。

〔註212〕（清）陳廷敬，《御選唐詩》（《文淵閣四庫全書》，第1449冊，北京：商務印書館，2006），卷6，頁745。

〔註213〕《史記‧范雎列傳》：「昭王召王稽，拜為河東守，三歲不上計」。《史記集解》引司馬彪曰：「凡郡掌治民，進賢，勸功，決訟，檢姦。常以春行所至縣，勸民農桑，振救乏絕；秋冬遣無害吏案訊問諸囚，平其罪法，論課殿最；歲盡遣吏上計」。參見：《史記》，卷79，〈范雎列傳〉，頁2415。

張蒼傳》紀錄當時張蒼任計相，因「明習天下圖書計籍，又善用算律曆」，時為相國的蕭何命張蒼以列侯居相府，領郡國上計者。〔註214〕陳廷敬所引《通典·選舉典》全文如下：

> 開元二十五年十二月，命諸道采訪使考課官人善績，三年一奏，永為常式。至二十七年（739）二月，敕文：「三載考績，黜陟幽明，允叶大猷，以勸天下。比來諸道所通善狀，但優仕進之筆，與為選調之資，責實循名，或乖古義。自今以後，諸道使更不須通善狀。每至三年，朕自擇使臣，觀察風俗，有清白政理著聞者，當別擢用之」。〔註215〕

依據《通典》的記載，開元二十五年時，玄宗命諸道採訪使考課官人，三年一奏；另外，皇帝每三年自擇使臣察風俗。陳廷敬所徵引的例證，皆與朝集使無關，無法解釋朝集使與「三年上計」間的關係。

「三年入計」之說，可能與晉朝刺史三年入奏有關。《晉書·武帝紀》記載太康三年（282）秋七月，「罷平州、寧州刺史三年一入奏事」；〔註216〕另《通典·職官典》：「晉制，刺史三年一入奏」。〔註217〕晉代的刺史入奏，與其職在漢代最初成立的性質有關。漢武帝時期初置十三州刺史，「掌奉詔條察州」，〔註218〕後「諸州常以八月巡行所部郡國，錄囚徒，考殿最。初歲盡詣京都奏事，中興但因計吏」。〔註219〕刺史最初設置的目的是中央派出地方的監察之官，〔註220〕故於巡察郡國後回中央報告，其後因職權擴充與政治情勢的轉變，逐漸變為地方長官。詩人們或許將晉朝刺史入奏與唐代的刺史入京連結，才有此說。此外，也可能與考課制度中，官員考數與任職時間有關。唐代官員是每年一小考，考滿後才能升遷轉任，此謂大考，大考的時間從二年、三年到六年不等。〔註221〕至於外官任期，大致在三年左右。筆者以為，所謂「三年入計」，當指影響官員考課甚深的大考，特別凸顯其意

〔註214〕 《漢書》，卷42，〈張蒼傳〉，頁2094。

〔註215〕 《通典》，卷15，〈選舉典〉，「考績·大唐」，頁372～373。

〔註216〕 《晉書》，卷3，〈武帝紀〉「太康三年」，頁73。

〔註217〕 《通典》，卷32，〈職官典〉，「州郡·州牧刺史」，頁886。

〔註218〕 《漢書》，卷19，〈百官公卿表〉，頁741。

〔註219〕 《後漢書》，志28，〈百官志·州郡〉，頁3617。

〔註220〕 嚴耕望，《中國地方行政制度史甲部：秦漢地方行政制度》，第九章〈監察〉，頁280。

〔註221〕 黃清連，〈唐代的文官考課制度〉，《中央研究院歷史語言研究所集刊》，55：1（臺北，1984.03），頁169～172。

義，而非真的三年才朝集一次。

　　史例中的確有朝集使三年入朝的例子。《冊府元龜》記載貞觀二十二年（648）二月，朝集使奉辭之時，太宗引五品以上朝集使升殿酬宴，對朝集使言：「我共公等，三年一度相見，今日所見，或非舊人。我見公等，非常慰意；公等見我，想亦歡忻」。〔註222〕這是少數史料中提到三年入計一次的記載。然而，不論是隋唐前期的史籍，或者是法律規定，都不曾提到朝集使三年進京一次；況且朝集使身負傳遞考課、刑獄等資料的責任，還要參加每年的元會，三年才進京一次就達不到資訊傳遞與參加元會的意義了。貞觀二十二年的例子可以視作貞觀朝，或者是唐代前期朝集使的通例嗎？恐怕也不行。《冊府元龜》留下貞觀十五年（641）的正月與十一月太宗與朝集使的對話，太宗在正月特別告誡朝集使，南方諸州因「多統夷獠」，在語言不通的情況下常發生誤會，倘若再發生基層官吏欺壓百姓的情形，容易造成官府與民間的對立。同年十一月時，朝集使貢庭實，太宗要其禁奢。〔註223〕貞觀十五年正月太宗對朝集使的告誡，應是參加完元會後頒布的敕戒；十一月朝集使納貢物，顯然是從各州帶至朝廷的貢物，貞觀十五年有朝集使年初返州與年末進京的紀錄，說明朝集制度正常運行。貞觀二十二年的「三年一度相見」，應屬特例。〔註224〕筆者推測或與貞觀十八年（644）太宗征遼有關。〔註225〕

　　另外，玄宗朝留下多筆授予朝集使的敕文，當中不乏連續發布之文，亦可佐證朝集使非三年入京一次。蘇頲〈處分朝集使敕八道〉的發佈時間分別為：開元三年（715）三月15日、開元六年（718）二月6日、開元七年（719）三月11日、開元七年十月2日、開元八年（720）二月19日、開元八年三月11日、開元九年（721）三月、開元十年（722）正月11日、開元十年二月27

〔註222〕《冊府元龜》，卷157，〈帝王部‧誡勵〉，頁1900。

〔註223〕《冊府元龜》，卷157，〈帝王部‧誡勵〉，頁1896。

〔註224〕金子修一觀察《冊府元龜》太宗朝的朝會紀錄，於貞觀十一（637）、十五年（641）、二十年（646）各有停辦朝賀的記載，貞觀四年（630）、十七年（643）、十八年（644）、十九年（645）、二十二年（648）皆舉行元正朝賀，其中十七年到二十二年這四次皆有諸蕃朝貢。史書中所列的年份皆有特殊緣由才予以記載，未載錄的年份不代表該年無元會大典；從史書特意書寫停辦的年度與事由觀之，反面印證了年年舉行元會一事。參見：（日）金子修一，〈唐代長安的朝賀之禮〉，《唐史論叢》，11（西安，2009.02），頁133。

〔註225〕《冊府元龜》卷107〈帝王部‧朝會〉：「（貞觀）二十年正月甲子朔，太宗嘗服，不臨軒，行在故也。（注曰：是年征遼回）」。參見：《冊府元龜》，卷107，〈帝王部‧朝會〉，頁1275。

日。〔註226〕從開元六年、七年、八年、九年、十年連續發佈的狀態觀察，可印證朝集使年年入京。（關於敕文發佈的時間與原因，詳見第三章）即使在開元二十五年採訪使三年入奏之後，也未影響朝集使入京的時間。《冊府元龜》中紀錄了天寶元年十月（742）與天寶二年（743）十一月玄宗召見朝集使們的對談，〔註227〕基本上，不論是漢代上計吏或是唐代朝集使，皆是每年進京，只有在特殊情況下才會打破此規則，而詩人們的「三年上計」更是文學筆法，非一般常態。

　　身為一州的都督、刺史、上佐，皆有機會任朝集使入京面聖，然而若是因某些原因被禁止入京，則無法擔任朝集使一職，將改由其他符合資格者代集。朝集使進京不僅是向皇帝「述職」，報告當年度的考課資訊，更重要的，親近皇帝即是得到聖寵，因此若是犯罪被貶或不受當權者所喜之人，將會因「絕朝覲」被排除在朝集行列外。〔註228〕如高宗時侍中韓瑗、中書令來濟與褚遂良等人因得罪武后，遭許敬宗與李義府誣陷，韓瑗被貶振州刺史、來濟貶為台州刺史，二人「終身不聽朝覲」，對此，胡三省注云：「諸州刺史有朝集，故禁絕二人，不得至京師」。〔註229〕另高宗第三子澤王上金、第四子許王素節皆因生母之故為武后所惡。素節母為蕭淑妃，當武則天立為皇后後，蕭氏遭武后清算，許王亦受牽連，貶為申州刺史；乾封初年，有敕文曰：「素節既舊疾患，宜不須入朝」，實際上素節並無疾患，〔註230〕此敕背後反映了掌權者不願李素節入朝之意。另依《舊唐書》記載，永隆二年（681）「則天矯抗表杞王上金、鄱陽王素節許同朝集之例」，以李上金為沂州刺史，素節為岳州刺史，

〔註226〕張九齡的〈處分朝集使敕〉因集中在開元二十一年春，故此處以蘇頲所作為代表論述。參見：（宋）宋敏求編，《唐大詔令集》，卷103，〈政事·按察〉「處分朝集使敕八道」，頁525～527。

〔註227〕《冊府元龜》，卷158，〈帝王部·誡勵〉，頁1909～1910；卷104，〈帝王部·訪問〉，頁1240。

〔註228〕唐代的左降官在蒙皇帝恩赦或經過一定的考課後，可由偏遠州量移至距京師較近之地，即使新任官職與原職相同，但與京師的距離即代表受皇帝喜愛的程度。關於唐代的量移的討論，可見：陳俊強，〈唐代量移試探〉，收入中國唐代學會、國立中正大學中文系、歷史系合編，《第五屆唐代文化學術研討會論文集》（高雄：麗文文化事業，2001），頁655～669。陳俊強，《皇恩浩蕩：皇帝統治的另一面》（臺北：五南圖書，2005），頁181～191。

〔註229〕《資治通鑑》，卷200，〈唐紀〉「高宗顯慶二年（657）許敬宗、李義府希皇后旨」條，頁6303～6304。

〔註230〕《舊唐書》，卷86，〈高宗諸子傳〉，「許王素節」，頁2826。

然仍不得預朝集之列。〔註231〕由此二例可知，當官員被判禁絕朝覲，排除在朝集行列之外時，實與掌權者好惡有關，為政治上的處罰。〔註232〕

　　從各州進京的朝集使，並非只有朝集使一人，而是一隊結構完整的朝集使團。武后天授二年（691），據載曾有朝集使兩千八百人雲集於洛陽，〔註233〕有學者認為這可能是凡有朝集資格者皆入京朝集。〔註234〕雷聞在〈隋唐朝集制度研究──兼論其與兩漢上計制之異同〉一文中，引大谷文書3786（3）〈西州官人差使錄〉考察朝集使團的人員：

（前缺）

1.　　　　　　　　　　　 試西州刺史上柱國高 京兆府　　　　　 長安縣
　　　　　　　　　　　　　　　　　　　　　 開元十二年六月廿九日準格充使

2.　　　　　　　　　　　 守信 并州　　孟縣　　開元十二年六月廿九日
　　　　　　　　　　　　　　　 準格充副。 八年八月十一日差入計

3.　　　　　　　　　　　 西州高昌縣　開元十一年十一月抽行營
　　　　　　　　　　　　　 田案，十二年八月十一日充考典入計。〔註235〕

4.　　　　　　　　　　　 西州高昌縣　開元十二年八月一日，使補充典。

5.　　　　　　　　　　　 月差使□　　　　　　　　　　　　　　 〔註236〕

關於此文書的解讀，歷來方家看法不一，池田溫對此文書的解讀為開元十二年六月廿九日，試西州刺史高廣濟〔註237〕任營田使，上佐某守信為營田副使，當年八月差入計。高昌縣某人於開元十一年（723）使抽行營田案，又於十二年八月充考典入計，與某守信一同入京。〔註238〕李方認為上佐某守信即為當

〔註231〕《舊唐書》，卷86，〈高宗諸子傳〉，「澤王上金」，頁2825。

〔註232〕胡寶華，〈唐代朝集制度初探〉，頁74。

〔註233〕《資治通鑑》載武后天授二年：「春，一月，地官尚書武思文及朝集使二千八百人，表請封中嶽」。從此段記載看來，很有可能是由武思文帶領著文武百官與朝集使們共同上表請封中嶽，因此2800人有可能是參加元會的文武百官人數。參見：《資治通鑑》，卷204，〈唐紀〉「則天順聖皇后天授二年（691）春一月」條，頁6471。

〔註234〕胡寶華，〈唐代朝集制度初探〉，頁74。

〔註235〕原文為：「西州高昌縣開元十一年十一月抽行營田案，十二年八月十一日充考典入計。」

〔註236〕（日）小田義久編，《大谷文書集成（貳）》，圖版37，錄文見頁155。另見：（日）池田溫著，龔澤銑譯，《中國古代籍帳研究》，頁207，錄文144。

〔註237〕李方引池田溫與黃文弼的研究，歸納出開元十二年的西州長官是都督兼刺史的高廣濟，故大谷文書中的高某為高廣濟。參見：李方，《唐西州行政體制考論》，頁4～6。

〔註238〕（日）池田溫，〈開元十三年西州都督府牒秦州殘牒簡介〉，收入季羨林等編，《敦煌吐魯番研究（第三卷）》（北京：北京大學出版社，1998），頁112。

年入計的朝集使，典某充其隨從。〔註239〕雷聞指出：開元十二年（724）的西
州朝集使團，有朝集使刺史高某、副使某守信、兩位朝集典，另有白直數人，
〔註240〕以及隨行的貢士等人。文書提及「準格充使」、「準格充副」等語，顯
示朝集使人選是以格為依據，而規範朝集使人選的應為〈戶部格〉。〔註241〕

關於唐代朝集典較早的記載，可見《通典・職官典》：

> 大唐武德中，天下初定，京師穀糴貴，遠人不相願仕流外，始於諸
> 州調佐史及朝集典充選，不獲已而為之，遂促年限，優以敘次，六
> 七年有至本司主事及上縣尉者。自此之後，遂為官途。〔註242〕

武德年間因天下初定，京城穀價高，遠人不願任流外官，朝廷遂於各州調佐
史與朝集典充選，並規定所任流外的任期可折算至日後年資。在此情況下，
有六、七年就可升到本司主事或縣尉者，成為流外官轉流內官的一種方式。朝
集典又稱考典、朝集從事，是隨朝集使入京的屬吏，由朝集使從本州佐史中自
行差補。〔註243〕官方對朝集從事有服制上的規定，著平巾幘，緋衫，大口袴，
〔註244〕由少府監提供。〔註245〕朝集從事的服飾應為參加官方儀式所要穿著的
正式服裝，史書特別論及朝集從事的服飾，一方面顯現朝集從事臨時差遣的性
質，另一方面則彰顯國家對朝集從事的重視。朝集使團當中，最受矚目的當為
朝集使，身為隨從少有被注意的機會，因此也難以在史書中留下紀錄。《朝野僉
載》記載武周朝時，殿中侍御史元本因「竦體傴身」，被張元一譏笑為「嶺南考

〔註239〕 李方，《唐西州行政體制考論》，頁72。

〔註240〕 白直是據〈唐令狐鼠鼻等差科簿（？）〉（二）：「一人白直從考使入京未□」。收
入武漢大學歷史系編，《吐魯番出土文書》（第六冊）（北京：文物出版社，1985），
文書編號：65TAM42：95（a），頁215。關於白直的論述，下文另有交待。

〔註241〕 雷聞，〈隋唐朝集制度研究——兼論其與兩漢上計制之異同〉，頁292～294。

〔註242〕 《通典》，卷22，〈職官典・尚書〉「歷代都事主事令史」，頁610。

〔註243〕 雷聞並未明確指出朝集典究竟是由何種職務的人擔任，青山定雄引《唐六典・
三府督護州縣官吏》：「功曹、司功參軍掌官吏考課、假使、選舉、祭祀……
之事」，認為朝集典實為州內的功曹司功參軍。參見：雷聞，〈隋唐朝集制度
研究——兼論其與兩漢上計制之異同〉，頁291～292。（日）青山定雄，《唐
宋時代の交通と地誌地図の研究》（東京：吉川弘文館，1963），第三章〈唐
代の驛と郵及び進奏院〉，頁92。

〔註244〕 《舊唐書》，卷45，〈輿服志〉「侍臣服」，頁1946。《新唐書》記載與之稍異，
平巾幘乃武官、衛官公事之服，朝集從事是著緋褶、大口綺，紫附構。參見：
《新唐書》，卷24，〈車服志〉「群臣之服」，頁521。

〔註245〕 李錦繡，《唐代財政史稿（第三冊）》（北京：社會科學文獻出版社，2007），
頁91～92。

典」。〔註246〕堂堂殿中侍御史僅因身形之故，就被比為嶺南偏遠地帶的考典，或許側面反映了唐人心中的南方考典形象。白直是當地百姓的一種差科，〔註247〕因朝集使不僅帶著信息資料進京，亦會獻上當州土貢，白直就是負責隨團運送物品的人員，前引吐魯番出土文書就有白直隨朝集使入京的記載。〔註248〕

三、朝集使的館驛與住宿

　　朝集使每年十月二十五日前到京，故各州朝集使依本地距離京師的路程，估算時間出發。唐代有相當發達的館驛制度，提供朝集使進京的交通，〔註249〕對於一路上的食宿供應、馬匹搭乘，都有法律上的規定，以確保出使官人的權益。《新唐書・百官志》：「蕃州都督、刺史朝集日，視品給以衣冠、袴褶。乘傳者日四驛，乘驛者六驛。供客食料，以四時輸鴻臚，季終句會之」。〔註250〕位於蕃州的都督、刺史進京朝集時，官方視其官品給予衣冠服飾。在交通工具上，乘傳者一日經四驛，乘驛者一日經六驛。此規定是針對蕃州而設，故食料由中央於四季撥給鴻臚寺，再由鴻臚寺提供給蕃州朝集使，並在每季季終勾會。其中關於交通方式的規範，應適用於其他州，乘傳送馬驢或驛馬驢皆可。〔註251〕《天聖令・廄牧令》「官人乘傳馬供給」條：

　　　　諸官人乘傳送〔馬、驢〕及官馬出使者，所至之處，皆用正倉，準

〔註246〕（唐）張鷟，趙守儼點校，《朝野僉載》（北京：中華書局，1997），卷4，頁88。
〔註247〕白直服役內容為州縣官個人及州縣公廨的雜役，然自天寶五載（746）後國家廢止白直這一色役，之後隨朝集使進京運送土貢的人員可能就換成其他人等擔任。參見：王永興，〈敦煌唐代差科簿考釋〉，《陳門問學叢稿》，頁106。
〔註248〕〈唐令狐鼠鼻等差科簿（？）〉（二）：「一人白直從考使入京未□」。據文書整理者，本件年代當在貞觀二十一年（647）至二十四年間。參見：武漢大學歷史系編，《吐魯番出土文書》（第六冊），文書編號：65TAM42：95（a），頁215。雷聞認為，自貞觀十四年（640）平高昌後，唐王朝迅速將內地各項制度在西州推行，朝集制度亦包括在內。參見：雷聞，〈隋唐朝集制度研究——兼論其與兩漢上計制之異同〉，頁292。
〔註249〕日本《養老・公式令》中有日本朝集使乘用驛馬、當國馬的規定，惜相關唐令散佚，無法確知唐代真實情況。關於日本朝集使的交通討論，可參見：（日）前田紫穗美，〈律令制下における朝集使と文書の遞送〉，《皇學館論叢》，34：6（伊勢，2001.12），頁41～61。
〔註250〕《新唐書》，卷46，〈百官志〉「尚書省・禮部」，頁1196。
〔註251〕關於唐代的傳馬與驛馬，其系統、作用皆不同，過去學界已有專文分析，然孟彥弘指出，傳、驛的區別並非如此分明。參見：孟彥弘，〈唐代的驛、傳送與轉運——以交通與運輸之關係為中心〉，《唐研究》，12（北京，2006.12），頁30～36。

品供給。無正倉者，以官物充；又無官物者，以公廨充。其在路，
即於道次驛供；無驛之處，亦於道次州縣供給。其於驛供給者，年
終州司總勘，以正租草填之。〔註252〕

依令文，出使官人乘用傳送馬驢，期間停留休息時，接待單位皆以正倉之物，
視其官品供給；若無正倉者，由官物、公廨供給。傳送馬驢僅是作為交通工
具，與驛不同，驛有驛馬、驛舍，不僅提供馬驢，還供應住宿，因此搭乘傳送
馬驢就要仰賴正倉、公廨、驛及道次州縣解決官人與馬驢的食宿、食料。〔註253〕

　　朝集使若是行進途中有所拖延，無法準時到京，《唐律疏議・職制律》「公
事應行稽留」條（總132）規定了相關處罰：「諸公事應行而稽留，及事有期
會而違者，一日笞三十，三日加一等，過杖一百，十日加一等，罪止徒一年
半。」《疏》議曰：「『及事有期會』，謂若朝集使及計帳使之類，依令各有期
會」。〔註254〕可見國家非常重視朝集使、計帳使此等重大集會，不容許有任
何差池，才會在律文中特別書之。

　　朝集使到京時，朝廷會依其官品，給予飲食照料，或許是慰勞旅途中的勞
苦，此即《天聖令・雜令》：「諸州朝集使至京日，所司準品給食」。〔註255〕從
入京到隔年返州期間，朝廷亦為其安排住所，於本州官邸安置。州邸為朝廷興
建，自隋代起即有此例。隋煬帝大業五年（609），郡國畢集之時，弘化太守柳
儉、涿郡丞郭絢、潁川郡丞敬肅等三人因考績優異，蒙煬帝賞賜，特令天下朝
集使將所賜布帛送至郡邸，以顯彰表。〔註256〕隋代朝集使的郡邸經過戰火，恐
已破壞殆盡，以致唐初入京的朝集使只能自行租屋解決住宿問題。〔註257〕《唐
會要・諸侯入朝》記載貞觀十五年（641）正月，太宗與侍臣的對話：

　　古者諸侯入朝，有湯沐邑，芻禾百車，待以客禮。漢家故事，為諸

〔註252〕天一閣博物館，中國社會科學院歷史研究所天聖令整理課題組校證，《天一
　　　　閣藏明鈔本天聖令校證：附唐令復原研究》（北京：中華書局，2006），卷24，
　　　　〈廄牧令〉，唐26「官人乘傳馬供給」條，頁302。
〔註253〕孟彥弘，〈唐代的驛、傳送與轉輸——以交通與運輸之關係為中心〉，頁30。
〔註254〕（唐）長孫無忌，《唐律疏議》（北京：中華書局，1983），卷10，〈職制律〉
　　　　「公事應行稽留」條，頁213。
〔註255〕天一閣博物館，中國社會科學院歷史研究所天聖令整理課題組校證，《天一
　　　　閣藏明鈔本天聖令校證：附唐令復原研究》，卷30，〈雜令〉，唐11「朝集使
　　　　親王給食」條，頁376。
〔註256〕《隋書》，卷73，〈循吏傳〉「柳儉」，頁1683。
〔註257〕雷聞，〈隋唐朝集制度研究——兼論其與兩漢上計制之異同〉，頁295。

州刺史郡守，創立邸舍於京城。頃聞都督刺史充考使至京師，皆賃
房與商人雜居，既復禮之不足，必是人多怨歎。〔註258〕

此處提及漢代有為諸州刺史郡守在京設立州邸的制度，現今地方長官以朝集
使的身分入京，卻得自行租屋，與商人雜居，不僅有失身分，國家未盡照顧
之責，也引起朝集使的不滿。朝集使每年自十月底入京，至隔年離開，最少
會在京城待上三個月；朝集制度運行至貞觀十五年已有十年以上，官方完全
沒有為使者準備住宿之處，而是任其自理，期間所耗費的金錢與勞力，恐怕
都由朝集使自行吸收，難怪會有「人多怨歎」的情形。此後，太宗於貞觀十七
年下詔，於京城內閑坊為諸州朝集使造邸三百多所，為表示慎重，太宗還親
自視察。〔註259〕從官方興建的數目看來，應為每州一所，但受限史料，難以
確知全部的所在位置。雷聞從宋敏求《長安志》中，找出隋代的諸州州邸是
在待賢坊，〔註260〕而唐初萬、夔等六州邸位永崇坊，施、巫等八州邸於懷貞
坊，這些坊都位於朱雀門往南九坊正中央的第五行，位置雖靠南，但是距離
皇城各中央行政機構還不算太遠。可推測其他州邸亦於此行各坊之中。在建
造州邸之時，可能是同道各州邸相連。〔註261〕

　　唐代三百多所州邸，在平日的維護上為朝廷帶來龐大的朝政負擔。〔註
262〕武后永淳元年（682）因關中饑饉，〔註263〕諸州郡邸逐漸殘破，〔註264〕

〔註258〕　《唐會要》，卷24，〈諸侯入朝〉，頁459。
〔註259〕　《唐會要》，卷24，〈諸侯入朝〉，頁459。
〔註260〕　待賢坊之名是因隋初立為天下朝集使州邸，故以待賢命名。隋代朝集使不僅
　　　　　在長安有州邸，杜寶〈大業雜記〉記載隋煬帝大業元年（605）營建東京一事，
　　　　　當中提到：「東城東有宣仁門，臨大街。街大小與天津街相似。東行盡六坊，
　　　　　有上春門。門外夾道南北有東西道，諸都邸百餘所，每年朝集使停止之處」，
　　　　　可見洛陽亦有朝集使的州邸。參見：（唐）韋述撰，辛德勇輯校，《兩京新記輯
　　　　　校》（西安：三秦出版社，2006），卷3，〈長安縣所領坊〉，頁67。（唐）杜寶
　　　　　撰，辛德勇輯校，《大業雜記輯校》（西安：三秦出版社，2006），頁5。
〔註261〕　雷聞，〈隋唐朝集制度研究——兼論其與兩漢上計制之異同〉，頁295。
〔註262〕　雷聞，〈隋唐朝集制度研究——兼論其與兩漢上計制之異同〉，頁295。
〔註263〕　永淳元年因糧食不足，罷朝會。正月時令關內諸府兵於鄧、綏等州就穀；高
　　　　　宗四月幸東都，因穀貴，減少隨從數量，史載「士庶從者多骿踣於路」。青
　　　　　山定雄指出，在永淳元年後兩年睿宗廢，之後武后又多居於洛陽，州邸殘毀
　　　　　可能是就此放任未有修繕之故。參見：《舊唐書》，卷5，〈高宗本紀〉「永淳
　　　　　元年」，頁109。（日）青山定雄，《唐宋時代の交通と地誌地圖の研究》，第
　　　　　三章〈唐代の驛と郵及び進奏院〉，頁90。
〔註264〕　有學者認為州邸僅供朝集使冬至春在京時使用，使用率不高，很可能是州邸

至神龍元年（705），官方似無力維持，故司農卿趙履溫奏請將之全部賣出。〔註265〕然而據雷聞考察，早在總章元年（668），永崇坊的萬、夔六州邸已被新置的明堂縣廨取代，懷貞坊的施、巫等八州邸也變成乾封縣廨，長安城中各州邸的存在時間非常有限。神龍元年之後的朝集使除了某些品級較高的朝集使（都督、刺史等）可能在京有宅邸外，大部分朝集使都得如唐初一般租屋了。〔註266〕

小結

　　萌芽於先秦的上計制度，歷經秦、漢二代發展完備。每年郡屬吏都會帶著當地的戶口墾田數、考課、刑獄等當地治理資料，以及土貢、貢士、衛士一同入京，將計簿上繳朝廷，接受中央考核，並且參與元會，更新帝王與臣子間的統屬關係。國家也藉由上計制度掌握地方概況，以利帝國統治。魏晉南北朝政權更迭，雖然上計制度仍實行不廢，但受限於社會動亂與入仕管道的改變，上計能發揮多大的實質意義，令人存疑；反倒是國家在元會儀式上的完善，使得上計吏在禮儀上顯得重要。隋朝結束長期的南北分裂，建立大一統帝國，結束了秦漢以來的上計制度，改立朝集使。朝集使與上計吏的職能相似，可說是上計制度的改造與創新。

　　上計吏與朝集使的差異，表現在任職人員的差異，上計吏是由地方長官任命的屬吏擔任，朝集使由州長官為之，展現國家對於地方完全的支配。其次是所攜資料的差異，在漢代，基本上是地方的一切情形都要入計；到了唐代，朝集使並不攜帶財政資料，改由計帳使負責入京核對。從上計吏到朝集使，內含中央與地方關係的轉變。朝集使的職責可由其名窺知，帶著考課與其他資料，進京朝集、參與元會的使者。本章初步勾勒了唐代朝集使的基本面貌，其與上計吏的承繼關係、與計帳使的職能分工、朝集制度確立的時間、任職人員的分析，以及路途中的館驛與住宿概況。關於朝集使的職能，其在唐代政治結構下扮演何者角色，將由下章進行分析。

　　　逐漸荒廢的原因。參見：李永，〈從州邸到進奏院：唐代長安城政治格局的變化〉，《南都學壇（人文社會科學學報）》，30：2（南陽，2010.03），頁 33。

〔註265〕《唐會要》，卷 24，〈諸侯入朝〉，頁 459。

〔註266〕雷聞，〈隋唐朝集制度研究——兼論其與兩漢上計制之異同〉，頁 295。

第三章　朝集使與帝國統治

　　上一章談論朝集使的歷史脈絡與朝集制度的形成，初步勾勒朝集使與朝集制度的輪廓。本章將深入朝集制度的運行過程，探討朝集使在唐代帝國中扮演的角色。朝集使一方面可說是資訊傳遞的使者，帶著當年地方官員的考簿、刑獄簿、捉錢品子名簿、官畜私馬官船帳、僧尼籍異動簿入京，接受校核，當中以考簿最為重要，因此朝集使又被稱為考使。在有形的簿冊以外，朝集使提供的風土民情、百姓情形、地方行政概況，亦深受朝廷重視。

　　朝集使上繳給中央的物品，不僅有詳載地方資訊的各種簿冊，其繼承秦漢傳統，帶著地方的貢物與貢士，作為地方代表參加元會，對國家而言有特殊的意義。正因朝集使具有地方代表的身分，他還參與了相當多的國家祭祀與諸項禮儀，在這些活動中，朝集使排列的位次與身分，皆隱含帝國秩序於其中。唐代的使職雖多，卻未如朝集使大量參與國家祭祀，其禮儀方面的職能相當突出。朝集使進京時帶著地方情資給中央，離京時，皇帝綜合各方情報，頒布敕文，叮囑朝集使返州時的注意事項，從諸道敕文中，反映了唐代君王對於政治、民生、君臣關係的態度，以及當時社會的矛盾之處，提供另一個方向理解唐代前期的社會問題。本章由資訊傳遞與禮儀參與論述唐代朝集使的職能，藉此觀察其在帝國統治下的功能。

第一節　朝集使與信息傳遞

　　唐代政府規定地方必須定期將該地訊息上報，以利國家統治與管理。定期性匯報是在固定的時間依朝廷規定的項目上報本地情形，如計帳、官員考

課等。另有不定期的匯報，此事常發生在皇帝即位、改元、郊祀時發布的赦書中，要求地方彙報民情。至於上報的途徑則有兩種：一是透過郵驛遞送公文，二是依靠各府州派出的專使進京。郵驛運送的花費較少，但專使傳報的可信度較高，故涉及重要文書與情況匯報時，仍會選擇派遣專使。〔註1〕地方州府向京派遣的專使中，以朝集使最為重要。唐前期的地方行政體系是州縣二級，朝廷在面對地方時，也是以州為單位，〔註2〕接見諸州朝集使，聽取其政情彙報。

　　朝集使每年進京最重要的目的，就是帶著地方各種資料上呈中央，以利朝廷瞭解天下民生。朝集使的派遣是以州為單位，然上報給官方的資料還包括州底下的縣。朝集使身為一州的長官或上佐，對於本州的掌握自然沒有問題，但對縣的資訊又是如何獲得？在唐代，下級單位的各項資訊是一級一級向上報的。以下試以戶口與手實製作過程為例說明之。

　　唐代最基層的行政管理組織是鄉，位於縣之下，但負責實際業務的是里正。〔註3〕《唐律疏議・戶婚律》「里正不覺脫漏增減」條（總151）記載：「諸里正不覺脫漏增減者，一口笞四十，三口加一等」，《疏》議曰：「里正之任，掌案比戶口，收手實，造籍書」。〔註4〕里正負責調查戶口、製造戶籍、收手實。當里正將手實與戶籍編造完成後，接下來的程序可由開元十八年（730）十一月的一道勅進行瞭解：

> 諸戶籍三年一造，起正月上旬。縣司責手實計帳，赴州依式勘造，鄉別為卷，總寫三通。其縫皆注某州某縣某年籍，州名用州印，縣名用縣印。三月三十日納訖，并裝潢一通，送尚書省。州縣各留一通。〔註5〕

戶籍每三年造一次，正月上旬進行準備工作。里正要將編輯完成的手實與計帳交給縣司，縣司再到州依《式》規定的格式校勘製作，以每鄉為單位分卷編寫，共製三份。凡紙張有接縫處皆需註明「某州某縣某年籍」，州名處蓋州

〔註1〕謝元魯，《唐代中央政權決策研究》（臺北：文津出版社，1992），頁129～135。

〔註2〕初唐時雖設有「道」，如唐太宗的貞觀十道，然最初設置的概念是作為地理區劃，而非行政機構。

〔註3〕張國剛，〈唐代鄉村基層組織及其演變〉，《北京大學學報（哲學社會科學版）》，46：5（北京，2009.09），頁114～115。

〔註4〕（唐）長孫無忌，《唐律疏議》（北京：中華書局，1983），卷12，〈戶婚律〉，頁233。

〔註5〕（宋）王溥，《唐會要》（北京：中華書局，1990），卷85，〈籍帳〉，頁1559。

印，縣名處用縣印。在三月三十日完成編寫後送尚書省，州、縣各留一份存檔。由此可知，唐代的資訊傳遞，是由基層行政單位層層上報，而朝集使、計帳使是將地方州縣的總情報文書送往中央的重要橋樑。在第二章敘述計帳使與朝集使的任務分別時，已說明計帳使是攜帶戶籍與計帳等戶口財務此等數據資料，本節將分項討論朝集使所攜帶的各種簿冊，及其意涵。

一、考課

　　朝集使自隋代創立之時即被稱為考使，〔註6〕《隋書・高祖本紀》：

　　（開皇九年，589）冬十一月壬辰，考使定州刺史豆盧通等上表，請封禪，上不許。〔註7〕

　　（開皇十三年二月，593）戊子，宴考使於嘉則殿。〔註8〕

《隋書・食貨志》載文帝時：

　　時天下戶口歲增，京輔及三河，地少而人眾，衣食不給。議者咸欲徙就寬鄉。其年冬，帝命諸州考使議之。〔註9〕

《隋書・房彥謙傳》：

　　（房彥謙）遷秦州總管錄事參軍。嘗因朝集，時左僕射高熲定考課……（彥謙）詞氣侃然，觀者屬目。（高）熲為之動容。……熲顧謂諸州總管、刺史曰：「與公言，不如獨與秦州考使語」。〔註10〕

綜合以上數例，可得考使之特徵：其職由地方長官所任、於冬季聚集於京、參與朝廷考課、皇帝命其評議國政，皆吻合朝集使的性質與任務。《唐會要》與《資治通鑑》更直接點明考使即為朝集使，《唐會要・諸侯入朝》貞觀十五年（641）太宗對侍臣曰：「頃聞都督刺史充考使至京師」、〔註11〕《資治通鑑・唐紀》「太宗貞觀十七年（643）九月」：「先是，諸州長官或上佐歲首親奉貢物

〔註6〕陶新華認為隋代考使可能是中央派出觀察地方風俗、考察地方官員政績的使職，並引《隋書・高祖本紀》：「（仁壽元年六月，601）乙卯，遣十六使巡省風俗」，這十六使可能就是所謂的考使，然此說有待商榷。因北朝亦有遣使巡行天下觀風俗、察州縣之使，卻未見以考使之名稱呼，且諸多史例亦可證明考使即是朝集使的代稱。參見：陶新華，《北魏孝文帝以後北朝官僚管理制度研究》（成都：巴蜀書社，2004），頁54。

〔註7〕（唐）魏徵等，《隋書》（北京：中華書局，1973），卷2，〈高祖本紀〉，頁34。

〔註8〕《隋書》，卷2，〈高祖本紀〉，頁38。

〔註9〕《隋書》，卷24，〈食貨志〉，頁682。

〔註10〕《隋書》，卷66，〈房彥謙傳〉，頁1562。

〔註11〕《唐會要》，卷24，〈諸侯入朝〉，頁459。

入京師，謂之朝集使，亦謂之考使」。〔註12〕

乍看考使的稱呼，容易以為朝集使在考課上只是帶著考簿進京交差的「遞送人員」。實際上，不管在地方上或是到了中央，朝集使都是積極參與考課實務。《唐六典・吏部考功郎中員外郎》紀錄了唐代基層官員應考的情形：

> 凡應考之官，皆具錄當年功過、行能，本司及本州長官對眾讀，議其優劣，定為九等考第，各於其所由司準額校定，然後送省。內外文武官，量遠近，以程限之有差。（京師百僚，九月三十日已前校定，十月一日送省。外省去京一千五百里內，八月三十日；三千里內，七月三十日；五千里內，五月三十日；七千里內，三月三十日；萬里內，正月三十日已前校定。）其外官附朝集使送簿至省。（凡流內、流外官考前釐務不滿二百日者，不考。）〔註13〕

本司與本州的長官依據官員當年的職務表現，對眾宣讀、評等，核定之後再送至尚書省由吏部考核。至於各地考核的期限，依所在地與京師距離遠近而定，越遠者需越早完成，才來得及由朝集使將考簿送至省。凡流內、外官在考前任此務不滿兩百日者，此年不考。朝集使是由州長官、上佐輪流擔任，因此朝集使也有非都督、刺史擔任的情形，前引俄藏敦煌文書 Дx.06521 殘卷：

> 6.（〔考課〕令）……　　　　　　　　〔所部之內，見任及〕
>
> 7. 解代，皆須知。其在任以〔來，年別狀迹，隨問〕
>
> 8. 辯答。若知長官考有不當，　□□□□□
>
> 9. 以狀通送。〔註14〕

《考課令》規定，朝集使不但要瞭解轄內現任官與離職官員的情形，地方長官在考課過程中若有不當之處，應主動舉報，否則自己會受到懲處。〔註15〕另外，考簿中需將官員的行迹功過如實紀錄，若於前任任期中犯了私罪，於

〔註12〕（宋）司馬光編著，（元）胡三省音註，《資治通鑑》（北平：古籍出版社，1956），卷197，〈唐紀〉「太宗貞觀十七年（643）九月」條，頁6205。

〔註13〕（唐）李林甫等撰，陳仲夫點校，《唐六典》（北京：中華書局，1992），卷2，〈吏部考功郎中員外郎〉條，頁41～42。

〔註14〕原文見上海古籍出版社編，《俄藏敦煌文獻》（上海：上海古籍出版社，2000），彩版四，黑白版見頁120。此處引用雷聞，〈俄藏敦煌Дx.06521殘卷考釋〉，《敦煌學輯刊》，39（蘭州，2001.06），頁2。

〔註15〕雷聞，〈俄藏敦煌Дx.06521殘卷考釋〉，頁5。

現任任期內斷罪確定者，要記於現任之考上。〔註16〕朝集使在考課制度中，在地方上基本上是基層官員的考核者，再將當地官吏的考課情況上報吏部，接受主考官員的詢問，在資訊傳遞的角度上有積極的一面。

官員考課關係到官僚體系秩序的維持，國家依此評鑑官員在職守上的表現，並以考課對官員進行升遷降黜。唐代對於基層官員的考課，先由本司考、地方考，再彙整到吏部考功司，複核課績；最後再由監考使、校考使注定等第。〔註17〕此因唐代考課制度中，官員的任命分發或升遷黜陟，皆掌握在吏部與皇帝手中，中央與地方諸司首長只有議定屬官考績權，若評定屬官考績失實，書考官亦須究責。〔註18〕朝集使帶著本州與所轄屬縣的考課資料，於考堂接受吏部考功郎中、員外郎的考核。唐代考課將內、外官分開考核，朝廷為求慎重，每年別敕命京官位望高者來校京官考與外官考；給事中監京官考，由考功郎中判考；中書舍人監外官考，由考功郎中員外郎判考。〔註19〕吏部考核的範圍，僅限四品以下官，京官三品以上及同中書門下、平章事、親王、五大都督等皆奏請皇帝定奪。〔註20〕

〔註16〕仁井田陞據《唐會要》卷八十二《考下》、《冊府元龜・銓選部・考課》、《五代會要》卷十五《考功》復原「景迹功過附考實錄」（開元二十五年令）：「諸官人景迹功過，應附者，皆須實錄，其前任犯私罪，斷在今任者，同見任法。即改任，應計前任日為考者，功過並附，其狀不得過兩紙。州縣長官，須言戶口田地者，不得過三紙。注考正之最。」參見：（日）仁井田陞原著，粟勁等編譯，《唐令拾遺》（長春：長春出版社，1989），〈考課令〉「景迹功過附考實錄」（開元二十五年令），頁243～244。

〔註17〕鄧小南，《課績・資格・考察——唐宋文官考核制度側談》（河南：大象出版社，1997），頁33。

〔註18〕曾一民，《唐代考課制度研究》（臺北：臺灣商務印書館，1978），頁145。

〔註19〕唐代擔任校考使與監考使的人員，皆與其工作性質或業務聯繫有關。校京官或外官考使，通常由刑部或吏部的尚書、侍郎及御史臺大夫擔任，此與他們原來的工作性質相關，即司法、人事、監察。監考使通常委派門下省的給事中和中書舍人任之，監督考課的工作，與平日中書、門下二省所掌的封駁、出令較接近。參見：《唐六典》，卷2，〈尚書吏部考功郎中〉條，頁42。黃清連指出，就考課的行政業務與監校工作的劃分來看，尚書省負責行政，中書、門下參與監督，側面說明了唐代的政治體制精神。參見：黃清連，〈唐代的文官考課制度〉，《中央研究院歷史語言研究所集刊》，55：1（臺北，1984.03），頁148。

〔註20〕仁井田陞據《曲江文集附錄》、《唐會要》卷八十一《考上》、《冊府元龜・銓選部・考課》、《五代會要》卷十五《考功》復原「考簿集日」（開元七年、開元二十五年令）：「諸每年考簿集日，考司校勘，色別為簿，具言功過。京官三品已上及同中書門下三品、平章事並奏裁（親王及五大都督亦同），四品以下及餘外官，並使人量定聞奏。上考下考奏，單數仍備狀；進中考，並

　　吏部考核時會集合京官應考之人或朝集使對讀注定，無誤後再上奏皇帝。面對天下諸州朝集使所帶的考簿，負責官員往往耗時廢日，甚至到隔年春天才能考核完畢。吏部將各方考簿按京官、外官及不同官階的官員分成三類，每類用簿冊登錄官員功過。考功司據此編成一初奏本，名為「單數」，另一種則是複奏本，稱為「挾名」，作為監考、校考或皇帝考核時，處理批示之用。〔註21〕京官的「單數」要在隔年正月三十日前送給監京官考使與校京官考使核定，外官的「單數」要在二月三十日前整理好。監校考使在收到「單數」的一個月內，將之批示、修改過，成為「挾名」，因此京官的「挾名」要在二月三十日前擬定好，外官的「挾名」是在三月三十日前完成。〔註22〕重重手續，表示了考課百官時的慎重，〔註23〕也是朝集使必須待在京師如此久的原因。開元十四年（726）時，御史大夫崔隱甫充校外官考，集合各州朝集使，經一日便校考完畢，其效率之高，時人皆佩服崔氏敏斷。〔註24〕可見校考官員接受各州朝集使上考簿、並對其審核查問，需要頗長一段時間，才能將諸州考課情形審查完畢，做出判定。

　　朝集使除了傳遞當地官員的考課資訊以外，退休官員的近況也要查訪上報。據《唐令拾遺補・公式令》：「諸文武官職事五品已上致仕，身在京者，每季令通事舍人一人，巡問奏聞。其在外州者，亦令長吏季別巡問，每年附朝集使聞奏，使知安否」。〔註25〕凡退休的五品以上文武職事官，在京城者，每季令一名通事舍人訪視奏聞；若身在外州者，則派長吏訪查，年終由朝集使回報朝廷相關近況。唐代官員的官品中，五品是個重要的分水嶺，因五品以上官貴，在法律量刑上也有所不同，〔註26〕因此國家特別重視，〈公式令〉的

　　　　單名錄奏。」參見：《唐令拾遺・考課令》，「考簿集日」（開元七年、開元二十五年令），頁258。

〔註21〕黃清連，〈唐代的文官考課制度〉，頁151。

〔註22〕由於「單數」、「挾名」手續的繁瑣，因此天寶八載（749）的敕文，取消「單數」，只需進奏「挾名」即可。參見：《唐會要》，卷81，〈考上〉，頁1500。

〔註23〕黃清連，〈唐代的文官考課制度〉，頁152。

〔註24〕《唐會要》，卷81，〈考上〉，頁1502。

〔註25〕仁井田陞據《南部新書》壬、《養老・公式令》、高橋繼男〈逸文唐令三條と唐〈戶令〉參考資料一條〉復原此令。參見：（日）仁井田陞著，池田溫編集代表，《唐令拾遺補：附唐日兩令對照一覽》（東京：東京大學出版會，1997），〈公式令〉，補八乙（開元二十五年令），頁740。

〔註26〕《唐律疏議・名例律》「五品以上妾有犯」（總13）：「諸五品以上妾，犯非十惡者，流罪以下，聽以贖論」，《疏》議曰：「五品以上之官，是為『通貴』」。

規定顯示官方對於官貴者的重視。

二、刑獄

　　朝集使送入京的簿冊中，除了考課以外，其次以地方刑獄資料為重。唐代的司法訴訟大致採取三審級制，在此體制下，各級官員皆有其判刑定罪的限制。最基層為在京諸司與縣，只能處決笞、杖罪案件，若事涉徒刑以上的判決，在京諸司需呈送大理寺，縣在斷定之後，要送州覆審。第二層是大理寺與州，覆審完畢後，仍需向刑部申報；刑部若對案情有疑慮，則遣使至全國各道覆核。〔註27〕凡是違反上述斷罪權限者，即犯了《斷獄律》「輒自決斷」之罪。〔註28〕地方向刑部申報的業務，就是由朝集使負責送進京。《天聖・獄官令》「盜發總帳申刑部條」：「諸盜發及徒以上囚，斷決訖，各依本犯，具發處日月，年別總作一帳，附朝集使申刑部」。〔註29〕朝集使每年需向刑部申報該州縣盜賊與判徒罪以上的罪犯，當中記載案發地點與時間，作成刑獄帳。刑獄帳的內容除了犯人的基本犯事以外，可能會記載犯人的特殊情事，如罪犯若犯了非十惡的死罪，家中又無可照料父祖的耆親，相關情況應會一併登錄在刑獄簿中。〔註30〕除此之外，依《天聖・獄官令》「諸囚引人為徒侶條」：

　　　　另外〈名例律〉「官當」（總17）：「諸犯私罪，以官當徒者，五品以上，一官當徒二年；九品以上，一官當徒一年」，《疏》議曰：「九品以上官卑，故一官當徒一年。五品以上官貴，故一官當徒二年」。唐律中有不少條的條目，對象牽涉到五品以上的官員，會特別加以註明。參見：《唐律疏議》，卷2，〈名例律〉「五品以上妾有犯」條，頁38～39；卷2，〈名例律〉「官當」條，頁44。

〔註27〕陳登武，〈唐代司法制度研究──以大理寺為中心〉（臺北：中國文化大學史學研究所碩士論文，1991），頁103。

〔註28〕《唐律疏議・斷獄律》「應言上待報而輒自決斷」：「諸斷罪應言上而不言上，應待報而不待報，輒自決斷者，各減故失三等。」參見：《唐律疏議》，卷30，〈斷獄律〉「應言上待報而輒自決斷」條（總485），頁561。

〔註29〕雷聞據《唐令拾遺》、《養老令》、《天聖・獄官令》宋令復原為〈獄官令〉復原唐令50。參見：天一閣博物館、中國社會科學院歷史研究所天聖令整理課題組校證，《天一閣藏明鈔本天聖令校證：附唐令復原研究》（北京：中華書局，2006），〈獄官令〉復原唐令50，頁632。

〔註30〕仁井田陞據《唐律疏議・名例律》「犯死罪非十惡」條疏議、《宋刑統・名例律》同條復原〈戶令〉「犯死罪非十惡父祖老疾應侍」（開元二十五年令）：「應侍，戶內無周親年二十一以上、五十九以下者，皆申刑部具狀上請，聽敕處分。若敕許充侍家，有周親進丁及親終，更奏。如元奉進止者不奏」。戶令雖未言明具狀上刑部的細部規定，但是官員在審理之時理應掌握犯人家庭的特殊狀況，故推測應一併附於刑獄簿中。參見：《唐令拾遺・戶令》，「犯死罪非

「諸囚逮引人為徒侶者，皆審鞫由狀，然後追攝。若追而雪放，又更妄引，及因在獄死者，年別具狀，附朝集使，申省案覆」。〔註31〕若有囚犯妄加牽連他人為共犯，皆需依其所供事狀加以審訊，才能追捕。如在追捕後無罪釋放，囚犯又任意牽扯別人，以及當囚徒死於獄中時，每年要另作一帳，由朝集使申於刑部案覆。〔註32〕本條令文要由朝集使申刑部的原因，因是犯人尚未判刑確定就死於獄中，所以需要向中央報告。

　　地方刑獄帳的製作、報告，應置於唐代法制體系與國家統治的脈絡下理解，處笞、杖之刑者，屬於較輕微的案件，故由縣官自行判處即可。若罪刑達徒刑以上，不僅是罪刑的加重，其犯事可能侵害他人與國家，朝廷自然不能等閒視之，唐令中特別強調「盜發」亦與此相關。一向希望人民安居樂業、以「無訟」為精神的傳統中國，發生徒以上的案件，無疑是破壞了當地的安寧與和諧，影響地方教化與純樸之風，對地方治安也是嚴重的破壞，國家勢必會多加關切。另一方面，朝集使多為刺史所任，在州為判案者，每年亦會巡察屬縣，錄囚徒，〔註33〕自是十分瞭解每件案情的發展，刑獄簿的內容與朝集使的職責密切相關，朝廷或可在收受刑獄簿時加以詢問考核。

　　另就刑罰的執行而言，流、死刑皆由中央統一執行。以流刑為例，從流刑的斷決、流放地的決定、流人的押送、至配所的勞役、特殊人犯的處理等過程，〔註34〕皆需中央下令，各部門配合。另外，唐代對於死刑的執行極為謹慎，由皇帝勾決之後，行刑前京城需五覆奏、外州需三覆奏。〔註35〕若是

<hr />

十惡父祖老疾應侍」，頁141。

〔註31〕雷聞據《養老令》、《天聖‧獄官令》宋令復原為〈獄官令〉復原唐令37。參見：天一閣博物館，中國社會科學院歷史研究所天聖令整理課題組校證，《天一閣藏明鈔本天聖令校證：附唐令復原研究》，〈獄官令〉復原唐令37，頁626。

〔註32〕本條令文的釋義參考陳俊強，「〈獄官令〉宋令31條譯註」，收入高明士主編，《天聖令譯註》（臺北：元照，2017），頁286。

〔註33〕《唐六典》：「京兆、河南、太原牧及都督、刺史掌清肅邦畿，考覈官吏，宣布德化，撫和齊人，勸課農桑，敦諭五教。每歲一巡屬縣，觀風俗，問百姓，錄囚徒，恤鰥寡，閱丁口，務知百姓之疾苦」。參見：《唐六典》，卷30，頁747。

〔註34〕具體分析可參看：陳俊強，〈從《天聖‧獄官令》看唐宋的流刑〉，《唐研究》，14（北京，2008.12），頁308～317。

〔註35〕雷聞據《唐令拾遺》、《通典》、《天聖‧獄官令》宋令復原為〈獄官令〉復原唐令7。參見：天一閣博物館，中國社會科學院歷史研究所天聖令整理課題組校證，《天一閣藏明鈔本天聖令校證：附唐令復原研究》，〈獄官令〉復原唐令7，頁612。

不待覆奏而擅自處決者，因其侵奪人主權力，官員將被處以流二千里的重刑；
〔註36〕就連行刑的時間也有嚴格的限制。〔註37〕徒刑以上的刑罰事涉勞動力
的分配、流放地的選擇與安排、人命生死，絕非州縣官的層級所能解決，中
央的介入在另一方面也可避免地方擴權。故朝集使所申的刑獄簿，除了是讓
中央瞭解該地治安好壞以外，亦牽涉刑罰體系與國家權力的運作。

三、捉錢品子名簿

　　朝集使攜帶入京的簿冊中，還有一項是捉錢品子名簿。據《新唐書‧選
舉志》：「凡捉錢品子，無違負滿二百日，本屬以簿附朝集使，上于考功、兵
部。滿十歲，量文武授散官」。〔註38〕捉錢是唐代官方因財政需求而放貸於民，
〔註39〕這是在維持國家與皇室需求，又不需向民間另外索求的解決辦法，為
正稅之外的財源補充。官方放貸的好處在於便利簡單，就對象而言，不必向
全民課稅，僅動用高戶、典吏等少數人收利即可；以財源論，官方只要出一
次本錢，就可一直收利，獲利無窮，所收到的金錢是放貸的利息而非稅錢，
也不增加百姓負擔。在唐代嚴密的財政體制之下，其機動性高，可隨時設置
或停止，不影響預算編列。當然，官方放貸也有其限制與弊端，如本利耗散
與逼債貧民，其地位無法與固定的賦稅相提並論。〔註40〕唐初的官員俸祿，
就是由官本支出，〔註41〕雖然後來停止，但官方放貸並未在唐代的財政中銷

〔註36〕《唐律疏議》，卷30，〈斷獄律〉「死囚覆奏報決」條（總497），頁572。

〔註37〕雷聞據《唐令拾遺》、《唐六典》、《唐律疏議》、《養老令》、《天聖‧獄官令》
宋令復原為〈獄官令〉復原唐令10。參見：天一閣博物館，中國社會科學院
歷史研究所天聖令整理課題組校證，《天一閣藏明鈔本天聖令校證：附唐令復
原研究》，〈獄官令〉復原唐令10，頁644。

〔註38〕（宋）歐陽脩、宋祁等撰，《新唐書》（北京：中華書局，1975），卷45，〈選
舉志〉，頁1174。

〔註39〕唐代的官方放貸的官本種類繁多，有些自公廨本錢中分出，故公廨本錢又有
狹義與廣義兩種，狹義是專指特定用途者，廣義則泛稱各官司放貸的諸色本
錢。參見：羅彤華，《唐代官方放貸之研究》（板橋：稻鄉出版社，2008），頁
11。

〔註40〕羅彤華，《唐代官方放貸之研究》，頁1、4。

〔註41〕唐代官員俸祿由官本支出的時間，自武德年間為開端，《唐會要‧內外官料錢
上》：「武德已後，國家倉庫猶虛，應京官料錢，並給公廨本。令當司令史番
官迴易給利，計官員多少分給。」其中京司、地方的起始時間有異，當中也
廢立不一。到了高宗乾封元年（666），京官的俸祿正式改由稅錢支付。參見：
《唐會要》，卷91，〈內外官料錢上〉，頁1651。羅彤華，《唐代官方放貸之研
究》，頁21〜30。

聲匿跡，反而轉往支援其他官府開支，繼續收利。

　　捉錢事涉商業行為，士大夫不屑為之，因此為官府捉錢者就是一般人民或典吏。唐朝政府為了提高人民替官府捉錢的意願，特令捉錢者能入流為官。〔註42〕朝廷的特許遭到了士大夫的批評，也與法令相違背，褚遂良即言：「大唐制令，憲章古昔，商賈之人，亦不居官位。陛下近許諸司令史，捉公廨本錢，諸司取此色人，號為捉錢令史。不簡性識，寧論書藝，但令身能估販，家足貲財。錄牒吏部，使即依補」。〔註43〕朝廷自行打破禁令與社會階級的限制，也要給予捉錢者好處，因官本的營收與維持，有賴捉錢者的努力，進而會影響公廨本錢的營運狀況；若是捉錢者無法將利錢回收，恐會造成本錢耗散，官方還需額外添錢補足，這就違背了官方放貸的立意，此情形在唐代中後期尤其明顯，因此國家相當仰賴捉錢者。〔註44〕

　　唐初任捉錢者的身分多元，有流外的令史、行署、府史等，也有分番上下的番官，以及身為百姓的胥士和庶僕，百姓中又以上戶為主要考量的對象，朝廷看重其理財經驗與背後財力，〔註45〕此即褚遂良所云「身能估販，家足貲財」。《新唐書‧選舉志》中的「捉錢品子」，亦見於出土文書之中。〔註46〕捉錢品子與一般的捉錢者稍異，據王永興分析，捉錢是色役，品子是身分、出身。〔註47〕品子的經濟待遇只能免其雜徭，所以品子捉錢符合了此特性。〔註48〕捉錢品子在政治待遇上的規定，就如《新唐書》所載，若能在期限內將利錢收齊，利於官府的財政收支，滿兩百日後，即可將其姓名簿冊交予朝集使，上報吏部考功司與兵部，這兩個掌管天下文武官吏考課的部門。在考選方面，

〔註42〕 羅彤華，《唐代官方放貸之研究》，頁6。
〔註43〕 《唐會要》，卷91，〈內外官料錢上〉，頁1651。
〔註44〕 《唐會要‧諸司諸色本錢上》：「其年（貞元二十一年，805）七月中書門下奏：『今年四月十七日敕，本利并放訖，其事須借錢添填，都計二萬五千九百四十三貫六百九十九文。伏以百司本錢，久無疏理，年歲深遠，亡失頗多。食料既虧，公務則廢，事須添借，令可支持。伏望聖恩，許令準數支給，仍請以左藏庫度支除陌錢充。』。參見：《唐會要》，卷93，〈諸司諸色本錢上〉，頁1679。
〔註45〕 羅彤華，《唐代官方放貸之研究》，頁374～375。
〔註46〕 敦煌文書P.3559（2）號〈唐天寶年代燉煌郡燉煌縣懸泉鄉差科簿〉，錄自唐耕耦、陸宏基編，《敦煌社會經濟文獻真蹟釋錄（第一輯）》（北京：書目文獻出版社，1986），頁208。
〔註47〕 王永興，〈唐敦煌差科簿考釋〉，收入氏著，《陳門問學叢稿》（江西：江西人民出版社，1993），頁26。
〔註48〕 羅彤華，《唐代官方放貸之研究》，頁383。

捉錢品子十歲而試，比起納課品子的十三歲而試提早了許多，這顯示了唐代政府透過較快速的升遷來獎勵捉錢。〔註49〕

四、官畜私馬、官船帳

　　以往學界對於朝集使在信息傳遞職能的認識大約為前述三項。不過，在新發現的《天聖令》中，復原唐〈廄牧令〉與〈營繕令〉規範，各自對朝集制度做了補充。〈廄牧令〉「官畜私馬帳」條：「諸官畜及私馬帳，每年附朝集使送省。其諸王府官馬，亦準此。太僕寺官畜帳，十一月上旬送省。其馬帳勘校，訖至來年三月」。〔註50〕朝集使要將轄內所屬官畜與私馬數量彙整成帳送至尚書省。其他諸王府的官馬亦同此例，至於太僕寺的官畜帳，要在十一月上旬送省。官方對於上繳的馬帳加以勘校，時間至隔年的三月為止。朝集使與官馬的關係，可見〈廄牧令〉「驛馬老病貨賣」條：「諸府官馬及傳送馬、驢，每年皆刺史、折衝、果毅等檢簡。其有老病不堪乘騎者，府內官馬更對州官簡定；兩京管內，送尚書省簡；駕不在，依諸州例」。〔註51〕刺史（朝集使）、折衝都尉、果毅都尉等人每年要對軍府內的承直馬〔註52〕與傳送馬驢加以檢核揀選，當中有老病不堪乘用的馬驢，軍府內官馬的替換校對由州官揀定，長安、洛陽兩京管轄內的官馬送尚書省揀定，車駕（皇帝）不在行宮時，依諸州慣例。〔註53〕在檢驗畜產的過程中，若有欺瞞不實的情形，依《唐律疏議・廄庫律》「驗畜產不實」條論處。〔註54〕上述法律的規定，反映了唐朝政府對於各種官畜與私馬的重視，不僅數量要登記在冊，年年檢錄，所屬長官亦要留意官馬與傳送馬驢的狀況，確實管理、掌控資產。

〔註49〕羅彤華，《唐代官方放貸之研究》，頁383。

〔註50〕天一閣博物館，中國社會科學院歷史研究所天聖令整理課題組校證，《天一閣藏明鈔本天聖令校證：附唐令復原研究》，〈廄牧令〉唐令29，頁303。

〔註51〕天一閣博物館，中國社會科學院歷史研究所天聖令整理課題組校證，《天一閣藏明鈔本天聖令校證：附唐令復原研究》，〈廄牧令〉唐令23，頁301。

〔註52〕《唐六典・兵部》「駕部郎中員外郎」條：「凡諸衛有承直之馬」，注曰：「諸衛每日置承直馬八十疋，以備雜使。諸衛官、諸州、府馬每月常差赴京、都為承直，諸府常備，其數甚多。開元二十五年，敕以為天下無事，勞費頗煩，宜隨京、都近便量置三千疋充扈從及街使乘直，餘一切並停」。參見：《唐六典》，卷5，頁163。

〔註53〕古怡青，「〈廄牧令〉唐23條譯註」，《天聖令譯註》，頁286。

〔註54〕《唐律疏議》，卷15，〈廄庫律〉「驗畜產不實」條（總197），頁277。

所謂的官畜，以交通用途來看，有牛、馬、駝、騾、驢等，〔註55〕非交通用途的有豬、羊、雞、鴨等其他動物，基本上只要是官方所畜養的牲畜，皆為官畜。用於交通的官畜，支撐了唐帝國的運輸體系——驛傳制度，維持唐代官方政令的宣達與官文書的輸送，以及官員使者的往來，在訊息傳遞中屬運輸網中的命脈。

此外，馬還用於行軍作戰，維持大唐的軍事武力。唐代的監牧制度創建於初唐，主要目的在於培育軍馬；當隴右監牧失於吐蕃，騎兵失去馬源後，唐朝的軍事實力隨之大減，故馬匹對於朝廷而言，不僅是運輸傳遞的工具，軍事作用也很大。〔註56〕非交通用途的牲畜，在農耕上提供了畜力與肥料，在生活面上，皮毛可作為手工業原料，另有祭祀與肉食供給的功能，〔註57〕不論是何作用，官畜都是重要的國家資產。

官私馬牛等大型畜產的軍用、運輸、農耕功能，在國防與農業上皆扮演吃重的角色，法律對於故殺官私馬牛者處以重刑。《唐律疏議·廄庫律》「故殺官私馬牛」條（總203）：「諸故殺官私馬牛者，徒一年半。贓重及殺餘畜產，若傷者，計減價，準盜論，各償所減價；價不減者，笞三十」，《疏》議曰：「官私馬牛，為用處重：牛為耕稼之本，馬即致遠供軍，故殺者徒一年半」。〔註58〕政府對於官私馬牛的保護顯示了其在唐代社會中的重要性。

唐代民間的私有馬由官僚貴族與一般民眾畜養。皇帝對於有功的官僚或皇親國戚常會賜與土地、宅院、馬匹，如太平公主、〔註59〕睿宗子李成器〔註60〕等人，皆曾蒙受皇帝賜馬。貴族們對於馬匹的需求，主要出於乘坐之需，〔註61〕至於一般民眾在乘馬上則有限制。〔註62〕在出土文書中，唐初就有百

〔註55〕《唐律疏議》，卷15，〈廄庫律〉「乘官畜脊破領穿」條（總201），頁281。
〔註56〕乜小紅，《唐五代畜牧經濟研究》（北京：中華書局，2005），頁5～6。
〔註57〕乜小紅，《唐五代畜牧經濟研究》，頁9～12。
〔註58〕《唐律疏議》，卷15，〈廄庫律〉「故殺官私馬牛」條（總203），頁282。
〔註59〕太平公主因地位崇貴，故「天下珍滋譎怪充于家，供帳聲伎與天子等。侍兒曳紈縠者數百，奴伯嫗監千人，隴右牧馬至萬匹」。參見：《新唐書》，卷83，〈諸帝公主傳〉，「高宗女·太平公主」，頁3651。
〔註60〕李成器因將儲君之位讓與李隆基，睿宗賜其「雍州牧、揚州大都督、太子太師，別加實封二千戶。賜物五千段、細馬二十四、奴婢十房、甲第一區、良田三十頃」。參見：（後晉）劉昫，《舊唐書》（北京：中華書局，1975），卷95，〈睿宗諸子傳〉「讓皇帝憲」，頁3010。
〔註61〕乜小紅，《唐五代畜牧經濟研究》，頁183。
〔註62〕唐代對於騎乘馬匹者的資格有身分上的限制，一般人與低階官吏不得乘大

姓養馬買賣的契約，民間養馬的目的，主要供軍用與役畜。〔註63〕民間養馬主要集中在西北邊陲之地，唐代在此區因軍事與交通上的需求，常規定每戶百姓要科徵「戶備馬」的差科。既然民間養馬主要供官方使用，故官方自然有必要清楚私馬的數量與狀況，要求朝集使每年上報。

　　朝集使所備的官畜私馬帳要上繳駕部，《唐六典・兵部》「駕部郎中員外郎」條：「駕部郎中、員外部掌邦國之輿輦、車乘，及天下之傳、驛、廄、牧官私馬・牛・雜畜之簿籍，辨其出入闌逸之政令，司其名數」。〔註64〕駕部郎中、員外郎掌國家乘輿車輦，與天下傳驛、廄牧之官私馬、牛、雜畜之簿籍，因其為國家財產，又關乎交通運輸與國防之用，故要清楚暸解牲畜的數量與情況，以便統管。

　　唐代交通運輸除了陸運的馬、驢之外，另於湖泊水澤處設置水驛，由官船輸送來往的物資及人員。《唐六典・兵部》「駕部郎中員外郎」條：「凡三十里一驛，天下凡一千六百三十有九所。」注曰：「二百六十所水驛，一千二百九十七所陸驛，八十六所水陸相兼。……凡水驛亦量事閑要以置船，事繁者每驛四隻，閑者三隻，更閑者二隻」。〔註65〕據《唐六典》所載，唐代水驛有二百六十所，有八十六所是水陸兼有之驛。水驛依運送量大小置船，事繁者每處水驛給四艘，次者給三艘，再次者給二艘。官船不僅在運輸上補充了陸運的不足，也肩負漕運的功能。

　　因官船在運輸上的重要性，故《天聖・營繕令》「官船每年具言色目」條規定：「諸官船，每年具言色目、勝受斛斗、破除、見在、不任，附朝集使申省」。〔註66〕朝集使上報的官船帳，需詳細紀錄官船的種類、數量、可載重量，以及報廢的、現有的、無法使用的官船數目。

　　官畜私馬與官船帳是國家水陸運輸的資料，朝廷的文書傳遞與官人往來全仰賴由此建立交通網。《天聖・廄牧令》與《天聖・營繕令》的發現，補充

馬，只能乘小馬或蜀馬；商人則不許乘馬。參見：乜小紅，《唐五代畜牧經濟研究》，頁 188。

〔註63〕乜小紅，《唐五代畜牧經濟研究》，頁 190。

〔註64〕《唐六典》，卷 5，頁 162～163。

〔註65〕《唐六典》，卷 5，頁 163。

〔註66〕牛來穎據《養老令》、《天聖・營繕令》宋令復原為〈營繕令〉復原唐令 26。參見：天一閣博物館，中國社會科學院歷史研究所天聖令整理課題組校證，《天一閣藏明鈔本天聖令校證：附唐令復原研究》，〈營繕令〉復原唐令 26，頁 669。

了朝集使在信息傳遞上為人所忽視的一面。

五、僧尼身死還俗帳

　　研究唐代朝集使，莫過於仰賴傳世文獻的紀錄，其中又以正史、奏議等制度面的史料為多。唐代朝集制度傳至日本，在日本形成四度使制，因此日本律令中亦保留不少朝集使的資料，可供還原唐代朝集使的面貌，〔註67〕對於恢復唐代朝集制度有很大的幫助，當然仍需要相關史料佐證，才能由日制還原唐制。前引《天聖令》中，除了留下來的唐令以外，由宋令復原為唐令時，研究者就參考《養老令》中關於朝集使的令文。

　　宋代釋贊寧《大宋僧史略》卷中記載德宗建中年間敕：

> 天下僧尼，身死還俗者，當日仰三綱於本縣陳牒，每月申州，附朝
> 集使申省，並符詰同送者注毀；其京城，即於祠部陳牒納告，告身
> 即戒牒也。〔註68〕

此敕可與《養老·僧尼令》「身死條」相對照：「凡僧尼等身死，三綱月別經國司，國司每年附朝集使申官。其京內，僧綱季別經玄蕃，亦年終申官」。〔註69〕《養老令》和建中年間敕文的規定大致相同，只是建中年間敕文的細節更加清楚。本條史料牽涉到僧尼死亡與還俗的紀錄，二者皆是僧尼身分的轉換與變更，即不再具有僧尼的身分。僧尼凡是死亡或是還俗，管理寺院的三綱當天就要陳牒於縣，縣統計後，每月申報州府，年終由朝集使申報尚書省，並連同符詰一同注記銷毀；若是在京城，則上告祠部，並將該名僧尼的戒牒一同繳回。《大宋僧史略》雖云此為建中年間敕，但早在德宗之前就應有相關的規定。朝集使因安史之亂停擺，到了德宗建中元年才得以恢復，不久後又因戰爭中止。德宗一心恢復朝集制度，但現實因素只能逐步限縮朝集使擔任

〔註67〕朝集使與其他唐代制度傳至日本，保存在日本令中。唐代的朝集使與計帳使，傳入日本後，經過吸收與改造成為四度使制：朝集使、大帳使、稅帳使、貢調使。在日本的四度使制中，朝集使是上奏該地官吏功過考課與其他公文，大帳使是負責該地課口與不課口數記成的大帳，稅帳使是該地會計決算書、正稅帳，貢調使是上運該地的調庸。參見：（日）坂本太郎，〈朝集使考〉，收入氏著，《日本古代史の基礎的研究（下）》（東京：東京大學出版會，1964），頁163。

〔註68〕（宋）釋贊寧，《大唐大慈恩寺三藏法師傳·附大宋僧史略》（上海：上海古籍出版，2002），卷中，〈祠部牒附〉，頁682。

〔註69〕黑阪勝美、國史大系編修會編，《令集解》（東京：吉川弘文館，1974），卷8〈僧尼令〉「身死條」，頁240。

人員（詳本文第四章），在此種情況下，基本上不會對朝集制度有開創性的發展，此外，從日本律令頒布的時間，亦能證明此敕應是在唐前期就有，〔註70〕德宗只是重申或做些許更動。

　　僧尼身分的變更，牽涉到僧尼名籍的異動。關於僧尼名籍，《養老令》與唐令另有規定，現引《天聖令‧雜令》復原唐令「造道士僧尼籍」條：「諸道士、女冠、僧尼，州縣三年一造籍，具言出家年月、夏臘及德業，依式印之。其籍一本送祠部，一本送鴻臚，一本留於州縣」。〔註71〕此令是關於道士、女冠、僧尼造籍的規範。唐代僧尼可享法律上的給田、免役等優免，因此僧尼名籍的掌握自是政府重視之事，不論是僧人入籍或除籍，皆會牽涉到土地財產等問題，事關國家分配和寺院利益。因給田是每年進行，若寺觀內的人數與去年不同而未受政府確認，即會影響土地的收授，〔註72〕由於僧籍三年才調查造冊一次，在非編造期間，若有人數上的變更，皆需明確註明姓名及原因，上報祠部。〔註73〕孟憲實考察吐魯番出土的《唐龍朔二年（662）西州高昌縣思恩寺僧籍》，發現該僧籍是與百姓戶籍同時編造，也符合《唐六典》中對造籍年份與月份的規定。從手實、戶籍、季年正月修造，僧籍與一般民籍在管理上是一致的。〔註74〕既然唐代政府在管理僧尼與人民是用同樣的登記制度，或許可以推測僧籍送至中央管道亦應如戶籍一般，是由計帳使為之。

　　唐代政府對僧尼籍的重視，要求朝集使每年上報，除了和給田免役相關

〔註70〕日本史中有朝集使明確存在的紀錄是在孝德天皇大化二年（646），當時日本朝集使應具相當規模；另外，《養老令》是在元正天皇養老二年（718）頒布，從這些時間點，亦可推測此條朝集使攜帶僧尼籍異動的資料在唐前期應已存在。參見：（日）坂本太郎，〈朝集使考〉，《日本古代史の基礎的研究（下）》，頁164。

〔註71〕黃正建據《唐令拾遺》、《養老令》、《天聖‧雜令》宋令復原為〈雜令〉復原唐令64。參見：天一閣博物館，中國社會科學院歷史研究所天聖令整理課題組校證，《天一閣藏明鈔本天聖令校證：附唐令復原研究》，〈雜令〉復原唐令64，頁747。

〔註72〕孟憲實，〈唐令中關於僧籍內容的復原問題〉，《唐研究》，14（北京，2008.12），頁79。

〔註73〕《天聖令‧雜令》「造道士僧尼籍」條（宋40），令文末是：「其身死及數有增減者，每年錄名及增減因由，狀申祠部，俱入帳」，唐令復原未有此句，朝集使每年申省的僧尼身死還俗帳，或許是對僧尼籍的補充。參見：天一閣博物館，中國社會科學院歷史研究所天聖令整理課題組校證，《天一閣藏明鈔本天聖令校證：附唐令復原研究》，〈雜令〉宋40，頁373。

〔註74〕孟憲實，〈唐令中關於僧籍內容的復原問題〉，頁74～78。

外，或許與初唐以來朝廷對佛教的管理政策相關。唐高祖與太宗對於僧尼管控嚴格，查緝偽濫僧尼，並積極清除藏身在佛寺內部的不法份子；唐玄宗時，不僅多次針對佛教問題發布詔書，加上發生多起彌勒教亂，更加強國家對佛教的控制。唐代政府更將佛門內部的「內律」，納入「王法」系統下，處理寺院細故的三綱，也是經由國家任命，代表皇權。〔註75〕管控佛教勢力的第一步，就是牢牢掌握僧尼籍。當僧尼犯事時，法律的規定是先要求還俗再進行處分。對身死還俗等失去僧尼身分之人的重視，或許也擔心有人藉此冒用僧尼身分，圖謀不軌之事。

六、圖經

　　新史料的發現，補充了朝集使攜帶資訊的多樣性。出土文書中也有傳統史書少見的記載，即朝集典與圖經的關係。敦煌文書 S.611 背〈年代不明（公元八世紀前期）沙州申考典索大祿納州圖錢及經等狀〉：〔註76〕

1.　　　　　　　為申考典索大祿納圖錢及經等，具狀上事。

2.　　　　　[　　　　]圖經於州典索 [　　　　　　　]

3.　　　　　[　　　　]錢，得狀稱，州司納 [　　　　　]

4.　　　　以前被符稱，得司戶參軍實昊 [　　　　　]

5.　　十一月內符下縣徵。佐史索大 [　　　　　]

　　　　　　　　　　　?

6. 者州圖及經，依前下縣催。仍具 [　　　　　]

7.　　　十二月六日，被符徵索大祿圖及經 [　　　]

8.　　　祿狀，稱州司納錢。其日判，申州訖。[　　　]

　　　　　　　　　　?

9.　　　得見在具錢，得州典孔崇雲 [　　　　　]

10.　　納在州司，具檢如前者。以 [　　　　　　]

　（後缺）

〔註75〕詳情可參：陳登武，〈從內律到王法：唐代僧人的法律規範〉，《政大法學評論》，111（臺北，2009.10），頁1～79。

〔註76〕唐耕耦、陸宏基編，《敦煌社會經濟文獻真蹟釋錄（第四輯）》（北京：全國圖書館文獻縮微複製中心，1990），頁366。

本件涉及考典索大祿修造圖經的金錢來源與糾紛，〔註77〕州司給了索大祿修造圖經的經費，故修纂圖經應由索大祿負責。張弓在解釋此則文書時，認為既然圖經由考典修造，自然是由考使（朝集使）帶進京，獻給朝廷。〔註78〕

唐代各州普遍修纂圖經，〔註79〕修纂的單位以州郡為主，但下一級的縣，或更大的區域都有圖經修纂，目前流傳下來的以州圖經為多數。〔註80〕出土文書中的圖經，提供了後世理解唐代州圖經的範例，池田溫曾對《沙州圖經》作過考釋。〔註81〕《沙州圖經》中紀錄當地自然水文，以及道路、驛站、河渠、學校、廟宇、古城、祥瑞、歌謠等，包括地境、物產、人物、風俗等面相。〔註82〕此與《五代會要》中提到圖經格式當具備：「古今事蹟、地里山川、土地所宜、風俗所尚，皆需備載，不得漏略」。〔註83〕只要看過圖經，就能對當地有基本的認識與理解。著名的例子當如韓愈被貶至潮州時，路過韶州，想趁此遊覽一番，便向韶州長官借當地圖經一看，作為導覽手冊，事先瞭解。韓愈〈將至韶州先寄張端公使君借圖經〉：「曲江山水聞來久，恐不知名訪倍難。願借圖經將入界，每逢佳處便開看」，〔註84〕可見圖經對於不熟悉當地的

〔註77〕後唐明宗曾於長興三年（932）五月二十三日敕：「宜令諸道州府，據所管州縣先各進圖經一本，並須點勘文字，無令差誤。所有裝寫工價，並以州縣雜罰錢充，不得配率人戶。……限至年終進納，其畫圖候紙到，圖經別敕處分」。後唐在修造圖經時是由公廨雜費支出，然唐前期似無編修圖經的專款。參見：（宋）王溥，《五代會要》（上海：上海古籍出版社，2006），卷15，〈兵部職方〉，頁254。張弓主編，《敦煌典籍與唐五代歷史文化（上卷）》（北京：中國社會科學出版社，2006），頁521註釋1。

〔註78〕張弓主編，《敦煌典籍與唐五代歷史文化（上卷）》，頁521。

〔註79〕隋以前，地誌纂述還處於初期階段，這時期的形式以異物誌、山水記、風土記、風俗傳為主，到了隋代，修纂圖經的風俗大盛，逐漸成為地方誌編修的普遍形式。隋唐二代圖經興起的原因與官制變化有關：開皇三年（583），郡縣佐官不再由長官自行辟召，統一由吏部除授；佐官四年一遷，基本上也由他郡人擔任，州郡的官僚體系大部分都是由外地人統領，要在最短的時間內全面瞭解當地概況，一部全面記述當地地理、人文狀況的資料，提供了最佳的資料。辛德勇從官員任用制度的變化，解釋隋唐時期圖經纂述大盛的原因。參見：辛德勇，〈唐代的地理學〉，收入氏著，《歷史的空間與空間的歷史》（北京：北京師範大學出版社，2005），頁275～277。

〔註80〕辛德勇，〈唐代的地理學〉，頁274。

〔註81〕（日）池田溫，〈沙州圖經略考〉，收入榎博士還曆記念東洋史論叢編纂委員會編，《榎博士還曆記念東洋史論叢》（東京：山川出版社，1975），頁31～101。

〔註82〕張弓主編，《敦煌典籍與唐五代歷史文化（上卷）》，頁521。

〔註83〕《五代會要》，卷15，〈兵部職方〉，頁254。

〔註84〕（清）彭定求編，《全唐詩》（北京：中華書局，1960），卷344，韓愈，〈將至

人來說，扮演相當重要的「入門書」。

　　唐代官方有定期修造地圖的規定，《唐六典》卷五「職方郎中」條：「職方郎中、員外郎掌天下之地圖及城隍、鎮戍、烽候之數，辨其邦國、都鄙之遠邇及四夷之歸化者。凡地圖委州府三年一造，與板籍偕上省」。〔註85〕職方郎中、員外郎管理天下地圖、城隍、鎮戍、烽候。地圖由州府三年繪製一次，與板籍一同送省。板籍，應指人民戶籍。〔註86〕唐代負責送戶籍名簿至京的是計帳使，既然地圖與板籍一同送省，那地圖也應該委由計帳使一同帶進京，呈交給兵部職方郎中。地圖記載轄內區域的山川之勢，標示所屬範圍，在軍事作戰上極為重要；擁有某地地圖，亦是統屬的象徵，〔註87〕唐代官方定期調查帝國內的土地山河，藉由資訊的取得進而增強帝國的控制力。《新唐書·百官志》記載職方郎中、員外郎之職：「掌地圖、城隍、鎮戍、烽候、防人道路之遠近及四夷歸化之事。凡圖經，非州縣增廢，五年乃脩，歲與版籍偕上」。〔註88〕《新唐書》的文字與《唐六典》大同小異，此處提及圖經若非州縣廢易，五年一次修造即可，與版籍同送省。《新唐書》將圖經與地圖同論；修造時間由三年改為五年，是建中元年的規定，《唐會要·尚書省諸司》「職方員外郎」：「建中元年十一月二十九日，請州圖每三年一送職方，今改至五年一造送，如州縣有創造及山河改移，即不在五年之限。後復故。」〔註89〕綜合三書，《唐會要》的州圖應同《唐六典》的地圖，《新唐書》將圖經與地圖視同一物，〔註90〕並採建中年間五年一造之制。然圖經與地圖應有所差異，圖經

韶州先寄張端公使君借圖經〉，頁3860。

〔註85〕《唐六典》，卷5，頁161～162。

〔註86〕《舊唐書·楊炎傳》：「開元中，玄宗修道德，以寬仁為理本，故不為版籍之書，人戶寖溢，隄防不禁」。參見：《舊唐書》，卷118，〈楊炎傳〉，頁3420。

〔註87〕《新唐書·吐蕃傳》：「沙州首領張義潮奉瓜、沙、伊、肅、甘等十一州地圖以獻。始義潮陰結豪英歸唐，……帝嘉其忠，命使者齎詔收慰，擢義潮沙州防禦使，俄號歸義軍，遂為節度使」。參見：《新唐書》，卷216，〈吐蕃傳〉，頁6107～6108。

〔註88〕《新唐書》，卷46，〈百官志〉，「尚書省·兵部」，頁1198。

〔註89〕《唐會要》，卷59，〈尚書省諸司〉，頁1032～1033。

〔註90〕史書有時將圖經與地圖混稱，可能是地圖與圖經內容相似之故。如大中五年（851）張義潮獻瓜、沙、伊、肅、甘等十一州地圖一事，《新唐書》稱地圖，《資治通鑑》稱圖籍，《冊府元龜》與《唐會要》皆稱圖經。參見：《新唐書》，卷216，〈吐蕃傳〉，頁6107。（宋）司馬光編著，（元）胡三省音註，《資治通鑑》（北平：古籍出版社，1956），卷249，〈唐紀〉「宣宗大中五年張義潮發兵」條，頁8048。（宋）王欽若等編，《冊府元龜》（北京：中華書局，1994），

之「圖」指的是地圖，放在全書卷首，[註91]「經」是對地圖繪製地區做的文字說明與介紹。[註92] 圖經在形式上是地圖與文字說明皆有，初以地圖為主，後文字說明日漸增多，反超過地圖的份量。[註93]《新唐書》將圖經與地圖混為一談，顯然有誤。[註94] 另從 S.611 背〈年代不明（公元八世紀前期）沙州申考典索大祿納州圖錢及經等狀〉中，圖與經是分開稱呼，可見地圖與圖經的確不同。但不可否認，圖經的修纂是在地圖的定期編造上完成。[註95] 囿於史料，目前無法得知唐代多久修一次圖經，可能如地圖一般，三、五年或是更久修造一次。

　　隋煬帝大業中，曾下詔命天下諸郡，調查各地風俗、物產、地圖，上於尚書省，因此隋代有《諸郡物產土俗記》一百五十一卷、《區宇圖志》一百二十九卷、《諸州圖經集》一百卷。[註96] 圖經與地圖的調查與製作，是官方力量深入全國各角落的展現，掌握地方的自然與人文概況，中央藉此建立地方檔案，納圖經也就成了中央控制地方的方式之一。[註97] 朝廷在收到各州圖經後，以此為基礎，編成了《十道圖》，另產生了《十道錄》、《十道志》等供官府用或全國性的州縣總志。[註98]

　　然而，圖經真是由朝集使所送嗎？地圖與圖經性質相屬，既然地圖由計帳使所送，為何圖經不一同帶進京，反要由朝集使所帶呢？《五代會要·兵部職方》載後唐天成（928）三年閏八月敕文：「諸道州府，每於閏年合送圖經

卷 170，〈帝王部·來遠〉，頁 2057。《唐會要》，卷 71，〈州縣改置〉，「隴右道」，頁 1269。

[註91] 倉修良以隋煬帝時的《區宇圖志》、敦煌圖經殘卷、李吉甫《元和郡縣圖志》、南宋紹興九年（1139）所修的《嚴州圖經》為例，歸結出圖經是一種有文有圖的地方區域性的著作，為方志發展的第二階段；絕非如某些論者所言，是以圖為主，其圖一般都是放在全書卷首。參見：倉修良，〈從敦煌圖經殘卷看隋唐五代圖經發展〉，收入氏著，《倉修良探方志》（上海：華東師範大學出版社，2005），頁 114。

[註92] 華林甫，〈隋唐《圖經》輯考（上）〉，《國立政治大學歷史學報》，27（臺北，2007.05），頁 142。

[註93] 辛德勇，〈唐代的地理學〉，《歷史的空間與空間的歷史》，頁 273。

[註94] 辛德勇，〈唐代的地理學〉，《歷史的空間與空間的歷史》，頁 278。

[註95] 辛德勇，〈唐代的地理學〉，《歷史的空間與空間的歷史》，頁 277。

[註96]（唐）魏徵，《隋書》，卷 33，〈經籍志〉「地理記」，頁 988。

[註97] 張弓主編，《敦煌典籍與唐五代歷史文化（上卷）》，頁 521。（日）池田溫，〈沙州圖經略考〉，《榎博士還曆記念東洋史論叢》，頁 54～55。

[註98] 張弓主編，《敦煌典籍與唐五代歷史文化（上卷）》，頁 522。

地圖，今後權罷」。〔註99〕後唐時，地圖與圖經是一同送進京的，雖說二者一是軍事用途，一屬地方概要，但作為中央掌握地方情勢的功能都是相同的。目前對圖經有所研究的學者，大多將焦點集中在圖經性質的考論、敦煌圖經殘卷的復原、圖經到地方志的演變等幾個面相，對於圖經是經由何種管道進呈中央，除了將圖經與地圖視為一同的學者以外，幾無人深究，只有張弓憑前引敦煌文書斷定是由朝集使帶入京。然而，張弓似無釐清朝集使與計帳使二者的分別，他論述索大祿考典一職時，提到：

> 索大祿為考典，即送戶籍計帳、官司考課資料於京師的使人下的胥吏，他入京時要帶《圖》及《經》，可知唐確實存在數年一向中央呈報地圖及《圖經》的制度，《圖經》成為考使入京上計需交納的簿書之一。〔註100〕

將戶籍計帳帶入京的是計帳使，而非朝集使的工作。朝集使與圖經的關係，因牽涉地圖亦是計帳使送進京，且地圖與圖經性質相屬，加上前引敦煌文書殘缺不全，筆者在此無法確切證實圖經是由朝集使所送。關於此問題，恐需更多材料或對相關課題掌握度更高的前輩學者一解所惑。

七、朝集使與權力展現

1. 高宗、武后、中宗對朝集使的利用

朝集使進京，除了將各種簿冊上交給尚書省各部接受考核以外，亦定期朝參。開元二十二年（734）十一月敕：「諸朝集使十日一參，朔望依常式，應須設食等，准例處分」，〔註101〕開元後期朝集使每十日要朝參，官方會為其準備食物。史書中留下唐代帝王大規模召見諸州朝集使的時間，很多都在新帝登基或天災之時，皆是政權交接或不穩的時期。如高宗永徽元年（650）春正月二十一日，高宗召見朝集使，曰：「朕初即位，事有不便於百姓者悉宜陳，不盡者更封奏」，於是「自是日引刺史十人入閣」，問百姓疾苦與當地政治情況。〔註102〕此舉一來可顯示皇帝勤政愛民，又可展現新帝登基帶來的新氣象，一掃前朝種種。高宗朝另一次召見朝集使，是在永徽五年（654）正月十九日，

〔註99〕《五代會要》，卷15，〈兵部職方〉，頁254。
〔註100〕張弓主編，《敦煌典籍與唐五代歷史文化（上卷）》，頁521。
〔註101〕《唐會要》，卷24，〈諸侯入朝〉，頁460。
〔註102〕《資治通鑑》，卷199，〈唐紀〉，「高宗永徽元年春正月辛酉」條，頁6270。

因旱災，詔「文武官、朝集使言事」。〔註103〕古代中國相信天人感應，認為天象即人事的反應，久旱不雨，可能是言路壅塞，故召集文武百官與朝集使言事，期望藉由百官陳書時政，改善人事間不平之事。

高宗從執政之初，朝政一直受到以長孫無忌為首的長孫集團控制，無法徹底執行自己的意旨；但擋在前面的是自己的舅舅，又是跟著太宗奠定江山的元老，著實無計可施；長孫無忌的勢力龐大，人際網絡盤根錯節，在京百官可能都與其有牽扯；朝集使身在外州，與長孫集團的距離較遠，或許是個可突破的切入點。高宗藉旱災要求百官與朝集使言事，一方面是希望有人能指出長孫無忌權力過大的現象，打破朝政與人事的僵化，〔註104〕另一方面是希冀與朝集使拉近關係，讓朝集使感受到皇帝對他們的重視，藉機培養自己的班底，與長孫集團抗衡。

唐代皇帝中，武后朝留下了特別多關於朝集使的記載，垂拱二年（686）四月七日，武后撰《百寮新誡》、《兆人本業記》，頒予朝集使。〔註105〕武則天掌權時編纂了許多書籍，內容大部份反映其統治思想。《百寮新誡》、《兆人本業記》現已不存，無法確知其內容，但據學者分析，《臣軌》、《百寮新誡》與官僚制相關，《兆人本業記》談論農民、農業之事。〔註106〕武后向朝集使頒布《百寮新誡》，當中或許傳遞了武后希冀的官僚秩序，〔註107〕而《兆人本業記》與農業民生相關，可能是透過朝集使帶回各州施行。〔註108〕

〔註103〕《新唐書》，卷3，〈高宗本紀〉，「永徽五年」，頁55。

〔註104〕高宗自從永徽元年登基之時，便屢屢向臣下求諫言，奈何都得不到回應。當時朝政受長孫無忌把持，高宗處處受制，而官員們若非加入長孫集團的陣營，就是保持沉默不插手；高宗處在如此政治環境之下，苦無改善的方式，常透過各種理由下詔命臣僚言朝政得失，就是希望有人能率先「揭竿起義」，讓他得以借題發揮。孟憲實在《唐高宗的真相》中，對永徽政治、高宗與長孫無忌的矛盾有精彩的描述。詳見：孟憲實，《唐高宗的真相》（北京：北京大學出版社，2008），頁39～95。另可見：黃永年，〈說永徽六年廢立皇后事真相〉，收入氏著，《唐代史事考釋》（臺北：聯經出版社，1998），頁75～92。

〔註105〕《唐會要》，卷36，〈修撰〉，頁657。

〔註106〕（日）渡邊信一郎，〈「臣軌」小論——唐代前半期國家のとイデオロギー——〉，收入氏著，《中國古代國家の思想構造》（東京：校倉書房，1994），頁309～310。

〔註107〕渡邊信一郎指出，《臣軌》蘊含的君臣關係，藉由列入科舉考試的項目中，成為官員資格的要件。參見：（日）渡邊信一郎，〈「臣軌」小論——唐代前半期國家のとイデオロギー——〉，《中國古代國家の思想構造》，頁300。

〔註108〕唐中期後，二月一日中和節有百官進農書（《兆人本業》）的傳統，文宗大和

　　筆記小說另記述武后掌權、革命之時，利用朝集使的事件。《朝野僉載》：「則天時，調貓兒與鸚鵡同器食，命御史彭先覺監，遍示百官及天下考使。傳看未遍，貓兒飢，遂齧殺鸚鵡以餐之，則天甚愧。武者國姓，殆不祥之徵也」。〔註109〕貓鳥同籠，相處和平，實屬奇事，然當中藏有武后的心機。張鷟之所以云「武者國姓，不祥之徵也」，是因貓之別名為「狸」，音同「李」，暗喻李姓，鸚鵡代指武姓。〔註110〕《資治通鑑‧唐紀》載，聖曆元年（698）時，武后曾夢到一隻雙翅折翼的鸚鵡，狄人傑曰：「武者，陛下之姓，兩翼，二子也。陛下起二子，則兩翼振矣」。〔註111〕武則天此舉，看似是讓臣僚共賞異事，實則欲證明女性掌權並非不可能之事；在她的統治之下，貓鳥能同籠無事，可見其順天承德，此事可增加武氏掌權的正當性。天下出現祥瑞時，帝王獲報總是特別高興，認為這是自身有德的徵兆。起初，貓鳥同籠共處，武后可藉此宣示自身統治可打破生物間相處的原則與人們的印象，殊不料鸚鵡最終還是難逃貓掌，此事亦暗喻武氏掌權終不長久。〔註112〕

　　另《大唐新語》曾載武后初革命時，網羅天下人才，各地應制者達萬人。武后親至洛陽城南門臨試。張說對策為天下第一，武后以「近古以來未有甲科」，將張說評為二等，後看了張說警句「昔三監亂常，有司既糾之以猛；今

二年（828）二月二十四日敕：「李絳所進則天太后刪定兆人本業三卷，宜令所在州縣寫本，散配鄉村」。參見：（日）中村裕一，《中國古代の年中行事（第一卷：春）》（東京：汲古書院，2009），頁304。《舊唐書》，卷17，〈文宗本紀〉「大和二年」，頁528。

〔註109〕（唐）張鷟，趙守儼點校，《朝野僉載》（北京：中華書局，1997），卷5，頁117。同事亦見《資治通鑑》，卷205，〈唐紀〉，「武后長壽元年（692）」條，頁6484。

〔註110〕李小榮，〈政治、宗教與文學──閻朝隱《鸚鵡貓兒篇》發覆〉，《福建師範大學學報（哲學社會科學版）》，2013年5期（福州，2013.09），頁68。

〔註111〕《資治通鑑》，卷206，〈唐紀〉，「武后聖曆元年」條，頁6526。

〔註112〕閻朝隱《鸚鵡貓兒篇》記載了與《朝野僉載》情節相似但結局相反的故事，《鸚鵡貓兒篇》中鸚鵡與貓和平相處，李小榮分析閻朝隱此詩作於聖曆二年初賜太子為武姓時，閻詩近指長壽元年「調貓兒與鸚鵡同器食」，遠指李顯在嗣聖元年（684）被廢一事，閻朝隱此詩意在告誡太子要恪守臣子之職。李永分析「調貓兒與鸚鵡同器食」背後不僅有武后尋求政權合法性的因素，更重要的是蘊含武氏晚年致力調和李、武二姓的期望，貓在武則天的瑞識體系中同時能代表李氏、武氏，故武則天調和貓兒與鸚鵡的另一考量是李武能夠和平共處。參見：李小榮，〈政治、宗教與文學──閻朝隱《鸚鵡貓兒篇》發覆〉，頁65～72。李永，〈貓與鸚鵡：武則天時期的動物、宗教與政治〉，《宗教學研究》，2019年2期（成都，2019.06），頁128～135。

四罪咸服，陛下宜計之以寬」，拜其為太子校書，並將張說所寫的策本班示朝集使與蕃客，彰顯大唐得到賢才，以及武后求賢若渴、寬宏大量的風範。〔註113〕武則天從掌權到稱帝，在各種場合中處處展現其統治權力的正當性。在朝集使面前演出各齣戲碼，主要是讓各州代表接受她的掌政及行使皇帝之權，獲得地方官的支持後，再透過他們向百姓宣傳，一步步擴展武氏掌權的合理性。

唐代前期的政治，在武后為政、改唐為周時，曾因武后排除異己，實行恐怖統治而造成人心惶惶。中宗於神龍元年（705）復位之後，將國號改回唐，把武周時改易的宗廟社稷、服色、官名等制皆改回永淳之前的舊制；並大赦天下，另詔九品以上官及朝集使言朝政得失。〔註114〕中宗恢復舊制，大赦天下，安撫因權力轉移而造成的政治、社會動盪；本次廣開言路的對象擴大，不僅是朝集使，九品以上官皆可言朝政得失，展現皇帝廣納百川的形象。

中宗從龍椅上被趕下台，流落外地十五年，從不愁吃穿到終日擔心受怕；當他再次回到京城，雖然重新掌權，但多年前的經驗、十數年來的生活，皆令中宗心中不安。中宗首要確立此次復位順利穩當，進而重建人脈、勢力，故九品以上的官員即有發言權，可向皇帝諫言。諫言對象的範圍比以往更大，藉此拉攏以往不被重視的中下層官員；朝集使在其中的角色，顯示皇帝重視天下諸州的長官，不獨厚京官。

高宗、武后、中宗，唐代三位帝王在掌政初期、權力尚未穩固之時，都利用朝集使每年進京之時，加以籠絡、表示重視。皇帝體認到朝集使與皇權的關係，若是得到了身為外州長官的朝集使支持，採取以地方包圍中央的策略，可更加鞏固權位，扭轉劣勢。

2. 君王賞善罰惡

皇帝不僅在甫登基或政權不穩時特別召見朝集使，拉近君臣間的距離、鞏固皇權，有時亦利用某些特殊事件，向朝集使們展示天家威嚴，此種情況常發生在賞罰大臣之時。朝集使身為地方官，自然需要符合國家對於官員的規範與期待，當某些官員表現優異，或是悖離統治者的託付之時，皇帝會特別進行賞罰，在此種場合下，朝集使的列席有特殊的涵義。隋煬帝大業五

〔註113〕（唐）劉肅，許德楠、李鼎霞點校，《大唐新語》（北京：中華書局，1997），卷8，〈文章〉，頁127。
〔註114〕《舊唐書》，卷7，〈中宗本紀〉，「神龍元年」，頁136～137。

年（609），郡國畢集之時，弘化太守柳儉、涿郡丞郭絢、潁川郡丞敬肅等三人因考績優異，蒙煬帝賞賜，特令天下朝集使將布帛送至郡邸，彰表天下。〔註115〕煬帝特別表揚優異者，還令諸郡朝集使一同將賜物送至郡邸的舉動，一方面是展現對柳儉等人的特別優賞，另一方面是藉此讓同為地方長官的朝集使能夠仿效。

唐睿宗景雲元年（710），宦官閻興貴有事干求於長安縣令李朝隱，李朝隱將之繫於獄中；睿宗得知後召見李朝隱曰：「卿為赤縣令，能如此，朕復何憂！」之後睿宗御承天門，集合百官與諸州朝集使，宣示李朝隱所為，並下制：「宦官遇寬柔之代，必弄威權。朕覽前載，每所歎息。能副朕意，實在斯人，可加一階為太中大夫，賜中上考及絹百匹」〔註116〕睿宗稱宦官遇寬柔之人，必展弄威權，此為前代歷史所示。李朝隱能不畏宦官權勢，拒絕請託，嚴加法辦，實符合睿宗想打擊宦官之意。睿宗命百官臣寮、諸州朝集使集合，特別宣佈李朝隱抑宦官之事，並加階賜物，給予李朝隱榮譽感，更期望能藉由此種宣示，讓百官效仿。

以上是皇帝褒獎大臣的情況，若遇官員貪贓枉法，皇帝也會集合朝集使，在眾臣面前懲戒罪犯，以儆效尤。貞觀十九年（645），滄州刺史席辯坐贓污，二月二日，太宗詔朝集使臨觀而戮之。〔註117〕咸亨二年（671），婺州司馬秦懷恪坐贓，高宗「特令朝堂斬之」，並召集百官與朝集使宣敕曰：

> 王者，統天理物，莫不先安百姓。百姓安者，止在庶寮。朕所以每精簡岳牧及諸州上佐，自非至誠清白，景行循良者，不輒畀此職。庶其各申智效，以裨政道。秦懷恪法司抵罪，但合處流。朕以刑政之典，須越常憲，豈不知哀敬折獄，情恤哀矜。但以殺止惡，義在懲肅。又以刑人於市，與眾棄之，故對公等加其顯戮。但法者，國之權衡，時之準繩也。權衡所以定輕重，準繩所以正曲直也。罪惡難容者，雖小必刑。情狀可原者，雖大必宥。此乃彝典，非故濫誅。
> 公等諸人，當識朕意，足為殷鑒，各宜勉之。〔註118〕

臣子貪贓枉法一向是歷來統治者罪深惡痛絕的，法律亦嚴明規範期禁絕之。

〔註115〕《隋書》，卷73，〈循吏傳〉「柳儉」，頁1683～1684。
〔註116〕《資治通鑑》，卷210，〈唐紀〉「睿宗景雲元年宦官閻興貴」條，頁6659。
〔註117〕《資治通鑑》，卷197，〈唐紀〉「太宗貞觀十九年滄州刺史席辯坐贓污」條，頁6216。
〔註118〕《冊府元龜》，卷152，〈帝王部・明罰〉，頁1841。

地方官是皇帝委託治理各地的代表者，地方的安靖、政教、民生皆仰賴各地長官維持，而吏治的好壞在很大程度上影響地方百姓，當地方長官犯贓違法時，人民過著痛苦不堪的生活，並有違皇帝的託付。此外，天高皇帝遠，若地方官違法亂紀，造成民不聊生，中央很難在第一時間立即處置，故皇帝希望能防微杜漸，若發現不法情事就火速處理，嚴懲不怠。高宗認為秦懷恪罪不至死，合處流刑，但最終不顧法律規定加重其刑，是因「以殺止惡，義在懲肅」，期望透過嚴刑峻法遏止貪污發生。當官員犯贓，吏治不清明時，將會影響帝國的運行與治理，太宗特別召集朝集使觀看席辯被戮，高宗加重秦懷恪之刑，並於朝堂斬之，〔註119〕無非都是殺雞儆猴，讓在場者有所警惕，期望百官與朝集使們能以此為鑑，莫以身試法。

3. 下情上達

朝集使為地方長官，上奏的內容與立場基本上反映地方政治與人民情況。皇帝無法隨時出巡至各地，就透過接見身為各州代表的朝集使來瞭解地方概況與百姓疾苦。《唐會要・待制官》紀錄玄宗先天三年十月五日勅：「京清官及朝集使六品已上，每日兩人隨仗待制供奉」。〔註120〕這也就是德宗於建中元年（780）十一月時，「初令待制官外，更引朝集使二人，訪以時政得失，遠人疾苦」之因。〔註121〕唐朝前後期幾位皇帝都在即位時召見朝集使，要求他們盡陳朝政得失，意圖改善前朝缺失，塑造新皇帝、新天下、新氣象的氣氛，並藉此展現皇權，打造廣納諫言、苦民所苦的形象。

史書中除了記載皇帝命朝集使言朝政得失外，亦會向朝集使詢問地方治理情形，觀察其是否勤政愛民。《太平御覽・職官部》記載太宗召朝集使刺史以上，升殿親問之：「卿等在州，何以撫教？」定州刺史薛獻對曰：「老者，國家所養，臣每存恤之；少者，國家所使，臣每勸誡之。田疇荒廢，漸加墾闢。禮義既行，產業咸振。此皆稟之，聖化非臣之力」，太宗曰：「如公之所奏，足

〔註119〕王德權撰文討論隋唐官人犯贓決杖於朝堂一事，指出朝堂的公開儀式有宣示百官周知、傳遞政治訊息的目的。詳參：王德權，〈決杖於朝堂——隋唐皇帝與官僚群體互動的一幕〉，《唐研究》，21（北京，2015.12），頁163～202。

〔註120〕按先天此年號只有二年，《唐會要》「先天三年」恐為「先天二年」之誤。《新唐書・百官志》記為：「先天末，又命朝集使六品以上二人，隨仗待制。」參見：《唐會要》，卷26，〈待制官〉，頁507。《新唐書》，卷47，〈百官志〉，頁1213。

〔註121〕《資治通鑑》，卷226，〈唐紀〉，「德宗建中元年十一月」條，頁7274。

稱循良，清淨為政。朕所望於公等也」。〔註122〕太宗仔細詢問薛獻在州如何施政撫教，薛獻的回答也很令太宗滿意。唐太宗一向注重外官於地方的治理，還曾在屏風上寫下都督、刺史之名，方便生活起居時隨時觀看，若某官政績優良，亦書於其名之下。對此，太宗曾云：「朕居深宮之中，視聽不能及遠，所委者惟都督、刺史，此輩實理亂所繫，尤須得人」。〔註123〕帝國疆域廣大，地方的治理皆需仰賴都督、刺史，皇帝欲知此輩有無恪盡職守，除了遣使巡行以外，親自詢問觀察也是一個辦法。玄宗開元十一年（723）時，接見剛到京城的諸州朝集使云：

> 卿等遠來，並平安好，今歲收穫何如？去年百姓之間，有何疾疢？
> 鰥寡惸獨，及行人之家，若為優恤，使得存濟。卿等初到，且歸休
> 息。數日之後，與有司計事以聞。〔註124〕

玄宗問各地朝集使今年收穫如何？地方上有無疾病？另叮嚀對當地鰥寡孤獨的民眾務必給予照料。最後命剛到京城的朝集使稍事休息，數日後再至相關單位報到。依《唐六典》的規定，朝集使要在十月二十五日到京，十一月一日戶部禮見，玄宗接見諸州朝集使的時間，很有可能是在當年的十月二十五日到三十日之間。諸州朝集使才到京不久，玄宗立即接見，便詢問當地農穫、疾病、需額外照料的弱勢人民情形，這些情況又是朝集使所攜帶的計簿上未記載的，皇帝藉此檢驗當州長官這一年來的行政情形。

　　皇帝召見朝集使詢問地方事宜，反映著君王對地方民政的關心，以及刺史在地方扮演的角色。太宗云：「雖文武百僚，各有所司。然治人之本，莫如刺史最重也」，〔註125〕馬周亦曾對太宗上疏：「臨天下者，以人為本。欲令百姓安樂，唯在刺史、縣令。縣令既眾，不能皆賢，若每州得良刺史，則合境蘇息。天下刺史悉稱聖意，則陛下端拱巖廊之上，百姓不慮不安」。〔註126〕此外，陳子昂也說：「刺史、縣令，政教之首。陛下布德澤，下詔書，必待刺史、縣令謹宣而奉行之。不得其人，則委棄有司，掛牆屋耳，百姓安得

〔註122〕 （宋）李昉等編，《太平御覽》（臺北：臺灣商務印書館，1975），卷258，〈職官部・良刺史〉，頁1338。

〔註123〕 （唐）吳兢，《貞觀政要》（臺北：黎明文化，1990），卷3，〈論擇官〉，頁74～75。

〔註124〕 《冊府元龜》，卷58〈帝王部・勤政〉，頁649。

〔註125〕 《唐會要》，卷68，〈刺史〉，頁1197。

〔註126〕 《舊唐書》，卷74，〈馬周傳〉，頁2618。

知之？」〔註 127〕唐前期的君臣都意識到刺史在地方治理上的重要性，刺史傳遞皇帝旨意、施行政教，是地方安靖與否的關鍵，故刺史的人選就非常重要，「一州得才刺史，十萬戶賴其福；得不才刺史，十萬戶受其困。國家興衰，在此職也」。〔註 128〕既然地方首長的影響如此重大，中央在選擇刺史、縣令的過程中要特別謹慎。唐前期一直有重內官輕外官的現象，人才大多留在中央，外派至地方的官員素質參差不一，這就是馬周所云：

> 今朝廷獨重內官，縣令、刺史，頗輕其選。刺史多是武夫勳人，或京官不稱職，方始外出。而折衝果毅之內，身材強者，先入為中郎將，其次始補州任。邊遠之處，用人更輕，其材堪宰莅，以德行見稱擢者，十不能一。所以百姓未安，殆由於此。〔註 129〕

馬周指出朝廷重內輕外，刺史多是由較次等的人選充任，在地方治理上能有多大的建樹，令人懷疑。地方官雖離京城、皇帝遙遠，但地方的安靖實關係到帝國的穩定，唐代君臣也明瞭這點，故在前引史料中，屢屢提及地方官的重要性，期待他們能好好治理地方。因此，皇帝才會在每年朝集使進京時，傳喚詢問地方之事。

皇帝召見朝集使言事，有些朝集使會趁此機會揭發不法情事，反而成為正規之外的申訴管道。高祖之子滕王李元嬰自恃皇親國戚，歷洪州都督、滁州、壽州刺史，幾乎每任都有違法之事；任隆州刺史時，錄事參軍裴聿諫其失，元嬰不但不收斂，反而捽辱裴聿，裴聿「入計具奏」，受高宗獎賞，「遷聿六品上階」。〔註 130〕此外，開元七年（719），玄宗御紫宸殿時，朝集使魏州長史敬讓、辰州長史周利貞皆欲奏事。左臺御史翟璋監殿廷，讓周利貞先言，而敬讓因其父敬暉為周利貞所害，不勝憤恨，遂越次上奏，向玄宗揭發周利貞與武三思共同陷害其父敬暉之仇。翟璋彈劾敬讓不遵守朝會禮法，未待監引即言，玄宗以敬讓訴其父枉，其情可矜，然朝儀亦須維護，最後判敬讓罰祿一季，以示懲戒，周利貞貶為邕州長史。〔註 131〕

〔註 127〕《新唐書》，卷 107，〈陳子昂傳〉，頁 4071。
〔註 128〕《新唐書》，卷 107，〈陳子昂傳〉，頁 4071。
〔註 129〕《舊唐書》，卷 74，〈馬周傳〉，頁 2618。
〔註 130〕早在裴聿上告高宗之前，滕王元嬰於金州刺史任內，就「頗縱驕逸‧動作無度」，高宗於上元三年（676）下旨約束，敕曰：「朕以王骨肉至親，不能致王於理。今書王下下考，以愧王心」。參見：《新唐書》，卷 79，〈高祖諸子傳〉，「滕王元嬰」，頁 3560。《唐會要》，卷 81，〈考上〉，頁 1501。
〔註 131〕《唐會要》，卷 62，〈御史臺〉「知班」，頁 1085。

　　皇帝召見朝集使時，除了詢問各地情形與時政之外，還會問及各地風俗。前引《唐會要‧諸侯入朝》貞觀元年梁州都督竇軌請入朝一事，太宗云：「君臣共事，情猶父子。外官久不入朝，情或疑懼，朕亦須數見之，問以人間風俗」。〔註132〕貞觀初年任御史太夫的溫彥博，因善於宣吐，故每朝集使入朝，由其詔問四方風俗。〔註133〕唐代皇帝常遣使問地方風俗，或有蕃使來，也會詢其該地風俗，風俗除了指當地的風土民情、地方習慣以外，可能也包涵地方的政治、民生等概況。不管是朝集使或四方蕃使，皇帝詢問風俗不只出於一種獵奇、玩賞的心態，當中也夾雜了統治的目的，掌握各地的風土民情，即是對該地進行資訊的調查、理解，資訊掌握力越強，對統有該地越有利；對外蕃風俗的詢問，也是對該地進行資訊的更新與理解。初唐時皇帝會向朝集使詢問風俗，應是當時朝集制度尚未定型，朝廷雖領有四方，然對於各地的掌握度不一，才會藉由詢問朝集使各地風俗以進行資訊蒐集的工作。日後朝集制度運行穩定後，皇帝就少問朝集使風俗之事，各地風俗或可由州圖經補充。

　　唐前期正州有三百多個，每次進京的正州朝集使就有三百多人，皇帝是否能夠一一召見、仔細垂詢？就本節所引史料看來，皇帝召見朝集使有集體性與個別性兩種：在團體集合的大殿中，大部分是宣敕、作通則性的談話，或者是針對朝臣賞善罰惡，希望百官能「見賢思齊，見不賢而內自省」；個別性的情況就如高宗的「自是日引刺史十人入閣」，或如玄宗「京清官及朝集使六品以上，每日兩人隨仗待制供奉」、德宗「初令待制官外，更引朝集使二人，訪以時政得失，遠人之苦」。皇帝單獨接見朝集使，對朝廷而言是做到下情上達；對朝集使來說，能近距離接觸到天子，比起其他不曾見過天顏的人來說，二者的地位就有高下之別，也能鞏固其在地方上的威望。

4. 參與決策

　　朝集使身為一州長官，其行政經驗也是朝廷時常借重之處，故有國家大事或重大政策的制定時，皇帝會傾聽朝集使的意見，評估政策是否可行。隋文帝時，天下戶口增加，京輔及三河一帶因地少人稠，糧食不足；當年冬天，文帝

〔註132〕《唐會要》，卷24，〈諸侯入朝〉，頁458～459。
〔註133〕《舊唐書》與《冊府元龜》對於此段史料的記載稍異，《舊唐書》：「每奉使入朝，詔問四方風俗」，《冊府元龜》：「每考使入朝，詔問四方風俗」。參見：《舊唐書》，卷61，〈溫彥博傳〉，頁2361。《冊府元龜》，卷467，〈臺省部‧宣贊〉，頁5563。

即命諸州朝集使商議，又令尚書以此事策問四方貢士。〔註134〕裴耀卿在開元十八年（730）以宣州刺史任朝集使，玄宗詢問漕運一事。裴耀卿指出，江南的物資運送洛陽，沿途水運不易、耗費時日，常在年初將租庸送出，到了八九月物資才到洛陽，之後又因漕路乾淺，船隻狹小，走走停停，運送不易。從江南到洛陽，可說「停滯日多，得行日少」，除此之外，「粮食既皆不足，折欠因此而生。又江南百姓，不習河水，皆轉僱河師水手，更為損費」。裴耀卿建議在中途諸點設置糧倉，使「江南船不入黃河」、「黃河不入漕洛」，以分段運輸的方式，「水通則隨近運轉，不通則且納在倉，不滯遠船，不憂欠耗，比於曠年長運，利便一倍有餘」。〔註135〕當時玄宗未予採納，開元二十一年（733）京師大雨，穀價攀升，玄宗本要至東都洛陽辦公，時任京兆尹的裴耀卿再度上書改善漕運與物資運送的方法——轉般法。漕運在裴耀卿與日後韋堅的建議下，洛陽不再成為物資轉運站，可一路直抵關中，結束了唐前期帝王就食東都的情況，玄宗可安穩居於長安，不必再長安洛陽兩頭跑。〔註136〕

玄宗時期另一次重大國策的實行，朝集使亦參與其中。開元二十四年（736）三月，戶部尚書同中書門下三品李林甫欲改變以往的財政紀錄方式，「租庸、丁防、和糴、雜支、春綵、稅草諸色旨符，承前每年一造，據州府及諸司計，紙當五十萬張，仍差百司鈔寫，事甚勞煩」，諸色項目因條目繁多、耗費紙張，又因無定額、檢驗不便，不肖者易從中舞弊。李林甫與朝集、採訪使商議「有不穩便於人、非當土所出者，隨意沿革，務從允便，即人知定准，政有常文，編成五卷，以為長行旨符。省事司每年但據應支物數，進書頒行，每州不過一兩紙，仍附驛送」。〔註137〕朝集使參與國策討論，不僅是借重朝集使身為地方長官的行政經驗，使其評估該方針是否合宜，降低制度與實行面的扞格；另一方面，也是讓朝集使在返回各州時傳遞朝廷新頒訂的制度，並帶頭實行，提高實踐性。〔註138〕

〔註134〕《隋書》，卷24，〈食貨志〉，頁682。

〔註135〕（唐）杜佑，王文錦等點校，《通典》（北京：中華書局，1988），卷10，〈食貨典〉，「漕運‧大唐」，頁221。

〔註136〕全漢昇，〈唐宋帝國與運河〉，收入氏著，《中國經濟史研究（上）》（板橋：稻鄉出版社，2003），頁296～305。

〔註137〕《通典》，卷23，〈職官典〉，「尚書戶部‧度支郎中員外郎」，頁637。

〔註138〕《新唐書‧食貨志》：「為長行旨，以授朝集使及送旨符使，歲有所支，進盡附驛以達，每州不過二紙」。參見：《新唐書》，卷51，〈食貨志〉，「租庸調法」，頁1345～1346。

　　唐代官方借重朝集使的地方行政經驗，不僅與其商議國策，玄宗還曾命數位朝集使任十銓試人。開元十三年（725），玄宗認為吏部選試不公，選期又逼近，宇文融奏請設置十銓試人，分別為禮部尚書蘇頲、刑部尚書韋抗、工部尚書盧從愿、右常侍徐堅、御史中丞宇文融、朝集使：蒲州刺史崔琳、魏州刺史崔沔、荊州長史韋虛心、鄭州刺史賈曾、懷州刺史王丘共十人，每人掌一銓。十銓試人的設置，在於補三銓的不足，〔註 139〕希望藉由吏部以外多位官員的參與，加速選試的速度，降低弊病產生。十銓試人後因侵奪吏部權力，「雖有吏部尚書及侍郎，皆不得參其事。議者皆以陛下曲受讒言，不信於有司也」，違反百官各司其職的倫理，左庶子吳兢上表請求廢止，只實行一年就停止。〔註 140〕

　　唐朝前期信息傳遞的管道中，朝集使屬相當重要的一環，其所傳遞的資訊，可分為有形與無形兩種。有形的是各種簿冊，如考簿、刑獄、捉錢品子名簿、官畜私馬官船帳、僧尼身死還俗帳等；無形的是朝集使所云的政見、風俗、地方情形，皆為刺史、都督回報地方治理的概況。在考課和刑獄當中，刺史都是作為一種初步判斷，第二階段要由中央決定、執行，因此把考簿送吏部，刑獄送刑部，由主管單位進行裁決。唐代官方在正稅以外，運用官方放貸的方式補充國家財源。捉錢品子因以品子身分捉錢，只要能在期限內將利錢收足，官方就會特別給予優待獎賞，故將其名冊上報朝廷處理。官畜、官船屬於官方財產，其中又牽涉國家軍事與運輸層面，官畜官船帳的申報，是讓國家瞭解每年官物的動態與使用情形。

　　朝集使除了肩負訊息傳遞的責任，入京時履受皇帝召見。皇帝召見朝集使的場合中，可分為例行性與非例行性兩種。例行的是詢問地方情形，此係皇帝身在禁中，無法即時知曉各州之事，也因地方治理與帝國安穩相關，唐代君臣莫不重視。又因朝集使的行政經驗，國家在制定重大政策時，也會徵詢朝集使的意見，以期日後政策推行順利。在資訊傳遞上，朝集使將地方資訊與官員治理情形向上彙報，朝廷在接收這些信息之後，加以消化、整理、建檔，作為國家施政的考量，並加強中央對地方的掌控。較特別的是非例行性召見，通常是皇帝懷有特殊目的，期望在該場合下傳遞某種信息給朝集使，

〔註 139〕《舊唐書‧職官志》：「尚書、侍郎，分為三銓 。」，注曰：「尚書為尚書銓，侍郎二人分為中銓、東銓也」。參見：《舊唐書》，卷 43，〈職官志〉「尚書都省‧吏部」，頁 1818。

〔註 140〕《通典》，卷 15，〈選舉典〉，「歷代制‧大唐」，頁 364～365。

諸如對大臣的賞罰，或者展現政治性目的。

第二節　朝集使的禮儀職能

　　朝集使的命名，取其赴京朝集，參加元會之意。〔註141〕因此，朝集使不僅是傳遞情報資訊的使者，本身的政治意涵也相當強烈。元會是君臣關係重新締造的場合，〔註142〕朝集使以地方代表參與，諸州貢士與貢物的陳列，皆有地方臣服的意味，因此，朝集使攜帶進京的事物中，簿冊是行政需求，貢士與貢物是政治（禮儀）需求。

　　禮儀不僅是規範個人行為準則的標準，亦是歷代君王維持國家統治的方式之一，唐律的精神是「禮主刑輔」，亦可看出禮對於國家的重要性。朝集使最為人所知的禮儀職能是參與元會，在京期間亦須出席各項國家祭祀與禮儀活動，觀察《大唐開元禮》與史籍中朝集使所參加的禮儀活動，可探索這些禮儀在政治上的意涵，以及朝集使居中的角色。

一、貢物與貢士

　　唐代取士的方法，大致可分為歲舉和制舉兩種，歲舉屬常科，每年舉行；制舉是天子臨時選集有才能者的考試。舉子的來源依管道差異而有不同的稱呼，由中央和地方各學館，如國子監、四門學、崇文館、弘文館等，經過規定的學業考試，選拔送到尚書省者，稱為生徒；若是不經學館者，則為鄉貢。〔註143〕《唐摭言‧統序科第》紀錄武德四年（621）四月一日敕：「諸州學士，及早有明經及秀才、俊士、進士，明于理體，為鄉里所稱者，委本縣考試，州

〔註141〕《資治通鑑‧陳紀》「高宗太建十三年（581）」記載房恭懿任德州司馬時，政績良好受文帝賞識，文帝並於諸州朝集使面前稱讚房氏，對此，胡三省注曰：「隋志：每元會，諸州悉遣使赴京師朝集，謂之朝集使」。另《資治通鑑‧隋紀》「煬帝大業十二年（616）」條：「春，正月，朝集使不至者二十餘郡」，注曰：「漢儀：正旦大朝會，諸郡計吏皆觀。隋之朝集使，亦此類也。」參照：參見：《資治通鑑》，卷175，〈陳紀〉「高宗宣皇帝太建十三年（581）冬十月壬辰，新豐令房恭懿」條，頁5448；卷183，〈隋紀〉「煬帝大業十二年春正月」條，頁5702。

〔註142〕（日）渡邊信一郎，周長山譯，〈元會的建構——中國古代帝國的朝政與禮儀〉，收入（日）溝口雄三、小島毅主編，《中國的思維世界》（南京：江蘇人民出版社，2006），頁363。

〔註143〕《新唐書》，卷44，〈選舉志〉，頁1161。

長重覆，取其合格。每年十月，隨物入貢。斯我唐貢士之始也」。〔註144〕鄉貢先在縣考試，選取合格者送至州府，州府考試勝出者會同生徒一起參加中央考試。〔註145〕各州府向朝廷貢舉的人士，不僅要通過學業考試，亦要符合德性上的要求，「方正清循，名行相副」；若是貢舉人「德性無聞，妄相推薦」，或是「才勘利用，蔽而不舉者」，地方官會被科「貢舉非其人」罪。〔註146〕至於各地貢士的人數，大體上沿襲隋朝舊制，上州三人，中州二人，下州一人，有才能者不受此限。〔註147〕

　　地方貢舉在前往京師赴試之前，州府會舉行鄉飲酒禮，設宴歡送。〔註148〕《通典·選舉典》：「每歲仲冬，郡縣館監課試其成者，長吏會屬僚，設賓主，陳俎豆，備管絃，牲用少牢，行鄉飲酒禮，歌鹿鳴之詩，徵耆艾、敘少長而觀焉。既餞，而與計偕。」。〔註149〕《通典》云仲冬舉行鄉飲酒禮，就時間而言過晚，何況舉子在餞別禮後就要「與計偕」，〔註150〕和朝集使一同上京；《唐摭言》的「每年十月，隨物入貢」，應是指每年十月到京，和貢物一起呈給朝廷。〔註151〕《唐六典》「兵部員外郎」條：「若州、府歲貢，皆孟冬隨朝集使

〔註144〕（五代）王定保撰，黃壽成點校，《唐摭言》（西安：三秦出版社，2011）卷1，「統序科第」，頁1。

〔註145〕傅璇琮，《唐代科舉與文學》（陝西：陝西人民出版社，2003），頁43。

〔註146〕《唐律疏議》，卷9，〈職制律〉「貢舉非其人」條（總92），頁183。

〔註147〕《通典》，卷15，〈選舉典〉，「歷代制·大唐」，頁353。

〔註148〕先秦時的鄉飲酒禮源自氏族成員的同居共食的習慣，其基本功能為「明長幼之序」與「賓賢能」。到了隋代，隋文帝時開始在中央國子監與地方州郡縣的學校中舉行鄉飲酒禮，故隋朝的鄉飲酒禮就已與貢士制度有關連。唐初的鄉飲酒禮兼有尚齒與尚賢的功用，皇帝會依當時的需求，各有側重，如太宗與睿宗關注在社會秩序的穩定，因此著重「尚齒」，高宗、武后時大興科舉，士子受到關注，故重在「尚賢」，有學者認為鄉飲酒禮與貢舉制度的結合應該是在這個時期。玄宗時，正齒位禮已從鄉飲酒禮中分離出來，鄉飲酒禮是在中央與地方施行，正齒位禮則在縣舉行。參見：游自勇，〈漢唐時期「鄉飲酒」禮制化考論〉，《漢學研究》，22：2（臺北，2004.12），頁245～266。隋唐的鄉飲酒禮建置的過程和實行的細節，可參：高明士，〈論隋唐學禮中的鄉飲酒禮〉，收入氏著，《中國中古禮律綜論續編：禮教與法制》（臺北：元照，2020），頁46～68。

〔註149〕《通典》，卷15，〈選舉典〉，「歷代制·大唐」，頁353。

〔註150〕貢士與朝集使的關係，亦可見《唐摭言·鄉貢》：「鄉貢里選，盛於中古乎！今之所稱，蓋本同而末異也。今之解送，則古之上計也」。參見：《唐摭言》，卷1，「鄉貢」，頁10。

〔註151〕傅璇琮考察唐代詩人的文集，唐人設宴歡送舉子的時間都在十月之前，可證明《通典》所記的仲冬有誤。參見：傅璇琮，《唐代科舉與文學》，頁51。

以至省」，〔註152〕即是指貢舉人在孟冬（十月）到尚書省一事。

　　諸州貢士跟隨朝集使來到京城後，需到戶部集閱，繳納各州府發給舉子的推薦證明，此即「文解」，以及記載舉子籍貫與三代的「家狀」，〔註153〕還得「結款通保及所居」，〔註154〕由舉子們互保並寫明在長安的居住地。之後再依文、武貢之別，分至吏部與兵部報到。按武德舊制，貢士是由吏部的考功郎中監試貢舉，貞觀以後改由考功員外郎負責，〔註155〕但到開元二十四年（736）後，改由禮部侍郎知貢舉，考試遂由禮部主持。〔註156〕唐代的武舉在武后長安二年（702）創立，〔註157〕凡是應舉之人知兵法善謀略、有勇技具才藝，平射、筒射合格者，皆可舉之。〔註158〕武舉的考核屬兵部員外郎的職掌，後改由兵部侍郎專責。〔註159〕開元五年（717），各地的貢舉人在戶部集閱，十一月一日朝見皇帝後，需至國子監謁先師，舉行謁廟禮。〔註160〕謁

〔註152〕《唐六典》，卷 5，頁 160。

〔註153〕詳細分析可見傅璇琮，《唐代科舉與文學》，頁 78～80。

〔註154〕《新唐書》，卷 44，〈選舉志〉，頁 1161。

〔註155〕《通典》，卷 15，〈選舉典〉，「歷代制・大唐」，頁 353。

〔註156〕據李肇《國史補》：「開元二十四年，考功郎中李昂為士子所輕詆，天子以郎署權輕，移職禮部，始置貢院」。參見：（唐）李肇，《新校國史補》（臺北：世界書局，1962），卷下，頁 56。

〔註157〕武則天創制武舉之因，沈既濟、李泌皆云武后時承平日久，天下久不用兵，府兵衰弱。武后恐人忘戰，故置武舉。然而，高宗武后時唐朝外患不斷，府兵逃亡、戰力衰退，才是府兵制崩壞，創制武舉知因。參見：高明士，《隋唐貢舉制度》（臺北：文津出版社，1999），頁 190～192。

〔註158〕《唐六典》：「平射，注云：『謂善能令矢發平直。十發五中，五居其次為上第；三中，七居其次為下第。』筒射，注云：『謂善及遠而中。十發四中，六居其次為上第；三中，七居其次為下第；不及此者為不第。』」參見：《唐六典》，卷 5，頁 160。另外，《新唐書・選舉志》記載武舉的考試制度比較詳細：「其制，有長垛、馬射、步射、平射、筒射，又有馬槍、翹關、負重、身材之選。翹關，長丈七尺，徑三寸半，凡十舉後，手持關距，出處無過一尺，負重者，負米五斛，行二十步，皆為中第。」參見：《新唐書》，卷 44，〈選舉志〉，頁 1170。

〔註159〕《唐會要・尚書省諸司》「兵部侍郎」：「開元二十六年十一月十四日敕：所設武舉，以求材實，仕進之漸，期為根本，取舍之閒，尤宜審慎。比來所試，但委郎官，品位既卑，焉稱其事。自今以後，應武舉人等，宜令侍郎專知。」武舉的改變應是受到文舉的影響，既然文舉由考功員外郎轉至禮部侍郎主持，武舉亦隨之改易，由兵部員外郎轉至兵部侍郎專知。參見：《唐會要》，卷 59，〈尚書省諸司〉「兵部侍郎」，頁 1030。高明士，《隋唐貢舉制度》，頁 176。

〔註160〕高明士，《隋唐貢舉制度》，頁 128。

廟禮是由學官開講、質問疑義，並令所司準備飲食，當日朝請官五品以上與朝集使皆前往觀禮。〔註161〕這項儀式中，參與的朝臣皆是中高級官員，甚至「宰輔以下皆會而觀焉」。〔註162〕中央官的列席表示對舉子的重視，而朝集使身為地方代表，又是將貢舉人由地方送至中央的使者，在貢舉人的謁廟禮中出席自有其必要性。

由於貢士是州長官提拔選任，與貢物一同隨朝集使入京，在元會中接受皇帝接見，被視為各府州向中央貢獻的人才。〔註163〕唐初元會中，貢舉子的地位似乎不高，因諸州貢物可陳列在御前，但貢舉人只能在朝堂拜列。對此，左拾遺劉承慶於武后長壽二年（693）上疏：「孝廉秀異，既充歲貢，宜列王庭。豈得金帛羽毛，升於玉階之下；賢良文學，棄彼金門之外？」他認為這是「貴財而賤義，重物而輕人」，建議貢舉人在元會引見時，列席於方物之前。〔註164〕至此貢舉人在元會的地位才得以改善。

元會中諸州貢獻的貢物，也是由朝集使負責運送。《資治通鑑·唐紀》「貞觀十七年（643）」條：「先是，諸州長官或上佐歲首親奉貢物入京師，謂之朝集使」。〔註165〕唐代前期的貢物可分為七種：每年常貢、雜貢、別索貢、訪求貢、折造貢、額外獻、絕域貢。〔註166〕每年常貢是《唐六典》、《通典》、《元和郡縣圖志》、《新唐書·地理志》等書所記載的諸州土貢。〔註167〕

朝廷規定朝集使上繳的貢物，皆需為當地所出。《天聖令·賦役令》「貢獻」條：

> 諸朝集使赴京貢獻，皆盡當土所出。其金銀、珠玉、犀象、龜貝，

〔註161〕《冊府元龜》，卷181，〈帝王部·崇儒術〉，頁559。
〔註162〕《通典》，卷15，〈選舉典〉，「歷代制·大唐」，頁357。
〔註163〕傅璇琮，《唐代科舉與文學》，頁83。
〔註164〕《唐會要》，卷76，〈貢舉〉「緣舉雜錄」，頁1383～1384。
〔註165〕《資治通鑑》，卷197，〈唐紀·太宗貞觀十七年〉條，頁6205。
〔註166〕因常貢無法滿足帝室需求，才出現了雜貢、別索貢、訪求貢、折造貢等其他形式的貢獻。參見：李錦繡，《唐代財政史稿（第二冊）》（北京：社會科學文獻出版社，2007），頁189～198。
〔註167〕唐代的貢物種類繁多，朝集使所納的僅是常貢下的元正貢，李錦繡由納貢人員的角度出發，將朝集使視為納貢官的一種。其他擔任納貢官的人員，額外獻及別索貢由某物官或進某物使輸納，進物官使為縣尉或縣主簿，其地位相當於運送租庸調物的副綱。進物官使的出現反映了額外獻的發展及固定，進貢官使的複雜身分，反映了唐貢獻類型的複雜。參見：李錦繡，《唐代財政史稿（第二冊）》，頁189、201～202。

> 凡諸珍異之屬；皮革、羽毛、銀、鋼、羅、紬、綾、絲、絹、絺、
> 布之類，漆、蜜、香、藥及畫色所須，諸是服食器翫之物，皆準絹
> 為價，多不得過五十匹，少不得減二十匹。通以雜附及官物市充。
> 無，則用正倉。其所送之物，但令無損壞穢惡而已。不得過事修理，
> 以致勞費。〔註168〕

朝集使上貢之物，有珍貴的金屬物品、有皮革布疋、也有漆、蜜、香、藥以及
供作畫顏料等「服食器翫之物」，除了要「當土所出」以外，還需「準絹為價」，
不得多於五十匹，也不得少於二十匹。〔註169〕諸州上貢之物可以雜附物與官
物市充，若無，則用正倉所藏之物。對於貢物的品質，令文僅要求「無損壞穢
惡」即可，以免徒增勞費。《天聖令・倉庫令》「贓贖輸送」條也提及雜附物與
朝集使的關係：

> 諸贓贖及雜附物等，年別附庸調車送輸。若多給官物，須雇腳者，
> 還以此物迴充雇運。其金銀、鋼石等，附朝集使送。物有故破、不
> 任用者，長官對檢有實，除毀。在京者，每季終一送。皆申尚書省，
> 隨至下納。〔註170〕

此條旨在論述各地的贓贖物、雜附物的運輸事宜，一般物品皆由庸調車輸送，
金銀、鋼石等少數貴重金屬委由朝集使送至京。鋼石可作為官員的飾品，〔註
171〕亦被民間用來製作佛像。〔註172〕據李錦繡考證，雜附物即雜附徵、雜徵，
是為了貢獻雜物而增設的一種徵斂。〔註173〕金銀、鋼石等交由朝集使運送的

〔註168〕天一閣博物館，中國社會科學院歷史研究所天聖令整理課題組校證，《天一
　　　　閣藏明鈔本天聖令校證：附唐令復原研究》，〈賦役令〉唐令27，頁275。

〔註169〕《通典》只云：「准絹為價，不得過五十疋」，未如《天聖令》將價值下限列出。
　　　　參見：《通典》，卷6，〈食貨典〉，「賦稅・大唐・天下諸郡每年常貢」，頁112。

〔註170〕天一閣博物館，中國社會科學院歷史研究所天聖令整理課題組校證，《天一
　　　　閣藏明鈔本天聖令校證：附唐令復原研究》，〈倉庫令〉唐令19，頁286。

〔註171〕鋼石即為黃銅。《舊唐書・輿服志》記載武德四年八月之制：「六品、七品飾
　　　　銀。八品、九品鋼石。流外及庶人服紬、絁、布，其色通用黃，飾用銅鐵」。
　　　　參見：《舊唐書》，卷45，〈輿服志〉，頁1952。

〔註172〕《舊唐書・武宗本紀》紀錄會昌五年（845）中書上奏：「天下廢寺，銅像、
　　　　鐘磬委鹽鐵使鑄錢，其鐵像委本州鑄為農器，金、銀、鋼石等像銷付度支。
　　　　衣冠士庶之家所有金、銀、銅、鐵之像，敕出後限一月納官，如違，委鹽鐵
　　　　使依禁銅法處分。其土、木、石等像合留寺內依舊。」參見：《舊唐書》，卷
　　　　18，〈武宗本紀〉，頁605。

〔註173〕李錦繡，〈唐開元二十五年《倉庫令》研究〉，《唐研究》，12（北京，2006.12），
　　　　頁25。

理由，與其為價值貴重的貢獻物有關。

　　唐代法令中規定諸州貢獻之物需為當地特產，即謂「當土所出」、「任土作貢」，其概念可上溯至春秋以前，諸侯向天子納貢物表臣屬之意。〔註174〕《國語・魯語》〈孔丘論楛矢〉：「昔武王克商，通道于九夷、百蠻，使各以其方賄來貢，使無忘職業」，注曰：「方賄，各以所居之方所出貨賄為貢也」。〔註175〕因貢物若非當地所產，就失去了納貢的意義。漢代元會中，諸州與外蕃向朝廷貢獻貢物，則是基於此。班固〈兩都賦〉：「是日也，天子受四海之圖籍，膺萬國之貢珍，內撫諸夏，外接百蠻。乃盛禮樂供帳，置乎雲龍之庭，陳百僚而贊羣后，究皇儀而展帝容。於是庭實千品，旨酒萬鍾，列金罍，班玉觴，嘉珍御，大牢饗。」庭實，唐李賢注曰：「庭實，貢獻之物也。左傳孟獻子曰：『臣聞聘而獻物，於是有庭實旅百』」。〔註176〕在元會上向皇帝獻上貢物，代表諸州、外族與皇帝間政治從屬關係的再形成，〔註177〕諸州貢獻物對唐朝中央來說意義深遠，陳列在元會中，不論是皇帝，還是在場的臣官百僚皆可清楚看到皇權直接支配統治的地域有多廣大；〔註178〕但其經濟價值並沒有想像中來得高，因「所貢至薄，其物易供」，對州的負擔也不會太大。〔註179〕每州總價值不得超過五十匹絹價的貢獻物，在國家收入下所佔的比例微乎其微，〔註180〕故其象徵意涵大於經濟價值。

　　朝廷對於各州上貢物品有金額上的限定，此乃希望各地統一，勿出現地方上納貢物物值差距太大的情形；另外，透過法律的規範，也可避免各州長官為了投上所好、彼此競爭，準備價值過高的財物貢獻，造成地方上的負擔。貞觀二年（628）時，太宗就對朝集使們說：「任土作貢，布在前典，當州所

〔註174〕 （日）渡邊信一郎，〈帝國の構造——元會儀禮と帝國的秩序〉，收入氏著，《天空の玉座——中國古代帝國の朝政と儀禮》（東京：柏書房，1996），頁207～211。

〔註175〕 上海師範大學古籍整理組校點，《國語》（上海：上海古籍出版社，1978），卷5，〈魯語〉，「孔丘論楛矢」，頁215。

〔註176〕 （南朝宋）范曄，《後漢書》（北京：中華書局，1973），卷40，〈班彪列傳〉，頁1364。

〔註177〕 （日）渡邊信一郎，〈帝國の構造——元會儀禮と帝國的秩序〉，頁237。

〔註178〕 （日）大津透，〈課役制と差科制〉，收入氏著，《日唐律令制の財政構造》（東京：岩波書店，2006），頁184。

〔註179〕 《通典》，卷6，〈食貨典〉，頁112。

〔註180〕 （日）渡邊信一郎，〈帝國の構造——元會儀禮と帝國的秩序〉，頁242～243。

產,則充庭實。比聞都督刺史,邀射聲名,厥土所賦,或嫌其不善,踰意外求,更相倣効,遂以成俗,極為勞擾。宜改此弊。不得更然」。〔註181〕朝集使攜帶當地特有的特產貢品,〔註182〕陳列在元會上,有些地方長官為了求取名聲,另外尋找精美之物代替本州所產貢物,此種行為造成其他朝集使仿效,甚至成為一種慣例,失去了原本地方上貢的原意,因此唐太宗下令禁絕。《貞觀政要》記載之事,很可能就是日後唐令在各州貢物價格上設限的原因。造成唐初朝集使可「踰意外求」的原因,與朝廷寬鬆的態度也有關。《唐六典‧戶部郎中員外郎》:「凡天下十道,任土所出而為貢賦之差」,小注:「其物產經不盡載,並具下注。舊額貢獻,多非土物。或本處不產,而外處市供;或當土所宜,緣無額遂止。開元二十五年(737),敕令中書門下對朝集使隨便條革,以為定準,故備存焉」。〔註183〕從《唐六典》的記載,從唐初到開元年間,各地貢獻非當土所出的比例極高,甚至還需要到別地購買,相當不便。到了開元二十五年,由中書門下與朝集使們商議後才改善。由此觀之,朝集使每年送至中央的貢物,既要「當土所出」,又在準絹價二十疋到五十疋之間的規範,是到開元二十五年後才能落實。唐朝前期到開元年間可能皆如《貞觀政要》、《唐六典》所載,各地貢賦價值不一,有些並非當地所產,而需外求。

二、禮儀參與

　　朝集使比起其他使職特出之處,在於其參與國家多項禮儀活動。《大唐開元禮》中,〔註184〕朝集使參與的活動可大致分為三類,一是國家祭典,如封禪、祀圜丘、拜太廟、拜陵等。二是與皇室相關的禮儀,如皇帝、皇后、皇太子元正冬至受群臣朝賀,皇帝與皇太子加元服、納皇后、冊命皇太子、皇太子納妃。三是朝集使與群官相見、辭別的禮儀。以下將分別敘述朝集使

〔註181〕《貞觀政要》,卷8,〈論貢賦〉,頁218。
〔註182〕李錦繡指出,貢賦的最基層單位其實是縣,州的厥貢(常貢)是以縣為基礎的總括。參見:李錦繡,《唐代財政史稿(第二冊)》,頁199。
〔註183〕《唐六典》,卷3,頁64。
〔註184〕關於《大唐開元禮》的制作、行用問題,可參:張文昌,《唐代禮典的編纂與傳承:以《大唐開元禮》為中心》,永和:花木蘭出版社,2008。吳麗娛,〈營造盛世:《大唐開元禮》的撰作緣起〉,《中國史研究》,2005年3期(北京,2005.08),頁73~94。劉安志,〈關於《大唐開元禮》的性質及行用問題〉,《中國史研究》,2005年3期(北京,2005.08),頁95~117。

在各場合中扮演的角色與意義。

1. 國家祭祀

唐代的國家祭祀中，可分為大祀、中祀、小祀。〔註185〕大祀祭拜的對象是昊天上帝、五方上帝、皇地祇、神州與宗廟，中祀是社稷、日月星辰、先代帝王、岳鎮海瀆、帝社、先蠶、釋奠，至於司中、司命、風伯、雨師、諸星、山林川澤之屬為小祀。〔註186〕大祀中的昊天上帝是宇宙的主宰者，五方上帝是基於五行思想，在天的五方：東、西、南、北、中各自對應的天神。皇地祇是相對昊天上帝的地神；神州是「國之所託」，是中國全境分為九州中的一州，算是一種地神。〔註187〕在這些祭祀當中，皇帝對天地的祭祀是最為重要的，其次是對祖先宗廟的祭祀，〔註188〕在重視天道與孝道的傳統下，大祀中的南郊祭天（昊天上帝）、拜宗廟與政權的關係最深。〔註189〕

朝集使參加的國家祭祀，有冬至祀圜丘、正月上辛祈穀於圜丘、孟春吉亥享先農耕籍、祭祀太廟與陵寢、封禪、立春祀青帝於東郊、讀時令等禮儀，

〔註185〕 唐代國家祭祀的活動非常多，《新唐書‧禮樂志》在介紹唐代大祀、中祀、小祀各自祭祀的對象時曾云：「天子親祠者二十有四。三歲一祫，五歲一禘，當其歲則舉。其餘二十有二，一歲之間不能遍舉，則有司攝事。其非常祀者，有時而行之。而皇后、皇太子歲行事者各一，其餘皆有司行事」。由於祭祀對象繁多，為了兼顧眾神的祭祀與國家祭祀的順利運作，便以有司攝事解決問題。大祀的禮儀基本上由皇帝親祭，《大唐開元禮‧凡例‧奠獻》：「凡郊廟之禮，帝社以上皆皇帝親行事，有故則使公卿攝祭，皆行三獻之禮。」但實際上，除非有特殊因素，皇帝才會親祭，大部分的情況都是有司攝事。既然皇帝親祭非常態，那皇帝親祭的時機及背後的意涵就相當重要，對皇帝而言，祭天與謁宗廟代表了權力的承繼與穩固，因此即位時的親祭是意義非凡的。金子修一考察了唐前期君王在即位外的親郊與謁廟，皆與政治因素相關。參見：《新唐書》，卷11，〈禮樂志〉「五禮‧吉禮」，頁310。（唐）王涇，（日）池田溫解題，《大唐開元禮‧附大唐郊祀錄》（東京：古典研究院發行，汲古書院發賣，1972），卷2，〈凡例中〉「奠獻」，頁741。（日）金子修一，《古代中國と皇帝祭祀》（東京：汲古書院，2001），第七章〈唐代皇帝祭祀の二つの事例〉，頁223～237。

〔註186〕 《舊唐書》，卷21，〈禮儀志〉，頁819。

〔註187〕 《舊唐書‧禮儀志》：「神州者國之所託，餘八州則義不相及。近代通祭九州，今除八州等八座，唯祭皇地祇及神州，以正祀典」。參見：《舊唐書》，卷21，〈禮儀志〉，頁817。

〔註188〕 （日）金子修一，《中國古代皇帝祭祀の研究》（東京：岩波書院，2006），序章〈皇帝支配と皇帝祭祀——唐代の大祀‧中祀‧小祀を手がかりに〉，頁1～3。

〔註189〕 （日）金子修一，《古代中國と皇帝祭祀》，頁12。

皆和皇權密切相關。

歷代皇帝對祭天如此慎重，因皇帝自認為天子，《唐律疏議‧賊盜律》「謀反大逆」條（總 248）《疏》議中的一段話，闡明了皇帝與天的關係，「人君者，與天地合德，與日月齊明，上祇寶命，下臨率土」。〔註 190〕皇帝上承天命，下統萬民，秦漢以來的王權論到唐代得以法制化，由國家律法規範保護。〔註 191〕天子的權力是由天所賦予，而得到權力的契機是德，有德者才能擁有天下，若失去德，天命就會移轉給新的有德者，進行王朝更替。天子為了證明其與德之間的關係，會舉行祭天儀式，實現宇宙、天地、人類社會的和諧，並祈禱生命永續。〔註 192〕南郊祭天背後的天命思想，常為統治者借用、重視，因此比起北郊祭地，歷代君王親郊祭天的次數多過北郊。〔註 193〕

君王親郊祭天的時機，一是在王朝更替時，新王朝的建立者常會舉行祭天儀式，證明其受天命並宣告政權的正統性；二是在前代皇帝過世後，繼位者向天報告新帝即位，透過祭天儀式展現天命的繼承。玄宗因即位後遲遲未親郊，張九齡上書提醒：

> 伏以天者，百神之君，而王者之所由受命也。自古繼統之主，必有郊配之義，蓋以敬天命以報所受。故於郊之義，則不以德澤未洽，年穀不登，凡事之故，而闕其禮。〔註 194〕

王者受命於天，登基之後必須要親自祭天，向天報告自己承天命得到皇位。玄宗以德澤未被、年穀不豐之故不郊，是不合禮義的。皇帝權力的來源除了來自上天外，身為王朝的繼承皇帝，他權力的正統性是來自其先祖——王朝的建國者或祖靈，因此，透過宗廟祭祀，祭拜創業先祖與繼承的父祖，可確認自己的權力來源。〔註 195〕貞觀十七年（643）太宗廢太子承乾，於太廟謝罪曰：「臣上蒙穹昊明命，中賴宗社餘祉，自惟不德，濫承寶位，既乏元首之

〔註 190〕《唐律疏議》，卷 17，〈賊盜律〉「謀反大逆」條，頁 321。

〔註 191〕唐律中還有許多皇權具體法制化的內容，詳見：高明士，〈唐律中的皇權〉，收入《中國古代社會研究》編委會主編，《中國古代社會研究——慶祝韓國磐先生八十華誕紀念論文集》（廈門：廈門大學出版社，1998），頁 28。

〔註 192〕（日）渡邊信一郎，徐沖譯，《中國古代的王權與天下秩序：從日中比較史的角度出發》（北京：中華書局，2008），頁 129～130。

〔註 193〕（日）金子修一，《古代中國と皇帝祭祀》，頁 41～42。

〔註 194〕《舊唐書》，卷 99，〈張九齡傳〉，頁 3097。

〔註 195〕（日）渡邊信一郎，徐沖譯，《中國古代的王權與天下秩序：從日中比較史的角度出發》，頁 129～130。

能，實乖教子之道」。〔註196〕當中呈現天命、先祖的權力觀，說明皇權除了出自天命之外，〔註197〕還有先祖。既然皇帝的權力來源是天與先祖，能約束皇帝與皇權的也是天命與祖訓，〔註198〕因此祭祀活動不僅是為了感念、取得權力的合法性與承繼性，也是透過儀式維持權力來源，祈求天子位的穩定性。

當政權發生轉移變動之時，皇帝會謁太廟、祭天，謁廟是向祖宗報告，祭天是向上天報告，皇帝的權力來自天與祖先，故圜丘與宗廟是歷代皇帝所重視的祭祀。冬至祀圜丘的禮儀，全體官員都要參加，朝集使當時在京，亦會參與。在禮儀位次的排列上，是按著文武官、朝集使、蕃客的順序排列，朝集使與蕃客各依所在州蕃位置的不同，分別列於文、武官之後。〔註199〕這點在宗廟祭祀時亦同。〔註200〕祭天與祭宗廟是國家最重要的禮儀，〔註201〕皇帝對天和祖先的祭祀，表達崇敬與謙遜，身後領著百官的場面，可從祭祀對象和引領對象兩個層面來理解。首先是向官員展現其權力源自上天的正當性，另一面是向祭祀對象：上天與祖先展示其在人間的統治力；皇帝身後的官員，在京是諸司，也就是中央各機關代表，在外是朝集使，顯現帝國領土的廣袤，

〔註196〕《冊府元龜》，卷175，〈帝王部・罪己〉，頁2111。

〔註197〕本文中使用的皇權，指的是皇帝的權力，他不僅是法律的根源，也是法的最終裁斷者。他一方面是世俗的，同時也超越世俗。在中國傳統社會中，皇帝既是「君」，也是「父」。此觀點承蒙陳登武老師提示，特此致謝。

〔註198〕高明士，〈唐律中的皇權〉，頁31、36。

〔註199〕（唐）蕭嵩等撰，（日）池田溫解題，《大唐開元禮》（東京：古典研究院發行，汲古書院發賣，1972），卷4，〈吉禮・皇帝冬至祀圜丘〉，頁36～37。

〔註200〕《大唐開元禮》，卷37，〈吉禮・皇帝時享於太廟〉，頁203～204。

〔註201〕在《開元禮》中，皇帝祭祀天地鬼神自稱「天子臣某」，面對宗廟祖靈稱「皇帝臣某」，此種稱呼的差異，不僅是「天子號」與「皇帝號」在場所使用上的差別，其中還有一個問題，即皇帝對於血緣相連的先祖為何要稱臣？自秦漢帝國建立後，形成了「天下一家」的局面。王朝的創始者接受天命成立新王朝，其子孫便能延續天命而即皇帝位。但是，這種私天下的作法違背了儒家天下為公的價值，因此在傳位的過程中，透過現任皇帝冊命有德有能者繼位，來解決這個矛盾。由於從繼承而來的皇帝位是「公位」，傳位亦屬「公」的方式進行，前後任君王締造了君臣關係，此正是皇帝祭祀宗廟時稱臣的原因。所以，宗廟祭祀就不只是皇帝個人對家族祖先的祭拜，若僅以私家禮祭拜，將遭致臣下非議。如魏文帝即位後，將都城自鄴城遷至洛陽，「營造宮室，而不起宗廟，太祖神主猶在鄴。嘗於建始殿饗祭如家人之禮，終黃初不復還鄴，而圜丘、方澤、南北郊、社、稷等神位，未有定所。此簡宗廟，廢祭祀之罰也。」參見：（日）尾形勇，張鶴泉譯，《中國古代的「家」與國家》（北京：中華書局，2011），頁162、218～230。

蕃使則是皇帝德化四夷、萬邦來朝的象徵。此外，朝集使身為王朝的官員，在權力結構上，上受皇帝統治，下代表皇帝統治地方，接受王朝的統治思想，等於是皇帝權力的分支，參與這兩項禮儀有其必要性。

祭天對於皇帝統治的重要性相當高，皇帝祭天的次數與時間也就不僅只在冬至祀圜丘。自漢武帝以來，歷代帝王常在正月上辛日南郊圜丘，祭昊天上帝。〔註202〕武德七年定令時，規定「孟春辛日，祈穀，祀感帝於南郊，以元帝配」〔註203〕，《顯慶禮》是祀昊天上帝於圜丘以祈穀；〔註204〕到了《大唐開元禮》於此日祈穀祀昊天上帝於圜丘，以高祖皇帝配，又在圜丘壇座第一等祀五方帝。〔註205〕可見在唐代，正月上辛日要祭祀的對象有昊天上帝、王朝創建者與五方上帝。祈穀雖與農事相關，但主要是為了祭天，此傳統是自古流傳而來。《禮記‧月令》：「是月也，天子乃以元日，祈穀於上帝」，〔註206〕《毛詩‧周頌》「臣工之什‧噫嘻」：「噫嘻，春夏祈穀于上帝也」。《毛詩注疏》引《正義》曰：

> 噫嘻詩者，春夏祈穀於上帝之樂歌也。謂周公、成王之時，春郊夏雩，以禱求膏雨而成其穀實，為此祭於上帝。詩人述其事而作此歌焉。經陳播種耕田之事，是重穀為之祈禱，戒民使勤農業，故作者因其禱祭而述其農事。〔註207〕

春郊夏雩是祈求風調雨順，農作物順利生長，將其收成祭於上帝，帶有濃厚的獻祭色彩。至於祭祀五方帝的理由，「夫五帝者，五行之精。五行者，九穀之宗也」。《大唐開元禮》融合了《武德令》、《貞觀禮》與《顯慶禮》，共祀昊天上帝與五方帝。〔註208〕

〔註202〕《通典》，〈禮典〉，卷42，「沿革‧吉禮‧郊天上」，頁1170～1180。
〔註203〕《通典》，〈禮典〉，卷43，「沿革‧吉禮‧郊天下」，頁1192。
〔註204〕《舊唐書》，卷21，〈禮儀志〉，頁835。
〔註205〕《大唐開元禮》，卷1，〈序例上‧神位〉，頁14。關於《大唐開元禮》中的祭天儀式和觀念，詳參：甘懷真，〈《大唐開元禮》中的天神觀〉，收入氏著，《皇權、禮儀與經典詮釋：中國古代政治史研究》（臺北：臺大出版中心，2004），頁183～205。
〔註206〕（漢）鄭玄注，（唐）孔穎達疏，十三經注疏整理委員會整理，《禮記正義》（北京：北京大學出版社，2000），卷14，〈月令〉，頁539。
〔註207〕（漢）毛亨傳，（漢）鄭玄箋，（唐）孔穎達疏，十三經注疏整理委員會整理，《毛詩正義》（北京：北京大學出版社，2000），卷19，〈周頌〉，「臣工之什‧噫嘻」，頁1548。
〔註208〕《大唐開元禮》，卷1，〈序例上‧神位〉，頁14。

「正月上辛祈穀於圜丘」主要是為了祭祀昊天上帝，雖然也是祈求農事，但宗教性質比較強烈。朝集使參與的另一項祈求農事的禮儀：先農禮，則與百姓民生較接近。《左傳·襄公七年》：「夫郊祀后稷，以祈農事也。是故啟蟄而郊，郊而後耕」。〔註209〕《毛詩·周頌》「臣工之什·噫嘻」《注疏》引《月令》曰：「『孟春元日祈穀於上帝』是即郊天也。後乃擇元辰，天子親載耒耜，躬耕帝籍，是郊而後耕。」〔註210〕故籍田禮是與祈穀互相配合的。農業收成的好壞不僅攸關百姓生計，更影響國家稅收；若是長年歉收，長期的飢荒可能會造成民亂，不管對黎民或是統治者，農業的豐收都是眾人一致祈求的。漢文帝曾下詔：「夫農，天下之本也，其開藉田，朕親率耕，以給宗廟粢盛」。〔註211〕不只活人仰賴穀類過活，祭祀天地、宗廟、眾神之時，也需要穀物作為祭祀品。〔註212〕自漢代起，歷朝君王皆會在春天時舉行親耕籍田的儀式，百官皆在列。

唐前期的君王都曾親耕籍田，也會令有司代為行事。唐代的籍田禮，如同其他禮儀，百官、蕃客皆設席，位次的安排也是按著文武官、朝集使、蕃客的次序排列。皇帝會祭拜后稷與神農，並行親耕的儀式。〔註213〕在耕籍儀式中，朝集使不僅作為大唐的官員而參與此禮，更重要的是，身為地方官，皇帝親耕的示範，向官員表達了對農業的重視，也期望朝集使回到州內能記得此禮的象徵意涵，愛鄉固本，照顧百姓。比起其他列席的中央官與蕃客，先農禮中朝集使的參與更有意義。在朝集使參與的諸項禮儀當中，幾乎都是與皇權、政治相關，只有先農禮和民生最為相近。

大祀之中，除了昊天上帝的祭祀以外，朝集使在五方上帝的青帝祭祀時也列席在側。《禮記·月令》：「立春之日，天子親帥三公、九卿、諸侯大夫以迎春於東郊。還反，賞公卿諸侯大夫於朝」，注曰：「迎春，祭蒼帝靈威仰於東郊之兆也」，〔註214〕《大唐開元禮》「皇帝立春祀青帝於東郊」就是繼

〔註209〕 （周）左丘明傳，（晉）杜預注，（唐）孔穎達正義，十三經注疏整理委員會整理，《春秋左傳正義》（北京：北京大學出版社，2000），卷30，〈襄公五年至九年〉，頁975～976。

〔註210〕 《毛詩正義》，卷19，〈周頌〉，「臣工之什·噫嘻」，頁1549。

〔註211〕 （漢）班固，《漢書》（北京：中華書局，1962），卷4，〈文帝本紀〉，頁117。

〔註212〕 《後漢書》，志4，〈禮儀志〉「耕」，引《漢書儀》，頁3106。

〔註213〕 《大唐開元禮》，卷46，〈吉禮·皇帝孟春吉亥享先農耕籍〉，頁263～269。

〔註214〕 《禮記正義》，卷14，〈月令〉，頁535。

承了此一傳統，立春當日，皇帝、文武百官、朝集使、諸蕃客皆參加此禮，於東郊祭祀青帝。迎氣的精神，表示「人奉承天道，從時訓人之義」。以迎氣的傳統而言，王者要在四立日與季夏土德王日這五天，「各迎其王氣之神於其郊」。〔註215〕然而，朝集使並未參與「立夏祀赤帝」、「季夏祀土日祀黃帝」、「立秋祀白帝」、「立冬祀黑帝」這些儀式，迎春的特殊性何在？姑且不論朝集使在京時間的限制（詳後），筆者以為，可能與春所象徵的意涵有關。春天為四季之始，萬物萌芽綻放，春季也是為農業紮下根基的季節，故春季在四季當中，有重要的意義。唐代皇帝中親祀青郊者，以玄宗為最，〔註216〕開元二十五年十月曾下制曰：「今年每年立春日迎春於東郊，其夏及秋冬如常」。隔年（開元二十六年，738）正月八日，親迎氣於東郊，祀青帝。〔註217〕立春當日，在東郊還會舉行迎日出的儀式，但不見朝集使的身影，且立春朝日，也沒有唐代皇帝親祭的紀錄。〔註218〕由此觀之，朝集使參與的諸多國家祭祀，不僅是與皇權相關，也都是有皇帝行親祭的重要典禮。

　　漢以來，帝王常於每年立春、立夏、大暑、立秋、立冬等五日讀時令。〔註219〕唐代亦承襲此傳統，但僅存其文，不行其事，或是只讀春令。〔註220〕貞觀十四年（640）正月二日，唐太宗詔百官之長於太極殿列坐，聽有司讀春令，〔註221〕限於史書記載，無法確知朝集使是否參與。目前可知朝集使參與讀時令，要到武后時期。聖曆元年（698）正月時，武則天打算在每月一日於明堂行告朔之禮，司禮博士辟閭仁諝上奏反對，並於奏議中提到：「今每歲首元日，於通天宮受朝，讀時令，布政事，京官九品以上、諸州朝集使等咸列於

〔註215〕《通典》，卷42，〈禮典〉，「沿革・吉禮・郊天上」，頁1163～1164。
〔註216〕《舊唐書・王璵傳》：「開元末，玄宗方尊道術，靡神不宗。（王）璵抗疏引古今祀典，請置春壇，祀青帝於國東郊，玄宗甚然之，因遷太常博士、侍御史，充祠祭使」。參見：《舊唐書》，卷130，〈王璵傳〉，頁3617。
〔註217〕《舊唐書》，卷9，〈玄宗本紀〉「開元二十五年」，頁207；「開元二十六年」，頁209。
〔註218〕金子修一考察〈杜嗣先墓誌〉，杜嗣先曾參與長安三年的立春朝日禮，「朝日迎於青郊」，雖為有司攝事，但仍說明此禮曾在唐代實際舉行過。參見：（日）金子修一，〈則天武后與杜嗣先墓誌——與新發現井真成墓誌有關〉，讀書網http://big5.dushu.com/showbook/101725/1058189.html（2011/10/18）本文收入王雙懷，郭紹林主編，《武則天與神都洛陽》。
〔註219〕《晉書》，卷19，〈禮制〉「吉禮」，頁587。
〔註220〕《唐會要》，卷26，〈讀時令〉，頁491。
〔註221〕《唐會要》，卷26，〈讀時令〉，頁491。

庭，此則聽朔之禮畢，而合于周禮、玉藻之文矣」。〔註222〕武后於新建的明堂（通天宮）受元會朝賀，並行古代帝王的讀時令、布政事之禮。武周時代的明堂，既為天子祭祀的場所，又是皇帝的布政之宮，〔註223〕武后興建明堂，在此祭祀、布政，完全透露其政治企圖。告朔也是王權的展現，《周禮・春官宗伯》「大史」：「正歲年以序事，頒之于官府及都鄙，頒告朔于邦國」；〔註224〕讀時令則是為了順應天時，依時令而行，根據傳統天人感應的思想而為之。〔註225〕讀時令與布政之禮一起進行，透過這樣的儀式，武后可將統治方針傳遞給臣下，〔註226〕這兩項是武周時期元會的特殊禮儀，「每至元日，受朝布政，因以時令之禮，附於元日行之」，〔註227〕也是朝集使會參與的原因。後因布政禮不再施行，長安四年（704）司禮少卿崔融上奏請廢讀時令。〔註228〕唐代朝集使參與讀時令，可確定的是在永昌元年（689）至長安四年之間，〔註229〕之後重視讀時令禮的皇帝是玄宗、肅宗等帝，然《大唐開元禮》「讀五時令」未將朝集使列於其中。因此朝集使所參與的讀時令禮，基本上是武后基於政治原因而舉行的儀式。

　　朝集使除了參與太廟中諸位先皇神主牌的祭祀，亦會陪同皇帝前往先皇陵寢祭拜。〔註230〕祭祀太廟與陵寢，對皇帝個人而言，是追思孝親；對天下

〔註222〕　《舊唐書》，卷22，〈禮儀制〉「明堂」，頁868。
〔註223〕　《舊唐書》，卷22，〈禮儀制〉「明堂」，頁864。
〔註224〕　（漢）鄭玄注，（唐）賈公彥疏，十三經注疏整理委員會整理，《周禮注疏》（北京：北京大學出版社，2000），卷26，〈大史〉，頁815～816。
〔註225〕　唐文宗大和八年（834）二月，中書門下奏：「陛下以近歲陰陽不和，水旱為害，恐作事有乖於時令，施教未合於天心。問臣等，讀月令因何停廢？」並引蕭何語：「自天子王侯，有土之君，能法天地、順四時，以理國家，身無禍天，年壽永久，是奉宗廟安天下之大禮也。」最後奏請來年正月，依《開元禮》讀時令。因此，讀時令雖然只是個儀式，但背後傳遞的是順天應時，則萬物皆各歸其位的思想，這對統治者而言是相當重要的。參見：《冊府元龜》，卷564，〈掌禮部・制禮〉，頁6775～6776。
〔註226〕　（日）金子修一，《古代中國と皇帝祭祀》，第八章〈則天武后の明堂の政治的役割〉，頁263。
〔註227〕　《唐會要》，卷26，〈讀時令〉，頁491。
〔註228〕　《唐會要》，卷26，〈讀時令〉，頁491。
〔註229〕　金子修一推測，從永昌元年（689）武后御明堂受朝賀，並布政、頒九條以訓百官時起，基本上每年正月皆會行讀時令之禮。參見：（日）金子修一，《古代中國と皇帝祭祀》，第八章〈則天武后の明堂の政治的役割〉，頁264。
〔註230〕　《大唐開元禮》，卷45，〈吉禮・皇帝拜五陵〉，頁259。

而言，其為皇權的象徵。〔註231〕《唐律疏議‧名例律》「十惡」條（總6條）：「二曰謀大逆」，注曰：「謂謀毀宗廟、山陵及宮闕」，《疏》議曰：「宗者，尊也。廟者，貌也。刻木為主，敬象尊容，置之宮室，以時祭享，故曰『宗廟』。山陵者，古先帝王因山而葬，黃帝葬橋山即其事也。或云，帝王之葬，如山如陵，故曰『山陵』」。〔註232〕拜陵的儀式上，也是依照文武官、朝集使的順序排列。〔註233〕唐代君王謁陵，有貞觀十三年（639）正月一日，太宗朝於獻陵（高祖墓），「七廟子孫，及諸侯百寮、蕃夷君長，皆陪列于司馬門內」。永徽六年（655），正月一日，高宗謁昭陵（太宗墓），文武百官、宗室子孫亦陪位。玄宗在開元十七年（729）十一月十日朝橋陵（睿宗墓），十二日朝定陵（中宗墓）、十三日朝獻陵、十六日朝昭陵、十九日朝乾陵（高宗墓）。〔註234〕

　　若說祭祀南郊與太廟表示皇帝權力受繼的例行性儀式，封禪則更能凸顯天命所歸的思維。自秦始皇封泰山以來，封禪是歷代君王所希冀完成的大業，更是一種受命於天的天子表徵。《冊府元龜‧帝王部》「封禪」：

> 昔齊桓公欲封禪，管仲曰：「古者封泰山，禪梁甫，七十二家皆受命，然後得封禪。」是知王者受昊天之命，居大寶之位，……太平之風，於是乎在。若乃建顯號，施尊名，揚英聲，……以告成功，則必申命有司，發揮大典，刻石紀績，與黃帝比，探策告祥，配天無極。故兒寬謂之帝王之盛節，相如亦曰天下之壯觀，可不謂然乎。〔註235〕

就現實條件而言，能夠登泰山封禪，代表天下太平、四海歸心，要有相當的國力才能達成。封禪背後所代表的思想與功績，可「刻石紀績，與黃帝比」，又是「帝王之盛節，天下之壯觀」，令多少君王嚮往之。但是，封禪並非輕易就能達成，唐太宗曾數度欲封禪，每次皆因不同理由而取消，因此，封禪不僅要國泰民安，風調雨順、天象平和也是相當重要的因素。唐代數次倡議封禪中，朝集使都是提議人，這可能與朝集使身為地方官，深知地方情勢有關，

〔註231〕梁滿倉指出：「宗廟制度具有祭祀先祖以表孝思、尋求祖先神靈庇佑、辨昭穆、序長幼、別尊卑、明貴賤等作用。皇家宗廟制度除了這些作用外，還特別體現了國家政治關係。在血緣宗親外殼下進行國家政治活動，是皇家宗廟制度的特性。」參見：梁滿倉，《魏晉南北朝五禮制度考論》（北京：社會科學文獻出版社，2009），頁230。

〔註232〕《唐律疏議》，卷1，〈名例律〉「十惡」條，頁7。

〔註233〕《大唐開元禮》，卷45，〈吉禮‧皇帝拜五陵〉，頁259。

〔註234〕《唐會要》，卷20，〈親謁陵〉，頁400～401。

〔註235〕《冊府元龜》，卷35，〈帝王部‧封禪〉，頁376。

最能判別現下條件是否適合封禪；此外，朝集使身為地方長官，一州的代表，上請封禪之時可凸顯當地百姓萬眾一心期盼帝王封禪，成為民意的基礎。在中央與地方官員同時請封禪之時，由朝集使提出更具有說服力。

隋文帝開皇九年（589）平陳，當時朝野一致上請封禪，後遭文帝拒絕。〔註236〕十一月時，身為考使的定州刺史豆盧通等人二度上表，文帝仍未答應。〔註237〕另外，兗州刺史薛冑以天下太平為由，再次請文帝封禪，這回文帝終於鬆動，派遣博士登泰山，撰《封禪圖》，文帝仍是謙讓不許。〔註238〕到了開皇十四年（594），封禪之聲又起，在晉王楊廣的帶領下，文帝終於接受，命相關單位起草儀注。該年年底，文帝東巡狩，拜岱山；十五年春，祠太山，如南郊禮，大赦天下。〔註239〕

在唐代，首次提出帝王行封禪在貞觀五年（631），朝集使趙郡王李孝恭以天下統一，四夷蕃長來朝，上表請封禪。太宗以「凋殘未復，田疇多曠，倉廩猶虛，家給人足，尚懷多愧，豈可遽追前代，取譏虛美」婉拒。當年十二月，朝集使利州都督武士彠亦再次請封禪，雖然突厥滅，林邑又貢言鳥，新羅也獻女樂，太宗以「喪亂之後，民物凋殘，憚於勞費，所未遑也」再次拒絕。〔註240〕貞觀十四年（640）十月，趙王元景等再請封禪，〔註241〕這次上請封禪的代表者，史書僅列趙王元景，但百官、朝集使亦參與其中，「謹與連率方牧等，奉表詣闕固請以聞」。太宗也感受到百官的「誠意」，下詔回應：「今公卿在列，屢述虛心，嶽牧具僚，固陳僉願，理在難奪，敬依來請。顧循諸己，仍懷歉德」，〔註242〕詔書中的「嶽牧」即為「岳牧」，指的是各州刺史——朝集使。唐太宗在位期間，一直歷經群臣上請封禪，皇帝婉拒，或是準

〔註236〕《冊府元龜》，卷35，〈帝王部・封禪〉，頁384。

〔註237〕《隋書》，卷2，〈高祖本紀〉「開皇九年」，頁34。

〔註238〕《冊府元龜》，卷35，〈帝王部・封禪〉，頁384。

〔註239〕《隋書》，卷2，〈高祖本紀〉「開皇十五年」，頁39；卷7，〈禮儀志〉「封禪」，頁140。

〔註240〕《冊府元龜》，卷35，〈帝王部・封禪〉，頁384～385。

〔註241〕在此之前，尚有二度封禪不成的紀錄：貞觀六年（632），因唐平突厥，年穀豐登，群臣請封泰山，太宗向禮官詢問兩漢的封禪儀注，後因水災事罷。貞觀十一年（637），群臣因前數次封禪失敗，再度勸進太宗封禪，並議定相關禮儀。國子博士劉伯莊、睦州刺史徐令言等人，各上書言封祀之事。由於封禪禮儀未備，太宗命大臣參議，並將結果附之於禮，以供日後參酌。參見：《舊唐書》，卷23，〈禮儀志・封禪〉，頁881～885。

〔註242〕《冊府元龜》，卷35，〈帝王部・封禪〉，頁386～387。

備泰山行時因天災或星象而停擺。〔註243〕最後一次是在貞觀二十年（646）年底，由司徒長孫無忌帶頭，百官與方嶽（方岳）等上表請封禪，太宗本欲在貞觀二十二年二月封泰山，後因河北數州大水取消。〔註244〕

　　唐太宗等了二十餘年的封禪大典，終於在高宗手上完成。史書記載，高宗即位後，公卿大臣數度請封禪，終於在麟德二年（664）年底成行，並下詔：「其諸州都督刺史，以二年十二月便集嶽下。諸王十月集東都。緣邊州府襟要之處，不在集限。天下諸州，明揚才彥，或銷聲幽藪，或藏器下僚，並隨嶽牧舉送」。〔註245〕高宗將由東都向泰山出發，命諸王於十月時在洛陽集合，諸州朝集使在十二月時直接在泰山下等待皇帝車駕。為避免有心人士趁機作亂，邊州要處仍需有人鎮守，故該地可免朝集。此次封禪是唐代開國以來首次登泰山，終於能承應天命，高宗於詔書中特別叮嚀，諸州若有傑出才彥，或藏於深山的歸隱之士，皆隨朝集使一同至泰山下。此行往泰山的路上，突厥、于闐、波斯、天竺、新羅、百濟、高麗等諸蕃酋長，亦領隨從一同前往，場面十分壯觀。隔年（麟德三年，665）春正月，高宗至泰山，親祀昊天上帝、行封禪之禮，太宗一生的未竟之志，由其子實現。永淳二年（683）七月，高宗下詔，將於該年十月至嵩嶽，命禮官學士等審定儀注，天下岳牧與京官五品以上，各舉所知有孝行、儒學、文武之士。由上述諸例可知，朝集使在皇帝封禪的行動中，不僅是倡議者、參與者，還須薦舉轄內人才。後因河南河北水旱災、朔方侵擾等內憂外患之因，罷了隔年正月封中嶽之舉。〔註246〕

〔註243〕貞觀十五年（641）夏四月時，太宗下詔明年二月至泰山，命公卿諸儒詳定儀注，太常卿韋挺、禮部侍郎令狐德棻為封禪使。但該年六月，因星象之故停封禪，並避正殿思疾。參見：《舊唐書》，卷3，〈太宗本紀〉「貞觀十五年」，頁52～53；卷23，〈禮儀志・封禪〉，頁884。

〔註244〕有論者以為，史書上雖記載太宗因天災罷封禪，實際上現實環境的牽制也是很重要的原因。首先是四夷未完全歸順唐朝，貞觀四年（630）、十五年（641）、二十一年（647），皆因薛延陀的威脅而停封禪，甚至在貞觀十五年時薛延陀的真珠可汗聽聞太宗將封禪，認為皇帝封禪，必有大批軍馬隨從，邊境防備不若以往嚴實，可趁機攻擊思摩。此外，太宗亦對高麗、吐谷渾、高昌、龜茲、焉耆等國放心不下，因此邊境不安，四夷未服也是太宗屢罷封禪的原因之一。另外，泰山所在的山東一帶，歷經隋末動盪，尚未完全恢復以往的人口與繁榮，封禪勞師動眾，將會造成百姓負擔。到了貞觀後期，唐太宗擔心的是在舉辦封禪大典，遠離京城的期間，可能造成權力中心的空虛。參見：何平立，《巡狩與封禪——封建政治的文化軌跡》（濟南：齊魯書社，2002），頁327～330。

〔註245〕《冊府元龜》，卷35，〈帝王部・封禪〉，頁393。

〔註246〕《冊府元龜》，卷35，〈帝王部・封禪〉，頁393～395。

　　由於封禪蘊含濃厚的天命觀，武則天掌權稱帝時自然不會錯過這個印證政權合理性與合法化的儀式。天授二年（690）正月，武則天以太后身分受尊號於萬象神宮，將社稷改置於洛陽神都，納武氏神主於太廟。地官尚書武思文與朝集使兩千八百人上表請封中嶽。〔註 247〕武思文起頭，天下諸州朝集使聚集一同上請封中嶽，由集體的力量來顯現武后的眾望所歸、天命所在。封禪大典是證明王朝的天命、德運與統治合法性的代表，嵩山封禪對武周革命有重大的意義。〔註 248〕在證聖元年（695），武后先遣使祈福，封嵩山為神岳，尊嵩山神為天中王；天冊萬歲二年（696）臘月，終於完成了封嵩大事，並改元萬歲登封。

　　玄宗開元十二年（724），文武百官、朝集使、皇親以及四方文學之士，皆以天下太平、五穀豐登為由，上書請修封禪之禮準備封禪和獻賦頌者，前後共有千餘篇。〔註 249〕玄宗初不受，後在中書令張說的說服之下，決定隔年封禪。在開元十三年（725）四月二十日時，詔「朝集使各奉所部孝悌文武，集於泰山之下」，十一月至泰山時，跟隨的隊伍有文武百官、二王後、孔子後、諸方朝集使，以及蕃夷君長等，聲勢相當浩大。〔註 250〕玄宗並非唐代的開國肇基君王，開元封禪禮強調的是對祖業的繼承與發揚，以及為百姓蒼生祈福。玄宗封禪之舉，除了是滿足帝王受命於天的表徵之外，其中富含深刻的政治動機。首先是為了封禪所準備的禮儀校訂，藉此排除武后時期所改定的諸多

〔註 247〕《資治通鑑》，卷 204，〈唐紀・則天皇后天授二年〉條，頁 6470～6471。

〔註 248〕武后選擇中嶽（嵩山）封禪，有政治、宗教與地理上的依據。在「以中為尊」的觀念下，嵩山為中嶽，地位自然比其他山岳來的高；武則天選擇洛陽為國都，除了是遠離關隴集團另造政治中心外，洛陽位處「天下之中」，水陸交通方便，便於向四方行使王權，也是出於「以中為尊」的考量。其次，相王李旦和太子上表稱賀在嵩山下封禪壇挖掘出圖文石龜的祥瑞之物，此乃天意所示，亦是選擇嵩山為封禪的原因。就武周王朝而言，武氏出於姬姓，周代的天神崇拜就是對嵩嶽的崇拜，周與嵩山的關係密不可分。武則天崇信佛教，在掌權的過程中也利用佛教為號召進行政治活動，嵩山是中國第一處的佛教名山聖地，山中有不少著名的佛寺，選擇嵩山封禪，也可與武則天的佛教立場相呼應。參見：何平立，《巡狩與封禪——封建政治的文化軌跡》，頁 346～356。

〔註 249〕金子修一認為，開元十三年的封禪，其實是奠基於開元十一年玄宗進行相關祭祀的成功之上，也是群臣期待的結果。因此，若將時間點拉長到開元十一年的皇帝祭祀，即可理解為何會有如此眾多的人上請封禪。參見：（日）金子修一，《古代中國と皇帝祭祀》，第七章〈唐代皇帝祭祀の二つの事例〉，頁 237～238。

〔註 250〕《舊唐書》，卷 23，〈禮儀志・封禪〉，頁 891。《冊府元龜》，卷 35，〈帝王部・封禪〉，頁 398。

禮制，如取消武后建議的皇后亞獻，藉此撥亂反正，讓國家大禮改回符合王朝的意識形態，重新確立禮儀儀式與思想的正確性。〔註251〕

　　唐代皇帝封禪的禮儀，記載在《大唐開元禮・皇帝封祀於泰山》中。首先要使有司卜日，並告昊天上帝、太廟、太社，皇帝本人還要齋戒做準備，再命將作大匠於泰山上建祭祀的臺、壇，並做相關的佈置。典禮的陳設上，百官、諸蕃的位次如下：

> 文官從一品以下九品以上於祀官之東，皇親五等以上諸親三等以上於文官之東，東方諸州刺史縣令又於文官之東……介公、酅公於南壇之外道西，東向；諸州使人於介公、酅公之西，東向。諸方之客，東方南方於諸王東南，西向；西方北方於介公、酅公西南，東向：皆以北為上。武官三品以下九品以上於西壇之外道南，北向東上。〔註252〕

禮典雖並未寫明「朝集使」的位置，不過東方諸州刺史就是東方各州的朝集使，此處的「諸州使人」可能指朝集使（關於諸州使人討論，詳下）。〔註253〕在唐代幾次上請封禪的勸進聲浪中，都有朝集使的聲音，而皇帝下令封禪的時間都是朝集使在京的時間，高宗、玄宗封禪時也命朝集使直接於泰山集合，因此朝集使基本上不會缺席封禪大典。百官集合完畢後，會設牲、酒罇祭拜天神，之後再薦玉幣、封祀壇、進熟、燔燎、封玉冊等，即完成封禪禮，皇帝最後會接受群臣的朝覲，百官行拜禮、舞蹈禮，典禮遂告終結。

　　封禪對古代王朝而言，是非常重要的典禮，是向天下展現政權合法性的表徵。然而，並非每個皇帝皆能封禪，唯有開國肇基的君王才有資格行封禪，就算有資格，還需客觀環境與現實因素的配合才能順利進行。朝集使身為諸州長官，熟知各地情況，當他上請封禪時，可視為封禪的條件已成熟，比其他倡議的官員更具客觀性。封禪大典，文武百官、各州朝集使、諸蕃代表等皆參加，展現國家天下一統、萬邦來歸，朝集使作為諸州代表、國家官僚的一份子，其列席有一定的必要性與代表性。

　　以上列舉了《大唐開元禮》中朝集使參與的吉禮，屬於國家祭祀的範疇，

〔註251〕何平立，《巡狩與封禪——封建政治的文化軌跡》，頁357～372。

〔註252〕《大唐開元禮》，卷63，〈吉禮・皇帝封祀於泰山〉，頁330。

〔註253〕吳麗娛指出東方諸州刺史縣令應是禮儀所說皇帝封禪「所經州縣刺史縣令」，禮典記載有諸州使人而無朝集使，此是《開元禮》遵從貞觀、顯慶禮的寫法而未改動。參見：吳麗娛，〈朝集使在郊廟禮儀中的出現——《大唐開元禮》校讀箚記一則〉，《隋唐遼宋金元史論叢》，7（北京，2017.06），頁53～54。

代表了王朝的政治思想與權力來源。國家在行此禮儀時，以皇帝為中心、中央百官、地方朝集使共同展現的國家觀。

2. 皇室禮儀

唐代皇帝在冬至與元正這兩天，會接見群臣，接受大臣們的朝賀，此即《大唐開元禮》中的〈皇帝元正冬至受群臣朝賀並會〉。皇帝在冬至接受臣僚朝賀的原因，與冬至在氣候上所代表的意涵有關：「伏以冬至，一陽始生，萬物潛動，所以自古聖帝明王，皆此日朝萬國，觀雲物，禮之大者，莫逾是時」。〔註254〕冬至的陳設與元正相同，差異在於「皇帝服通天冠，無諸州表奏、祥瑞、貢獻」，〔註255〕諸州表、祥瑞、貢獻，都是要在元會才上呈的物品，可見冬至朝賀的禮儀位階比元日朝賀低。〔註256〕

朝集使參與的諸項禮儀中，最重要的莫過於元會，其所攜的貢物、貢士，皆是為了元會而來。元會在正月一日舉行，元旦因其為歲之始、月之始、日之始，〔註257〕故在此時舉行國家大典，有其特殊意義。〔註258〕唐代元會原

〔註254〕魏晉之時即有皇帝冬至時受萬國及百官稱賀的傳統，其禮儀也是「亞於歲旦」。自初唐以來，冬至日舉行祀圜丘（有司攝事）與受朝賀；到開元七年新修條格，改為冬至前一日受朝賀，冬至當日祀圜丘。對此，中書門下認為若是皇帝親拜南郊，則冬至受賀需改期，既為有司攝事，「理不可移」，上請改正。玄宗於開元八年下敕：「冬至日受朝，永為恆式」。然而，在天寶三載（744）改為冬至隔日受朝，到了德宗建中二年（781）又改回冬至日受朝。參見：（梁）沈約，《宋書》（北京：中華書局，1974），卷14，〈禮志〉，頁345～346。《通典》，卷70，〈禮典〉，「沿革·嘉禮·元正冬至受朝賀」，頁1933～1934。《唐會要》，卷24，〈受朝賀〉，頁457。

〔註255〕《唐六典》，卷4，頁113。

〔註256〕金子修一從《唐六典·殿中省尚衣奉御》觀察皇帝的冕服制度，元日朝賀服袞冕，冬至朝賀服通天冠，亦可看出二者地位的高低。參見：（日）金子修一、（日）小澤勇司，〈唐代後半期的朝賀之禮〉，《唐史論叢》，12（西安，2010.04），頁11。

〔註257〕《漢書·鮑宣傳》：「今日蝕於三始」，如淳注曰：「正月一日為歲之朝，月之朝，日之朝。始猶朝也」。元旦除了有「三始」之稱外，亦有「四始」之名，《史記·天官書》：「四始者，候之日」，《正義》曰：「謂正月旦歲之始，時之始，日之始，月之始，故云『四始』。言以四時之日候歲吉凶也」。參見：（漢）班固，《漢書》（北京：中華書局，1962），卷72，〈鮑宣傳〉，頁3091。（漢）司馬遷，《史記》（北京：中華書局，1959），卷27，〈天官書〉，頁1340。關於元日的其他稱呼，詳見（日）中村裕一，《中國古代の年中行事（第一卷：春）》，頁55～58。

〔註258〕楊希義從外朝聽政的角度來理解冬至與元日的朝賀活動，唐代的外朝聽政除了元日與冬至兩天所進行的節日慶典與朝會活動以外，還有頒布除舊佈新的

本在太極殿舉辦，大明宮落成後改於含元殿舉行。[註259]唐代君王除了在太極殿、含元殿受朝賀外，也有在華清宮、[註260]宣政殿受朝賀之例，[註261]若是在東都洛陽，則在乾元殿舉行。[註262]由於元日是一年之始，象徵吉祥的日子，若遇疾病、[註263]歉收、[註264]內亂、[註265]喪亡、[註266]天象氣候不佳[註267]等因，國家會暫停元會慶賀大典，以示肅穆。

律令格式、立皇太子、皇后、接見外族使者以及百官奏事等重大國事活動，然而所舉活動沒有固定時間，禮儀也比較簡單。參見：楊希義，〈唐代君臣朝參制度初探〉，《唐史論叢》，10（西安，2008.02），頁61～64。

〔註259〕從太極宮到含元殿，不僅僅是唐代國家施政場所的轉移，對於長安城的禮儀空間、城市風貌也產生改變，詳情可見（日）妹尾達彥，黃正建譯，〈唐代長安城的禮儀空間〉，收入（日）溝口雄三、小島毅主編，《中國的思維世界》（南京：江蘇人民出版社，2006），頁483～484。

〔註260〕玄宗天寶九載（750）、十一載（752）、十三載（754）皆在華清宮受朝賀。參見：《冊府元龜》，卷107，〈帝王部・朝會〉，頁1276。

〔註261〕如玄宗天寶十五載（756）、文宗開成元年（836）、宣宗大中六年（852）皆曾在宣政殿受朝賀。《因話錄》記載宣宗大中七年冬，皇帝與左補闕趙璘為隔年（大中八年）朝會地點爭論；中村裕一據此指出若遇飢荒、戰亂等天災人禍時，皇帝會在宣政殿受朝賀以自肅。參見：（日）中村裕一，《中國古代の年中行事（第一卷：春）》，頁116～118。

〔註262〕《通典・禮典》：「自是駕在東都，常以元日冬至於乾元殿受朝賀」。垂拱三年（687），武后毀乾元殿，於其地建明堂，號萬象神宮，後於証聖元年（695）燒毀，在天冊萬歲二年（695）建成，號通天宮，常於此受朝賀。參見：《通典》，卷44，〈禮典〉，「沿革・吉禮・大享明堂」，頁1228。《舊唐書》，卷22，〈禮儀制〉「明堂」，頁862～868。

〔註263〕如穆宗長慶三年（823），因疾不受朝賀；文宗開成五年（840），身體不康不受朝賀。參見：《舊唐書》，卷16，〈穆宗本紀〉，頁502；卷17，〈文宗本紀〉，頁579。

〔註264〕德宗貞元元年（785）十二月下詔：「蝗旱為災，年不順成，人方歉食……其來年（貞元二年，786）正月一日朝賀宜罷」。參見：《冊府元龜》，卷107，〈帝王部・朝會〉，頁1278。

〔註265〕憲宗元和十二年（817），以用兵不受朝賀；穆宗長慶二年（822），以用兵罷元會。參見：《舊唐書》，卷15，〈憲宗本紀〉，頁458；卷16，〈穆宗本紀〉，頁493。

〔註266〕如高宗永徽四年（653），因濮王泰在殯故，不受朝；中宗神龍二年（706），以則天皇后梓宮在殯不朝會；玄宗開元五年（717）、六年（718），因喪制（睿宗崩）不受朝賀；開元十八年（730）十二月，左丞相燕國公張說薨，輟朝五日，廢元日朝會。參見：《舊唐書》，卷4，〈高宗本紀〉，頁71；卷8，〈玄宗本紀〉，頁177～178。《冊府元龜》，卷107，〈帝王部・朝會〉，頁1274。《唐會要》，卷25，〈輟朝〉，頁471。

〔註267〕如高祖武德九年（626）因雨廢朝；德宗貞元六年（790）因元日月食，遂停

　　目前所見詳細的唐代元會儀式記載，存於《大唐開元禮》中，此之前的禮儀比較簡略，《唐會要・受朝賀》記載舊制的元日大陳設禮儀，作者按：「舊儀闕供奉官獻壽禮，但依位次立，禮畢，竟無拜賀」。目前所見的是開元二十五年李林甫革舊儀時，上奏而改行的，冬至朝賀亦然。〔註268〕《大唐開元禮》中的元會儀也分朝賀與會兩個部份，在元會前一日，尚舍奉御、太樂令等先籌備相關用品。當日參與的人員有諸親、文武百官、朝集使與蕃使，排列的順序是「都督、刺史及三品以上，東方南方於文官三品之東……西方北方於武官三品之西……四品以下皆分方位於文武官當品之下。諸州使人分方位於朝集使之下，亦如之」，朝集使之後是諸蕃使，依其國家方位，東方南方列於東方朝集使之東，西方北方於西方朝集使之西。〔註269〕從元會中諸官員參與者的排列次位：京官、地方官、蕃使，當中蘊含了帝國的天下觀。〔註270〕

　　當皇帝進入殿內，通事舍人會引公王以下及諸方客使等就位，全體拜見皇帝，準備朝賀之禮：通事舍人接著引上公一人至御前跪賀、上賀詞，群官、客使再拜；之後宣制：「履新之慶，與公等同之」，宣訖，群官、客使皆再拜，眾人舞蹈三稱萬歲，〔註271〕李嶠作〈為朝集使絳州刺史孔禎等進大酺詩表〉

　　　　　　朝會。參見：《冊府元龜》，卷107，〈帝王部・朝會〉，頁1274、1279。
〔註268〕《唐會要》，卷24，〈受朝賀〉，頁455。
〔註269〕《大唐開元禮》，卷97，〈嘉禮・皇帝元正冬至受群臣朝賀並會〉，頁452～453。
〔註270〕學界對於「天下」的學說討論豐富，渡邊信一郎在《中國古代的王權與天下秩序》的序說〈天下與王朝之名〉中，將各界對於天下相關的學說作一整理概括。渡邊信一郎提出的天下觀，是中國實際統治的空間範圍，即唐帝國的界線，羈縻府州是介於夷狄與中國的中間地帶。高明士指出，傳統中國的「天下」是以中國為中心，包括四夷在內，形成的不對等關係。天下秩序是指中國對外諸國（四夷）所建立的關係。天下秩序的維持，有一定的規則，從而建立有次序的華夷關係。維持這樣的原理原則，為天下法。春秋時期的王者，欲由國（諸侯國）—諸夏—夷狄，由內而外、由進至遠的順序，作為統一天下的高遠目標。不論是《禹貢》五服，或是《周禮》九服，基本上都是由王畿、諸夏、四夷所構成。此天下觀自先秦形成，影響漢唐。隋唐天下秩序的結構，是內臣（中國本土地區）、外臣（羈縻府州地區、有封有貢地區、無封有貢地區）與不臣（兄弟國地區、敵國地區、荒遠地區）構成。參見：（日）渡邊信一郎，徐沖譯，《中國古代的王權與天下秩序：從日中比較史的角度出發》，頁2～37。高明士，《律令與天下法》（臺北：五南圖書，2012），第七章，〈天下秩序與「天下」法〉，頁318～336。
〔註271〕隋代元會中就有「皇帝舉酒，上下舞蹈，三稱萬歲」。隋唐的舞蹈禮，是臣下用身體對皇帝恩惠表達無限歡喜的禮儀，如開元十三年封禪時，有「有慶雲隨馬，祥風繞輅」，中書令張說等舞蹈拜賀。夏國強研究唐代舞蹈禮儀，

曾形容過百官舞蹈的場面：「萬方欣戴，百寮抃舞」。〔註272〕舞蹈結束後再拜。眾臣拜賀完後，將獻上諸州諸蕃的表文、祥瑞、貢獻等物：中書侍郎上諸州鎮表於右延明門外，待中書令奏；給事中上祥瑞於左延明門外，待黃門侍郎奏；戶部將諸州貢物陳於太極門東西廂，待戶部尚書奏；禮部從諸蕃貢物當中，挑選可拿在手上的物品，讓蕃客手持入內，其餘置於朝堂前，待禮部尚書奏。太府接受諸州與諸蕃貢物。到此，朝賀的儀式告一段落。

正式的朝儀結束後，登場的是比較輕鬆的會儀。「朝訖，太樂令設登歌於殿上，引二舞入立於懸南」，〔註273〕尚舍奉御鋪設眾官員的座位，席次排列依然是京官、朝集使、蕃客的順序。會中奏樂、行上壽禮，群官客使拜皇帝、舞蹈稱萬歲，皇帝賜酒食、行酒令，形成一副君臣和合的景象。

唐代的元會與前代相較，有相當大的改變。首先是漢代朝會的主軸：作為再次確認君臣關係儀式的委贄之禮已不存，委贄之禮被取消，古來用以確認君臣關係的儀式消亡，改以舞蹈取代臣服之禮。〔註274〕其次，唐代已不再有上計吏，取而代之的是諸州朝集使，因此也不再有授予上計吏戒敕的儀式。漢以來意義重大的委贄之禮、上計吏戒敕，因歷史進程與社會的轉變紛紛被取消。

唐代元會除了上述的委贄之禮與受戒敕不存外，漢代上計會向中央呈上該地的戶籍與所轄地的地圖，〔註275〕此部份在唐代也不復存在。上呈戶籍與

其源頭可上溯周代樂舞。在開元禮中應用的場合可歸納為朝賀、上壽、宣告三種。當出現祥瑞或帝王顯現德能時，臣子也會以舞蹈表達對帝王的讚揚。參見：（日）渡邊信一郎，周長山譯，〈元會的建構──中國古代帝國的朝政與禮儀〉，頁394～397。《冊府元龜》，卷24，〈帝王部・符瑞〉，頁259。夏國強，〈拜舞長安──唐代元正朝會「舞蹈」禮儀的禮據與內涵〉，《唐研究》，21（北京，2015.12），頁381～398。

〔註272〕（宋）李昉等編，《文苑英華》（北京：中華書局，1966），卷245，李嶠，〈為朝集使絳州刺史孔禎等進大酺詩表〉，頁3161。

〔註273〕《大唐開元禮》，卷97，〈嘉禮・皇帝元正冬至受群臣朝賀並會〉，頁454。

〔註274〕在委贄之禮下，官僚會因身分的高低而獻上不同的贄物，贄的種類反映官僚內部身分秩序的差異。當隋文帝結束漢魏以來的二重君主關係，國家可全面任命官員之時，官員間的身分差異性不再，參加元會的官員每人都跳著一樣的舞步。參見：王德權，〈東京與京都之外──渡邊信一郎的中國古代史研究〉，收入（日）渡邊信一郎，徐沖譯，《中國古代的王權與天下秩序：從日中比較史的角度出發》，頁187。

〔註275〕班固，〈兩都賦〉：「春王三朝，會同漢京。是日也，天子受四海之圖籍，膺萬國之貢珍，內撫諸夏，外接百蠻」。參見：《後漢書》，卷40，〈班彪列傳〉，頁1364。

地圖，一向被視為臣服的代表物；〔註276〕唐代元會中諸州不上戶籍地圖，並不表示地方不臣服或中央不強大，與漢代上計吏由地方幕僚充任相較，唐代的朝集使由地方長官出任，每年進京，已超越了漢代上計吏的層級，凸顯唐帝國中央勢力的強大。〔註277〕其次，唐代政府並非不受圖籍，只是時機不在每年元會大典上。唐代戶籍與地圖皆為三年一造，由計帳使於送省。〔註278〕戶籍代表人民，地圖代表土地，此仍繼承了向皇帝納貢，象徵臣屬的古代禮制觀念。〔註279〕然唐代政府規定州的圖籍定期製造，並送至相關單位收藏時，就不單單只是臣服歸屬而已，定期調查製造圖籍表示此事已制度化，納入帝國正常運行的工作中。正是中央權力強大，才能命令地方，讓戶籍、地圖此等地方基礎調查工作能如期完成。由於漢代地方長官可自辟屬吏，擁有較大的自主性，因此在元會獻上地圖、戶籍、貢賦等物，表示其從屬的必要性比唐代來的高；就這點而言，由於漢代的地方封建，更需要在元會上獻納各種臣屬物。

　　元會結束後，朝集使還需前往東宮拜會太子，參與者有文武百官與朝集使，只有三品以上的官員才能升殿，文武官與朝集使各依方位排列，「朝集使非升殿者，分方各於文武官當品之下；諸州使人分方各於朝集使之下，亦如之」。〔註280〕當皇太子進入殿內，奏承和之樂，群官拜皇太子，之後的活動就是進酒、進食。百官參拜皇太子之禮，與參拜皇帝的元會中所帶有政治性、嚴肅性不同，相比之下較輕鬆，可說是皇太子與百官和合的場合。

　　百官拜賀皇太子之禮，在隋文帝時已有紀載。《隋書‧房陵王勇傳》記載，

〔註276〕 渡邊信一郎論述唐代實際支配的天下範圍時指出：「天下，是唐王朝基於戶籍與地圖而實際支配的領域，是作為被戶籍與地圖所確定的具體個人姓名與地名之集合而存在的」。參見：（日）渡邊信一郎，徐沖譯，《中國古代的王權與天下秩序：從日中比較史的角度出發》，頁24。

〔註277〕 隋唐二代的元會與前朝相較，是朝集使取代上計吏，標示中央集權的強大，統治力可直接支配到地方；與日本相較，日本的朝賀，在中央是以天皇為中心，在地方是以國司為中心的雙軌制，亦可看出唐朝皇帝權力滲透到地方各角落。參見：（日）古瀬奈津子著，高泉益譯，《遣唐使眼中的中國》（臺北：臺灣商務印書館，2005），頁44。

〔註278〕 《唐六典‧職方郎中》：「凡地圖委州府三年一造，與板籍偕上省」。參見：《唐六典》，卷5，頁161～162。

〔註279〕 （日）池田溫著，龔澤銑譯，《中國古代籍帳研究》（北京：中華書局，2007），頁10。

〔註280〕 《大唐開元禮》，卷112，〈嘉禮‧皇太子元正冬至受群臣賀並會〉，頁529。

楊勇為太子時，冬至時內外百官紛紛前去東宮朝賀。隋文帝對此似有不滿，問大臣：「近聞至節，內外百官，相率朝東宮，是何禮也？」太常少卿辛亶對曰：「於東宮是賀，不得言朝」。文帝認為東宮此舉是「殊乖禮制」，下詔禁止：「皇太子雖居上嗣，義兼臣子，而諸方岳牧，正冬朝賀，任土作貢，別上東宮。事非典則，宜悉停斷」。〔註281〕此詔說明隋文帝對太子的看法，雖然是王位接班人，但在義理上也是臣子；既是臣子，就不該如皇帝一般接受元會規格的朝賀。即使太子是國家儲君，但與官員的交往過度頻繁密切，或是在禮儀上逾越太子之制，有危及皇權的可能時，都會引起皇帝的不安與猜忌。因此，《開元禮》雖收錄此禮，但儀式相當簡單。

朝集使所參與的禮儀，決大多數屬於國家的、外朝的、公的性質，當中僅有少數進入到內朝，與皇后接觸，主要是立皇后與元正冬至時向皇后朝賀，〔註282〕其次是武后時的先蠶禮。立皇后與元正冬至時向皇后朝賀，皆明書於《開元禮》中。唐代群臣朝拜皇后的淵源，與武則天被立為皇后有關。〔註283〕永徽六年十一月初一，武氏被冊封為皇后，除了傳統的內外命婦入謁外，當時「文武羣官及番夷之長，奉朝皇后於肅義門」〔註284〕。皇后身為六宮之首，一國之母，受內外命婦朝賀為理所當然，但接受外朝男性官員的朝賀就不如此順理成章。百官朝見皇后，很顯然是皇帝介入的結果，這與高宗在立后問

〔註281〕《隋書》，卷45，〈文四子·房陵王勇傳〉，頁1231～1232。

〔註282〕除了立后與元正冬至向皇后朝賀以外，冊命皇太子時，有「皇帝會群臣」，以及「皇后受群臣賀」，也會拜見皇后。此是因為皇后在名義上或事實上是太子之母，因冊太子而賀皇后凸顯了皇后的地位。參見：吳麗娛，〈朝賀皇后：《大唐開元禮》中的則天舊儀〉，《文史》，74（北京，2006.02），頁112～113。

〔註283〕吳麗娛考察《大唐開元禮》中與皇后相關的種種禮儀，當中皆有北朝遺風，自有其歷史根源；在武則天封后掌權後，隨著其政治意圖與勢力的擴張，舉凡冊后、受朝賀、親蠶、巡陵諸儀皆受其旨意改造。凡與《顯慶禮》制定同時的皇后儀注都可能被吸收，成為《開元禮》中皇后禮的主要來源。不過，相關禮儀的實踐，不可忽略背後的皇權因素。參見：吳麗娛，〈朝賀皇后：《大唐開元禮》中的則天舊儀〉，頁109～137。

〔註284〕肅義門即肅章門，該門在內宮附近。徐松《唐兩京城坊考》：「太極殿北曰朱明門……其左為虔化門，右為肅章門」，注曰：「朱明門以內為內朝，故虔化、肅章以內為宮內」。大門拜賀之地應在內宮門外。至於肅義門之稱，據吳麗娛考證，可能是唐中宗時修《武后實錄》避章懷太子諱而改。參見：《舊唐書》，卷4，〈高宗本紀〉，頁74～75。（清）徐松撰，李健超增訂，《增訂唐兩京城坊考》（西安：三秦出版社，1996），卷1，〈西京·宮城〉，頁6。吳麗娛，〈朝賀皇后：《大唐開元禮》中的則天舊儀〉，頁111、124註37。

題上遇到的反彈聲浪有關。對皇帝而言，皇后人選的改變，或許只是個人喜好的選擇，但對朝臣來說，事關權力結構的重組，失勢與得勢就在翻手之間，與王皇后娘家勢力有關係者定是竭力反對。高宗在一片反對聲浪中，憑著「自家事」廢王立武，順利換了皇后。高宗冊立武后，歷經一番波折才成功，因此在武氏封后當天，高宗命百官、外蕃君長朝拜皇后，正式讓群臣與諸蕃認識誰才是現在的皇后，以及立后時王權的絕對不可逆，並承認武后的合法性，這不僅提高了皇后的地位，也重挫反對派的信心。〔註285〕百官朝后並非只是曇花一現，更重要的是，「朝皇后自此始」，〔註286〕此後只要立皇后時，在京百官要朝見，至於朝集使是否要拜見，視其是否在京而定。由於朝集使在京的時間有限，不一定能夠參加立后大典，即使人無法在場，但要上表祝賀，京官五品以上在外者同。〔註287〕藉著京官與朝集使的參與，新立的皇后在形式與禮儀上就正式地「母儀天下」。

《開元禮》中，皇帝納后的禮節相當多，在納采、問名、納吉、納徵、告期、告廟、冊后等禮儀完成後，皇后受群臣賀，皇帝受群臣會，群臣上禮，禮儀位次的安排，也是按著文武官、朝集使、諸蕃客的次序。〔註288〕朝集使不僅參與皇帝立后的典禮，皇太子納妃也會列席參與。〔註289〕皇太子既為儲君，太子妃很有可能是未來的皇后，因此朝集使也會參加皇太子納妃的儀式。

〔註285〕孟憲實，《唐高宗的真相》，頁181～182。

〔註286〕《新唐書》，卷150，〈后妃傳〉「高宗則天武皇后」，頁3475。

〔註287〕《唐會要》，卷26，〈牋表例〉，頁505。仁井田陞據《開元禮》、《唐六典》、《唐律疏議‧職制律》復原唐令「刺史等奉表疏賀」（開元七年令，開元二十五年令）。參見：《唐令拾遺‧儀制令》「刺史等奉表疏賀」（開元七年令，開元二十五年令），頁409。

〔註288〕《開元禮》中的〈納后〉、〈臨軒冊命皇后〉二儀，皆有皇后受大臣、命婦朝見拜賀的規定。吳麗娛分析二者的意義：〈臨軒冊命皇后〉少了六禮與同牢的程序。二者的差異，首先就場地而言，〈納后〉是皇后被娶於家中，〈臨軒冊命皇后〉是在宮中；另就侍中宣制時文字，則顯現身分來源的不同：〈納后〉是「納某官某氏之女為皇后」，強調皇后的家族，〈臨軒冊命皇后〉是「敕某氏為皇后」，可配合家世不高或是由嬪妃升后而用。此二儀雖無高下之分，但〈納后〉可說不曾實踐過，因唐前期諸位君王的皇后幾乎都是太子妃，只有武則天是自昭儀而立。參見：《大唐開元禮》，卷93，〈嘉禮‧納后上〉，頁435。吳麗娛，〈朝賀皇后：《大唐開元禮》中的則天舊儀〉，頁113～114、123～124。吳麗娛，〈兼融南北：《大唐開元禮》的冊后之源〉，《魏晉南北朝隋唐史資料》，23（武漢，2006.12），頁101～114。

〔註289〕《大唐開元禮》，卷111，〈嘉禮‧皇太子納妃‧臨軒命使〉，頁519。

　　關於唐代皇后在元日冬至受朝拜的傳統，可能源於儀鳳三年（678）春正月四日，「百官及蠻夷酋長朝天后于光順門」。〔註290〕史書雖未提及朝集使是否在朝拜皇后的行列中，就朝拜的時間點來說，與朝集使在京時間吻合；且外蕃首長都去朝拜皇后，身為地方官員的朝集使不可能免除在外，在武則天立后與此次事件中，朝集使應是隱藏在百官的隊伍當中，未被史官註明。《開元禮》中有「皇后正至受群官朝賀」，典禮舉行的場所在肅章門外，〔註291〕「文武群官、諸親、蕃客等位於宮城門外，如朝堂之式……朝集使、蕃客等分方位次如常」。〔註292〕與「皇帝正至受羣臣朝賀」、「皇太子元正冬至受羣臣賀」相較，「皇后正至受群官朝賀」的禮儀較為簡單，群官未獻納物品，也沒有進酒、進食，僅是單純地拜、上賀詞。畢竟古無百官朝皇后之禮，唐代百官朝皇后只是皇權介入的結果，皇后真正該接受的是命婦的朝拜，《開元禮》中有「皇后正至受外命婦朝賀并會」，皇后接受外命婦朝賀完畢，接著有酒、食的會，讓皇后與外命婦共歡。另從皇帝、皇太子、皇后在正至接受百官朝

〔註290〕《資治通鑑》，卷202，〈唐紀・高宗〉「儀鳳三年春正月辛酉」條，頁6384。
〔註291〕雖然《開元禮》中有大臣向皇后朝賀的規定，但自玄宗以後就沒有實行過。《舊唐書・于休烈傳》:「舊儀，元正冬至，百官不於光順門朝賀皇后，乾元元年（758），張皇后遂行此禮。（于）休烈奏曰：『周禮有命夫朝人主，命婦朝女君。自顯慶已來，則天皇后始行此禮。其日，命婦又朝光順門，與百官雜處，殊為失禮。』肅宗詔停之」。肅宗的張皇后欲恢復《開元禮》中的「皇后正至受群官朝賀」，且改於光順門行之，此是由於宮所的變遷，皇后的朝見處改於大明宮的光順門，非太極宮的肅章門。武后打破了「外官朝皇帝，命婦朝皇后」的規則，讓皇后接受百官與命婦的朝拜，禮儀背後反映武后藉此提高自身地位的意圖。因蕭嵩在修禮時抱持「有其舉之，莫可廢也」的原則，才保留此禮。張皇后是唐後期政治心相當重的一位，欲復行此禮自有其政治意圖，于休烈以男女各有其位企圖匡正，又云行禮時百官與命婦雜處，甚為失禮等理由阻止。參見：《舊唐書》，卷149，〈于休烈傳〉，頁4008～4009。吳麗娛，〈朝賀皇后：《大唐開元禮》中的則天舊儀〉，《文史》，74（北京，2006.02），頁133～134。除了從《開元禮》繼承《顯慶禮》的角度解釋百官朝后寫入禮典的原因，亦可由唐代國制之變遷看待皇后的角色與位置。日本學者曾注意到唐宋皇后的特殊地位，如金子修一，〈唐朝帝室の祧廟について──皇帝・皇太子・皇后〉，收入堀敏一先生古稀記念集編集委員會編《中國古代の國家と民眾》（東京：汲古書院，1995）。新城理惠，〈唐宋期の皇后・皇太后──太廟制度と皇后〉，收入野口鐵郎先生古稀記念論集刊行委員會編，《中華世界の歷史的展開》（東京：汲古書院，2002）。氣賀澤保規，〈唐代皇后の地位についての一考察──則天武后上台の歷史的背景〉，《明大アジア史論集》，8（東京，2002.03），頁1～12。
〔註292〕《大唐開元禮》，卷98，〈嘉禮・皇后正至受羣臣朝賀〉，頁457。

賀的禮儀名稱觀之，百官對皇帝、皇太子稱「臣」，對皇后稱「官」，從屬地位不同，因此「皇后正至受群官朝賀」只是簡單的行禮。

　　皇后的身影從內朝慢慢擴及外朝，接受百官朝拜，與武則天相關，而百官與朝集使參與先蠶禮的契機亦同。按周制，仲春之時，天官內宰詔皇后率領內外命婦，始蠶於北郊。〔註293〕《漢舊儀》：「春桑生而皇后親桑，於苑中蠶室，養蠶千薄以上。祀以中牢羊豕，祭蠶神曰苑窊婦人、寓氏公主，凡二神。羣臣妾從桑還，獻於繭觀，皆賜從桑者絲。皇后自行」。〔註294〕漢代皇后率領公卿列侯夫人親蠶，祭祀蠶神，此配合了古代男耕女織的社會分工思想。唐代的先蠶壇位於長安宮北苑之中，高四尺，周迴三十步。〔註295〕永徽三年（652）三月，制以先蠶為中祀。皇后不祭時，皇帝派遣有司祭享，如先農禮。〔註296〕

　　唐代先蠶禮儀式繁複，在祭祀前五日就要先齋戒，之後是陳設、車駕出宮、饋享、親桑、車駕還宮。祭祀手續結束後，於皇后車駕還宮隔日舉行勞酒之儀，「內外命婦設會於正殿」，一同元會儀，差異在於不賀不上壽。〔註297〕先蠶禮的參與者基本上都是女性，由皇后主持，內外命婦參加。高宗上元二年（675）三月十三日，武后祀先蠶於邙山之陽，卻出現了百官及朝集使皆陪位一事。〔註298〕古代中國一向是男女有別、各司其職，百官大臣參與的是先農禮。當男性官員參與由皇后引領內外命婦的先蠶禮儀時，可能與當時的政治環境有關。上元元年（674），高宗自稱天皇，武后稱天后，隔年高宗因風眩病情加重無法聽朝，政事皆決於天后，且自上官儀伏誅後，高宗每視朝，武后皆於御座後垂簾聽政，時人稱之「二聖」。後高宗欲由武后攝政，遭宰相郝處俊反對，郝處俊曰：「嘗聞禮經云：『天子理陽道，后理陰德。』則帝之與后，猶日之與月，陽之與陰，各有所主守也」。〔註299〕筆者以為，百官與朝集

〔註293〕《通典》，卷46，〈禮典〉，「吉禮・先蠶」，頁1288。

〔註294〕（漢）衛宏撰，（清）紀昀等輯，《漢官舊儀》，卷下，〈中宮及號位〉，頁77，收入（清）孫星衍等輯，周天游點校，《漢官六種》（北京：中華書局，1990）。

〔註295〕（元）馬端臨，《文獻通考》（臺北：臺灣商務印書館，1987），卷87，〈社郊考〉，「親蠶祭先蠶・唐」，頁749。

〔註296〕《唐會要》，卷10下，〈皇后親蠶〉，頁260。

〔註297〕《大唐開元禮》，卷48，〈吉禮・皇后季春吉巳享先蠶親桑〉，頁279。

〔註298〕《資治通鑑》，卷202，〈唐紀・高宗上元二年〉條，頁6375。

〔註299〕《舊唐書》，卷5，〈高宗本紀〉，「上元二年」，頁99；卷84，〈郝處俊傳〉，頁2799。

使參與先蠶禮，可能與高宗欲以武后攝國事有關。既然皇后無法直接跨入外朝，就讓外朝官員先列席以女性為主的先蠶禮，再一步步擴及其他方面。

　　皇室禮儀中，朝集使除了參與元正冬至的拜賀禮、立后與立太子妃的儀式之外，皇帝、皇太子加元服，以及冊命皇太子等禮儀之中都有朝集使的席次。元服，指的是成年冠禮之意。《儀禮‧士冠禮》：「令月吉日，始加元服。棄爾幼志，順爾成德」。〔註300〕《漢書‧昭帝紀》記載，元鳳四年（77 B.C.）春正月丁亥，「帝加元服」，對此，顏師古注曰：「元，首也。冠者，首之所著，故曰元服」。〔註301〕皇帝若是在年幼即位，成年後就會有行冠（元服）禮。成年禮的意義，對一般士人而言，從此要承擔家族的責任與義務；對皇帝而言，成年表示能夠獨當一面，可能不再需要大臣輔政、皇太后攝政，〔註302〕可正式掌權。《開元禮》中的「皇帝加元服」，朝集使的位次是「分方於文武官當品之下。設諸親位於四品、五品之下。（注曰：皇宗親在東，異姓親在西。）設蕃客位各分方於朝集使六品之南。諸州使人分方位於朝集使九品之後。……奉禮設門外位於東西朝堂，皆如元日之儀」。〔註303〕至於皇太子加元服的意義，在於其已成年，可正式承擔儲君之位的責任。《梁書‧昭明太子傳》：「太子自加元服，高祖便使省萬機，內外百司奏事者填塞於前」。〔註304〕昭明太子加元服後，梁高祖委其處理政事，內外百司有事者先向太子報告，替皇帝分憂解勞。唐代皇太子加元服的禮儀行事見《大唐開元禮》「皇太子加元服」：

> 前一日，尚舍奉御整飾御幄於太極殿，衛尉設群官、朝集使、諸蕃客次於左右朝堂。……典儀設文官一品以下五品以上位於橫街之北，西面北上，諸州使人五品以上合班；六品以下位於橫街南，諸州使人六品以下、諸蕃客又在南，皆西面北上。設武官五品以上位於橫街北，東面北上，諸州使人五品以上合班，諸親位於其南；六

〔註300〕（漢）鄭玄注，（唐）賈公彥疏，十三經注疏整理委員會整理，《儀禮注疏》（北京：北京大學出版社，2000），卷3，〈士冠禮〉，頁55。

〔註301〕《漢書》，卷7，〈昭帝本紀〉，「元鳳四年」，頁229。

〔註302〕如《資治通鑑‧晉紀》「孝宗穆帝升平元年（357）春正月」：「壬戌朔，帝加元服；太后詔歸政，大赦，改元，太后徙居崇德宮」。參見：《資治通鑑》，卷100，〈晉紀〉「孝宗穆帝升平元年春正月壬戌」條，頁3160。

〔註303〕《大唐開元禮》，卷98，〈嘉禮‧皇帝加元服上‧臨軒行事〉，頁428。

〔註304〕（唐）姚思廉，《梁書》（北京：中華書局，1973），卷8，〈昭明太子傳〉，頁167。

品以下位於橫街南，諸州使人六品以下及蕃客等又於其南，皆東面
北上。〔註305〕

上段敘述中參與者有文武官、朝集使、諸州使人與諸蕃客，此種陣容在其他
禮儀中也有，不同的是，衛尉雖設有朝集使的位次，但在排列的位次上，只
有諸州使人，不見朝集使。「諸州使人」何指？〔註306〕前述的諸項禮儀中，
許多朝集使列席的場合，身後都有諸州使人，故朝集使與諸州使人是兩種不
同身分的使者，諸州使人應該不會是朝集使的代稱。諸州使人是否是朝集使
的副手——朝集典呢？《大唐開元禮》中，諸州使人參與禮儀的次數比朝集
使還多，自春至冬，幾乎一整年的時間中都有諸州使人參與的祭祀儀式，與
朝集使在京停留的時間不符（詳本章第三節），因此所指稱的對象也非朝集
典。吳麗娛考察《大唐開元禮》中朝集使在郊廟祭祀禮的記載不一，認為此
與《開元禮》的制作有關。《開元禮》許多儀目提到地方代表時僅云「諸州
使人」；有朝集使的儀目中，諸州使人被朝集使取代，並以注文標示：「諸州
使人分方位於朝集使之下」，對比之下，沒有朝集使的儀目更像是最初的寫
法，意即禮典最初都是寫作「諸州使人」，日後根據狀況才增加朝集使。因
此，有朝集使的諸條可視為《開元禮》對前禮的修改，《開元禮》的作者對
於朝集使該在何時、何地該出現是根據實情書寫的，反映了《開元禮》對於
朝集制度的重視。〔註307〕

既然皇太子加元服、皇太子元正冬至受百官朝賀、皇太子納妃都有朝集
使的身影，那麼在冊命皇太子的禮儀設計上，也有朝集使位次，一樣是按照
文武官、朝集使、諸州使人、蕃客的順序排列，只是皇帝冊命皇太子的時間，
朝集使不一定在京，因此《大唐開元禮·冊命皇太子》在寫到朝集使時，以小
註標明：「若有朝集使，分方於文武官當品之下」。〔註308〕

〔註305〕《大唐開元禮》，卷110，〈嘉禮·皇太子加元服·臨軒命賓贊〉，頁511。

〔註306〕史籍中可考察的諸州使人，可見《白氏六帖事類集》：「案牘簿領送解式（注
日：《公式令》：諸州使人，送解至京，二十條已上，二日付了；四十條已上，
三日了；一百條已上，四日了；二百條已上，五日了。）」就此條史料而言，
雖然知道諸州使人的任務，依然無法確知諸州使人的身分，結合《大唐開元
禮》的記載，諸州使人較像是一種泛稱。參見：（唐）白居易，《白氏六帖事類
集》（北京：文物出版社，1987），卷12，「申牒文書」，頁148～149。

〔註307〕吳麗娛，〈朝集使在郊廟禮儀中的出現——《大唐開元禮》校讀箚記一則〉，
頁45～54。

〔註308〕《大唐開元禮》，卷106，〈嘉禮·臨軒冊命皇太子·臨軒冊命〉，頁500。

觀察《大唐開元禮》中朝集使參與的禮儀，可說都是與皇權最密切相關。在禮儀的位置上，幾乎都是以文武官——朝集使——諸蕃的順序排列，按中央、地方、外蕃的層次呈現，又或者是王畿、諸侯、〔註309〕外蕃的概念，隱含了中國自古以來的天下觀。就南郊祭天而言，整個祭祀場面是以皇帝為首，中央官、地方官、諸蕃客層層排列的大唐政治力之展現，可與祭天目的——天之委任相呼應。〔註310〕在展現皇權的諸項禮儀中，朝集使的角色實屬不可或缺。

3. 在京禮儀活動

朝集使在京參與的各項禮儀中，除了《大唐開元禮》所列的活動外，尚有一些臨時性的活動，如獻捷、宴蕃使、重臣喪禮等。根據史書記載，唐代朝集使參與的大臣葬禮有二例，為魏徵與尉遲敬德。貞觀十七年（643），魏徵病情嚴重時，太宗賜藥膳，還曾命中郎將宿於魏宅，觀察魏徵的病情，甚至與太子同至魏徵宅第，親自探問。魏徵過世後，太宗罷朝五日，太子舉哀西華堂，詔內外百官朝集使皆赴喪，贈魏徵司空、相州都督，陪葬昭陵。〔註311〕尉遲敬德於高宗顯慶三年（658）過世，高宗廢朝三日，命京官五品以上及朝集使赴宅哀悼。高宗冊贈尉遲敬德司徒、并州都督，陪葬昭陵。〔註312〕魏徵與尉遲敬德二位皆為貞觀朝重臣，一文一武，受到太宗重用。兩位過世時，皇帝都曾罷朝數日，〔註313〕更命在京官員與朝集使赴喪，朝集使每州

〔註309〕 隋文帝收編地方長官的人事任用權後，地方官吏統一由朝廷派任，國家權力得以深入地方，增強中央集權，地方的封建性已相當低，但是唐人仍將刺史比為古之諸侯。王維〈奉和聖製暮春送朝集使歸郡應制〉：「萬國仰宗周，衣冠拜冕旒。玉乘迎大客，金節送諸侯」，以諸侯比喻入京朝集的刺史。另《唐會要》中朝集使入京一事集中在〈諸侯入朝〉卷中，亦是一證。參見：（清）彭定求編，《全唐詩》（北京：中華書局，1960），卷127，王維，〈奉和聖製暮春送朝集使歸郡應制〉，頁1285。《唐會要》，卷24，〈諸侯入朝〉，頁458～461。

〔註310〕 （日）渡邊信一郎，徐沖譯，《中國古代的王權與天下秩序：從日中比較史的角度出發》，頁141。另外，徐知誼剖析唐代郊祀禮中的進熟儀式，參與祭祀的群官得到皇帝賜予的胙肉，加入了與天共食的行列。進熟儀式體現了唐代「君為元首，臣為股肱」的「君臣一體」關係。參見：徐知誼，〈隋唐禮制研究——以郊祀禮與皇帝權力為中心〉（臺北：國立政治大學歷史研究所碩士論文，2012），頁90～103。

〔註311〕 《新唐書》，卷97，〈魏徵傳〉，頁3880。

〔註312〕 《舊唐書》，卷68，〈尉遲敬德傳〉，頁2495。

〔註313〕 《唐會要・輟朝》引〈儀制令〉：「百官正一品喪，皇帝不視事一日。……緣

一人為代表，至少有三百多人，京官上百人，三五百人的參與，顯示對逝者的重視與喪禮的隆重；朝集使身為地方代表，集體出席，更有舉朝哀悼，天下同哀之感。朝集使參加朝臣喪禮，要由皇帝下命，故這並非朝集使的例行性禮儀活動，而且要身為國家重臣才能享此殊榮，一般大臣無法享此待遇。對唐代朝政有影響力大臣不少，但是只有少數幾位的葬禮有朝集使列席，可能與朝集使在京時間的限制有關。魏徵在貞觀十七年正月過世，尉遲敬德是顯慶三年十一月離世，皆是朝集使在京的時間。因此，唐代大臣的喪禮若要有朝集使參與，除了本身對國家的貢獻夠大外，朝集使是否在京也是很大的因素。

朝集使在京的其他活動，大多屬於歡欣性質，如皇帝宴饗、獻捷、宴蕃使等。例行的宴會，是每年元會朝儀進行後的會儀，皇帝賞賜酒食，君臣和樂。此外，《冊府元龜‧慶賜》紀錄了唐代皇帝多次宴賞大臣之事，有具體說明原因的多為改元大赦、立太子、親郊祀、或巡幸某地等。因立皇子行封賞的有高宗顯慶元年（656）正月，立代王李弘為皇太子，大赦天下，宴文武群臣、朝集使、蕃客。同年十一月，皇子李顯誕生，京官、朝集使各加勳級，並賜宴賞物有差。〔註314〕因封禪、親郊祀者，如高宗於麟德三年封禪，改元乾封，「諸行從文武官及朝觀華戎岳牧、致仕老人朝朔望者，三品已上賜爵二等，四品已下、七品以上加階，八品已下加一階，勳一轉」，朝集使是朝觀岳牧，身受賞賜之列。高宗除了大行封賞外，還「宴群臣，陳九部樂，賜物有差，日昃而罷」。〔註315〕中宗神龍元年（705）十一月，親謁太廟，大赦天下，「京官文武官及朝集士九品已上加一等，三品以上賜爵一等；外官九品已上賜勳一轉」，天下賜酺二日。景龍三年（709）十一月親祀南郊，大赦天下，「京文武官及應集考使、別敕陪位官、邊州都督刺史、諸軍大使副三品已上賜爵一等，四品已上加一階；應入三品者三品減四考，五品減三考聽入」，大酺三日。〔註316〕開元二十三年（735）正月，玄宗親耕籍田，大赦天下。京文武官、朝集使、採訪使三品以下加一爵，四品以下加一階。〔註317〕

令式舊文，三品以上薨歿，通有報朝之制。」參見：《唐會要》，卷25，〈報朝〉，頁472。

〔註314〕《冊府元龜》，卷80，〈帝王部‧慶賜〉，頁926。
〔註315〕《舊唐書》，卷5，〈高宗本紀〉「乾封元年」，頁89。
〔註316〕《冊府元龜》，卷84，〈帝王部‧赦宥〉，頁996。
〔註317〕《舊唐書》，卷8，〈玄宗本紀〉「開元二十三年」，頁202。

　　皇帝宴賞，一定有酒食、歌舞，如高祖武德九年三月，宴朝集使於百福殿，奏九部樂；〔註318〕太宗貞觀九年（635）正月，於玄武門宴三品以上與州牧、蠻夷君長，奏「七德九功之舞」，在場的十多族外族皆「自請率舞」，久而乃罷；並賜帛各有差。〔註319〕酒酣耳熱之際，皇帝還會令大臣作詩詞助興。據《舊唐書‧李景伯傳》，中宗曾宴侍臣與朝集使，令各為迴波辭，當時「眾皆為諂佞之辭，及自要榮位」，輪到李景伯時，作曰：「迴波爾時酒巵，微臣職在箴規。侍宴既過三爵，諠譁竊恐非儀」，李景伯辭令中宗不悅，中書令蕭至忠稱其「此真諫官也」。〔註320〕在宴會上吟詩作詞，大臣們多會迎合皇帝，以利升遷。

　　朝集使在離京之時，皇帝會設宴餞別。貞觀二十二年二月初一，朝集使辭，太宗引五品以上官員升殿宴饗。開元七年二月十三日，朝集使還本任，玄宗命有司布饌宴群臣，賜帛有差。天寶三載（744），玄宗敕曰，「中書、門下及兩省五品已上并三品已下正員長官、諸司侍郎、御史、中丞，於鴻臚亭子，祖餞朝集使及范陽節度使安祿山」，〔註321〕玄宗特意下敕，命京官重臣出席，如此大陣仗的餞別會，恐非專為朝集使而辦，而是為了安祿山。

　　據史書記載，唐代皇帝在賜宴文武大臣與朝集使時，通常會賜帛，這屬於一般性的宴饗；若是立皇子、皇帝親郊祀等則會賜爵升階，此為大型宴饗，次數較少。朝集使在京參與的宴饗，除了有基本的酒食外，還會得到皇帝賞賜之物，滿載而歸。在上述宴饗賞賜外，開元中期的遊樂風氣，讓皇帝下令眾官員同樂、並賜錢任其享樂。開元十八年（730）正月二十九日敕：「百官不須入朝，聽尋勝遊宴，衛尉供帳，太常奏集，光祿造食」。自宰臣及供奉官，嗣王、郡王、諸司長官、少卿、少監、少尹、左右丞、侍郎、郎官、御史、朝集使等官員皆與會，並下制：「自春末以來，每至假日，百司及朝集使，任追游賞」。開元十九年（731）二月八日，玄宗另下詔，「百靈降福，

〔註318〕《冊府元龜》，卷109，〈帝王部‧宴享〉，頁1301。
〔註319〕《冊府元龜》，卷80，〈帝王部‧慶賜〉，頁924。
〔註320〕《舊唐書》，卷90，〈李景伯傳〉，頁2920～2921。
〔註321〕其他相關史例，雖未說明是為朝集使設宴餞別，但從設宴的時間在二、三月之間推測，應亦為餞別宴。如武德九年三月丙申於百福殿、開元九年三月戊午、開元十二年三月庚午於紫宸殿等。另《玉海》記：「（開元）二十二年九月辛巳，宴朝集使」，是少數未在春天宴請朝集使的紀錄。參見：《冊府元龜》，卷109～110，〈帝王部‧宴享〉，頁1305～1311。（宋）王應麟，《玉海》（南京：江蘇古籍出版社，1987），卷161，〈宮室〉，頁2962。

庶尹叶心。陰陽調而生植以滋，政理孚而黎獻咸若⋯⋯思順時令，以申惠澤。咸宜邀歡芳月，繼賞春風。夙夜在公。既同咸一之理。休沐式宴，俾共昇平之樂」，命：

> 中書門下及供奉官、嗣王、郡王、左右丞相、少傅賓客、諸司三品以上長官、侍郎、郎官、少監、少卿、少匠、司業、少尹、兩縣令、都水使者、朝集使上佐已上，并雜處未赴任者及東宮諸司長官、中舍、中允、少詹事、諭德中郎率蕃官三品以上，至春末已來，每置暇日，宜准去年正月二十九日敕，賜錢造食，任逐勝賞。〔註322〕

詔書中充滿欣喜春遊的語氣，玄宗大賞大臣，任其玩樂。開元二十六年（738）三月初一，玄宗賜朝集使五品以上錢三十萬，任其追勝為樂。對此，《冊府元龜》注曰：「是年正月，帝親迎氣東郊，詔曰：『今朝廷無事，天下和平，美景良辰，任百官追勝為樂』。〔註323〕開元盛世，天下太平，吹起追勝為樂休閒風，皇帝賜錢，令大臣遊樂，朝集使也在這波「賜錢造食，任逐勝賞」的風潮中得到好處。

朝集使除了接受常規的各種宴饗、賞賜以外，也曾參加宴蕃使的場合，或皇帝受獻捷，分享戰利品。長安三年（703），突厥默啜可汗請以女嫁為皇太子之子，與唐朝和親。〔註324〕武后令太子男平恩王重俊、義興王重明廷立見之，〔註325〕後默啜可汗遣大臣入朝，獻上馬匹千匹與方物感謝許親，武后宴請來使於宿羽亭，時太子、相王與朝集使三品以上皆參與。〔註326〕由於默啜叛復無常，之前又曾以武延秀非王室子，不夠格匹配其女而將其囚禁，此次重新求親，又獻上大量馬匹展現誠意，武后命太子、相王、三品以上朝集使同宴來使，主要是以示慎重，並藉由與會的國家重臣做見證，希望

〔註322〕《冊府元龜》，卷110，〈帝王部・宴享〉，頁1309～1310。
〔註323〕《冊府元龜》，卷110，〈帝王部・宴享〉，頁1310～1311。
〔註324〕聖曆元年（698）時，默啜就請和親，武則天令武承嗣之子——淮陽王武延秀往突厥，納默啜女為妃，但默啜以武延秀非唐室諸王，將之囚禁，後唐朝派大將率二十萬大軍襲擊，才救得武延秀回唐。參見：《舊唐書》，卷6，〈武后本紀〉「聖曆元年」，頁127。
〔註325〕《舊唐書》校正：「按本書卷86〈中宗諸子傳〉，平恩王當為重福，義興王當為重俊，史文當有訛誤」。查《新唐書》、《通典》、《冊府元龜》與《舊唐書》記載皆同。參見：《舊唐書》，卷194，〈突厥傳〉「默啜」，頁5170。
〔註326〕中宗即位後，因默啜入寇靈州鳴沙縣，中宗下制絕其婚。參見：《舊唐書》，卷194，〈突厥傳〉「默啜」，頁5170。《冊府元龜》，卷979，〈外臣部・和親〉，頁11498。

默啜勿再反悔、節外生枝。

若有大軍凱旋歸來，獻上戰利品時，皇帝會分賜眾臣。開皇九年（589）四月，隋文帝御廣陽門，宴平陳將士。因大軍出發之時，文帝曾承諾「亡國物，我一不以入府，可於苑內築五垜，當悉賜文武百官，大射以取之」，遂於玄堂展列陳之奴婢貨物，王公、文武官七品以上、武職領兵部督以上，與諸考使以射之。〔註327〕另外，開元六年（718），郭知運大破吐蕃，獲為數眾多的鎖甲、馬、氂牛等物，獻捷時，玄宗詔曰：「王者六師，必有止殺；國之二柄，且貴先賞。今吐蕃背盟，我軍獻捷，執訊獲醜，以捨於平人；歸馬休牛，不資於國用。利以和義，思與卿大夫共之」，遂將獻物分賜文武五品以上清官與朝集使三品以上。〔註328〕

皇帝給予朝集使諸多賞賜、宴饗，並非只是一般的君臣和樂，當中富含了皇帝對於地方長官的重視，蘇頲在〈處分朝集使敕〉中寫下：「今之牧守，古之諸侯，寵數特加，情寄尤切。故躬饗廷內，則飲食宴樂；幣帛筐篚，入至朕前，則敷衽以陳，命席而對」；〔註329〕「每計吏還州，與之陛見，示其賞罰，賜已筐篚」。〔註330〕唐代皇帝頒布給朝集使的敕文中，屢屢見到對於地方治理的重視，地方治理仰賴地方長官的統治，因此皇帝對朝集使的種種優賞，皆是希望朝集使回州後能用心撫育百姓。各式的筵席與賞賜，都是皇帝的懷柔手段，希望朝集使回到地方後能記得皇帝對他們的器重、給予的優賞。此與《毛詩・小雅》之精神相似：「《鹿鳴》，燕羣臣嘉賓也。既飲食之，又實幣帛筐篚，以將其厚意。然後忠臣嘉賓得盡其心矣。飲之而有幣，酬幣也。食之而有幣，侑幣也」。《毛詩正義》曰：「作《鹿鳴》詩者，燕群臣嘉賓也。言人君之于群臣嘉賓，既設饗以飲之，陳饌以食之，又實幣帛于筐篚而酬侑之，以行其厚意，然后忠臣嘉賓佩荷恩德，皆得盡其忠誠之心以事上焉。明上隆下報，君臣盡誠，所以為政之美也」。〔註331〕《毛詩》所說是正面的「為政之好」，實際上也是一種皇帝統御臣下的手段。

〔註327〕《冊府元龜》，卷79，〈帝王部・慶賜〉，頁921。

〔註328〕《冊府元龜》，卷80，〈帝王部・慶賜〉，頁930。

〔註329〕《唐大詔令集》（北京：商務印書館，1959），卷103，〈政事・按察〉「處分朝集使敕八道」之三（開元七年三月十一日），頁525～526。

〔註330〕《唐大詔令集》，卷103，〈政事・按察〉「處分朝集使敕八道」之五（開元八年二月十九日），頁526。

〔註331〕《毛詩正義》，卷9，〈小雅・鹿鳴之什〉，頁648。

第三節　朝集使的任期與敕戒

一、朝集使的任期

　　本章前兩節已將朝集使的任務分項說明，當朝集使的任務結束之後，便是準備返州之時。朝集使返州，牽涉到朝集使的任期，或是朝集使在京停留的時間。仁井田陞《唐令拾遺・選舉令》「朝集使一年在京」條：

　　　朝集使一年在京，可見唐《選舉令》「官人解代」條文，但粗見唐令。

其引據《考課令》「大貳已下」條集解：

　　　穴云，……朝集使一年內在京也。問：以何一年此在方知？答：古記所讀如之。但案，辨官及散位寮職掌云，朝集事，此已異；餘使，令心一年內隸功，朝集使一年在京，可見唐《選敘令》「官人解代」條文，但粗見唐令。〔註332〕

然而編者按語：「唐《選舉令》「官人解代」條的全文及其順序，今均不詳」。〔註333〕若是朝集使一年在京，加上沿途往返的時間，地方長官、上佐大概會有一年半的時間不在治所。此外，朝集使在京滿一年，則從當年十月待到隔年十月，此時後任的朝集使也動身前往京城，在一段時間內，地方上的首長、副手皆不在州，對地方治理會造成空白。就實際情形來說，此條令文令人不解，今日不見《選舉令》「官人解代」條，無法證實是否傳鈔有誤，亦無法知曉是何時的規範，筆者存疑之。若是將之視為朝集使的任期，似可理解，但是朝集使一整年在京，恐需更多的材料證明。

　　就可考的史料記載，朝集使也不可能在京待滿一年，多是春天就返回各地。《資治通鑑・唐紀》玄宗開元七年：「先是，朝集使往往齎貨入京師，及春將還，多遷官；宋璟奏一切勒還以革其弊」。〔註334〕此事側寫了朝集使在春天返州的情況。

　　朝集使待在京師的時間，其實與所攜簿冊的校核時間有關。唐代官員銓

〔註332〕《令集解・考課令》「大貳以下」條：「凡大貳以下及國司，謂目以上。每年分番朝集」。參見：黑板勝美、國史大系編修會編，《令集解》（東京：吉川弘文館，1974），卷22，〈考課令〉，頁627。
〔註333〕《唐令拾遺・選舉令》，「朝集使一年在京」，頁217。
〔註334〕本條可說明朝集使在京時與朝官的往來互動，相關分析請見下文。參見：《資治通鑑》，卷212，〈唐紀〉「玄宗開元七年十一月壬申」條，頁6738。

選的時限，是在三月三十日。〔註335〕《唐六典・吏部尚書侍郎》：「凡大選終季春之月」；〔註336〕此規定肇於唐初：貞觀十九年（645）十一月，馬周為吏部尚書，奏請「取所由文解，十月一日赴省，三月三十日銓畢」，到了開元時，因作業進度緩慢，二十一年（733）蕭嵩奏：「吏部選人，請准舊例，至三月三十日團甲畢」。〔註337〕另前述崔隱甫充校考外官一事，提到過去「皆委參問，經春為定」。〔註338〕景雲二年三月朝集使辭別時，睿宗云：「今者考課已終，各還所部」。〔註339〕另外，馬帳的考核也是到春日，前引〈廄牧令〉「官畜私馬帳」條：「諸官畜及私馬帳，每年附朝集使送省。……其馬帳勘校，訖至來年三月」。〔註340〕可見朝集使在京停留的時間與實與簿冊考核的時間相關。

　　由朝集使所參與的各項禮儀觀之，固定時間舉行的有冬至祀圜丘、正月上辛祈穀于圜丘、立春祀青帝於東郊、皇帝時享於太廟、皇帝拜五陵、孟春吉亥享先農耕籍、皇帝元正冬至受羣臣朝賀并會、皇后正至受羣臣朝賀、皇太子元正冬至受羣臣賀并會諸項，時間斷限基本上皆落在冬天至春天的這段期間。唯一特殊的是皇帝時享太廟，此禮一年要舉行五次：四孟月、臘月，禮儀的撰寫上是統一寫成一式，朝集使很可能只參加冬春二季的祭祀，然因禮儀書寫之故不易辨明。另外在非固定時間的禮儀，有皇帝、皇太子加元服、皇帝立后、皇太子納妃、冊命皇太子，《大唐開元禮》在冊命皇太子的禮儀時，提到朝集使處以小註標明：「若有朝集使，分番於文武官當品之下」。若是朝集使一整年在京，無需特地做此說明。另外，也應該會有參加夏秋二季祭祀的儀式，卻不見相關記載，筆者以為由禮儀參與亦可推測朝集使並非一年在京。〔註341〕

〔註335〕（日）中村裕一，《中國古代の年中行事（第一卷：春）》，頁773～776。
〔註336〕《唐六典》，卷2，頁28。
〔註337〕《唐會要》，卷75，〈選部下〉，頁1355。
〔註338〕《唐會要》，卷81，〈考上〉，頁1502。
〔註339〕《冊府元龜》，卷157，〈帝王部・誡勵〉，頁1901。
〔註340〕天一閣博物館，中國社會科學院歷史研究所天聖令整理課題組校證，《天一閣藏明鈔本天聖令校證：附唐令復原研究》，〈廄牧令〉唐令29，頁520。
〔註341〕渡邊信一郎引朝集使參與《大唐開元禮》中的諸項禮儀，作為朝集使一年在京的證據，然其引述的孟夏雩祀、仲春仲秋大社儀參與者並非朝集使，而是在《大唐開元禮》中頻繁出席各種祭祀活動的諸州使人。參見：（日）渡邊信一郎，周長山譯，〈元會的建構——中國古代帝國的朝政與禮儀〉，頁398～399。李斌城在其主編的《唐代文化（中）》提到朝集使以外官身分入朝，參加元日朝會後返回，有述職的性質。朝集使在元日後還有其他的禮儀活動

　　此外，亦可由皇帝頒布的詔令、敕文，觀察朝集使離京的日期。皇帝發布的敕文，大多數都是在朝集使離京時所宣，僅有少數例外。〔註342〕在朝集使離州時所頒布的敕文，通常會在開頭寫道：「朝集使各還本州」、「朝集使奉辭」，或於文末寫道：「並即（宜）好去」等字。在朝集使離京頒布的敕文中，絕大部分集中在二月、〔註343〕三月之時，〔註344〕正月、〔註345〕四月〔註346〕也有。除了開元十六年（728）十二月〔註347〕與天寶元年（724）十月〔註348〕此二例外，朝集使多數都在春天結束前離京，〔註349〕符合朝集使自春即還之說。

要參加，此說亦是同意朝集使並非一年在京，而是事情辦完後就返州。參見：李斌城主編，〈唐代禮儀風俗〉，收入《唐代文化（中）》（北京：中國社會科學出版，2002），頁1286。

〔註342〕就筆者目前所見，唐代皇帝對朝集使發布的詔敕中，只有太宗貞觀十五年（641）十一月、高宗乾封元年（666）十一月與玄宗開元七年（719）十月二日、天寶二年（743）十一月等例是朝集使進京時發布的詔敕，其餘皆是離京時所發。參見：《冊府元龜》，卷157，〈帝王部·誡勵〉，頁1896～1897。（宋）宋敏求編，《唐大詔令集》，卷103，〈政事·按察〉「處分朝集使敕八道」之四（開元七年十月二日），頁526。

〔註343〕發布在二月的有貞觀二十二年（648）、開元六年（718）、開元八年（720）、開元十年（722）等。開元六年的敕文，《唐大詔令集》作開元六年二月六日，《文苑英華》作開元六年三月六日，《冊府元龜》作開元五年七月，今從《唐大詔令集》。參見：《冊府元龜》，卷157，〈帝王部·誡勵〉，頁1900。《唐大詔令集》，卷103，〈政事·按察〉「處分朝集使敕八道」之二、五、八，頁525～527。

〔註344〕三月有景雲二年（711）、開元三年（715）、開元七年（719）、開元八年（720）、開元九年（721）、開元十二年（724）、開元二十一年（733）閏三月等。參見：《冊府元龜》，卷157、158，〈帝王部·誡勵〉，頁1901、1906。《唐大詔令集》，卷103，〈政事·按察〉「處分朝集使敕八道」之一、三、六，頁525～526；卷104，〈政事·按察〉「處分朝集使敕五道」之二、三，頁529～530。

〔註345〕正月有貞觀十五年（641）、開元二年（714）、開元十年（722）。開元十年敕，《唐大詔令集》作五月十一日，然《文苑英華》、池田溫《唐代詔敕目錄》皆作正月，故以正月為之。參見：《冊府元龜》，卷157，〈帝王部·誡勵〉，頁1896。《文苑英華》，卷465，〈翰林制詔·詔敕〉「誡勵風俗敕」，頁2374～2375。《唐大詔令集》，卷103，〈政事·按察〉「處分朝集使敕八道」之七，頁527。

〔註346〕《唐大詔令集》，卷104，〈政事·按察〉「處分朝集使敕五道」之四，頁530。

〔註347〕《唐大詔令集》，卷104，〈政事·按察〉「處分朝集使敕五道」之一，頁529。

〔註348〕《冊府元龜》，卷158，〈帝王部·誡勵〉，頁1909～1910。

〔註349〕開元二年正月〈誡勵風俗敕〉亦可證明朝集使在春日返州：「屬冬朝禮成，春事方起，朝集使等俾還所蒞」。參見：《文苑英華》，卷465，〈翰林制詔·詔敕〉「誡勵風俗敕」，頁2374～2375。

二、朝集使的人際網絡

　　朝集使到京與離京之時，皆有規範其引見、辭別文武官、皇太子與皇帝的禮儀。朝集使剛至京時，至尚書省見群官。當日，奉禮郎於尚書省都堂前布版位，京官九品以上皆參與，位於東，朝集使位在西，雙方互拜。〔註350〕參拜皇太子的地點，於重明門與東宮正殿進行，參加者為宮臣，朝集使著公服，行拜禮。〔註351〕朝集使會見皇帝的禮儀，則是設在殿庭橫街，當日朝集使著朝服，先在朝堂集合，京文武官九品以上亦參加。通事舍人引導禮儀進行，舍人宣敕完畢，朝集使再拜，若承皇帝慰問，則舞蹈，舞畢後再拜。朝集使辭別的禮儀，皆與拜見禮同，拜別皇帝時，會賜朝集使三品以上升殿賜食，四品以下者於廊下賜食。〔註352〕關於朝集使拜見群官、皇太子的實際紀錄，目前不明，有留下實例的是拜見皇帝，多附於皇帝宴賞或頒布詔敕的紀錄中。

　　上段敘述是關於朝集使到京與準備離京之時參與的禮儀；再配合本章第一節與第二節的內容，幾乎可以勾勒出朝集使在京的活動概況。朝集使進京安頓後，就要到尚書省與百官相見，另會將所攜簿冊繳交給各負責的部門，不時接受皇帝接見，暢談風土民情、時政得失。在參加元會與其他禮儀活動時，亦會接觸在京的文武官或各國蕃使，更遑論是同聚一堂的他州朝集使們。這些公開場合給予朝集們認識朝官與他州地方官的機會；被皇帝召見時，若是表現良好，在皇帝心中留下好印象，更是對仕途有所幫助。朝廷要求朝集使參加的各種「聚會」，讓朝集使有機會與不同品級、執掌各異、來自各方的官員們交際應酬，互相熟悉，建立關係。以上所論只是檯面上可見的交往，私底下的往來可能更加熱絡。

　　唐前期的京官待遇比地方官好，朝廷亦是重內官輕外官。如果有機會，大部分的外州的官員多數希望能調回京城，升官晉級是每個官員的渴求。平日身處外地的地方官，除非在朝有人，或功績卓越，才能在轉職時能調到心中的美缺。朝集使進京一趟，正好有機會接觸到各級官員、當朝政要。朝集使與這些官員私下往來之事，其確切情況已不可知，不過，《資治通鑑》留下的一段紀錄，倒可從中看出一些蛛絲馬跡：「先是，朝集使往往齎貨入京師，

〔註350〕《大唐開元禮》，卷126，〈嘉禮・朝集使於尚書省禮見並辭〉，頁600。
〔註351〕《大唐開元禮》，卷113，〈嘉禮・皇太子受朝集使參辭〉，頁533～534。
〔註352〕《通典》，卷125，〈禮典〉，「開元禮纂・嘉禮・朝集使引見奉辭附」，頁3215～3216。

及春將還，多遷官；宋璟奏一切勒還以革其弊」。〔註353〕短短的文字，已將朝集使在京所做的疏通、打點做了清楚說明。某些朝集使往往攜帶各式珍品入京，贈與朝中大臣，打通關節，期能對官運有所助益，等到明年春天返州之時，多已升官，這趟入京可說是為官生涯的一大跳板。宋璟看到朝集使與大臣密切往來一事，影響吏治與官場秩序，特上奏揭露此事，要求已升遷的朝集使還州回任，以革除此弊。

綜上所述，朝集使進京一趟，不論是在官方安排的活動，或是私人的行程，都有機會與朝中各臣有所往來，形成了獨特的人際網絡。

三、皇帝頒佈的敕文

前代元會中，皇帝會對上計吏頒布敕誡。從上計吏轉變為朝集使，唐代元會已取消頒布敕戒的儀式，但皇帝仍會頒布敕文予朝集使，只是時間與場合不在元會上。前引諸條詔令中，皇帝對朝集使頒授的敕文，是在朝集使初到京拜見與準備返州辭別之時。現存史料中，以後者為大宗。皇帝除了頒布敕文給朝集使，亦會命大臣作詩送朝集使。

除了玄宗朝留下的多道「處分朝集使敕」以外，唐朝皇帝在接見朝集使時的談話，筆者亦將之視為敕戒並進行分析。就筆者蒐羅到的史料，除了玄宗以外，尚有太宗朝、高宗朝與睿宗朝數例。玄宗朝以前的敕戒皆有具體的中心主旨，反映皇帝對某部份現況的不滿。貞觀十五年（641）正月，提到南方諸州因語言不通，官民已屬疏離，又有不肖官吏侵壓百姓，造成官民衝突，太宗特別下敕，應「制姦撫弱」；更下令禁止長吏與富豪來往，以杜絕其引發「怠忽典刑」的弊病。〔註354〕同年十一月朝集使貢庭實，太宗對諸朝集使點名蒲州刺史趙元楷行事過於奢侈，有「亡隋之弊」；〔註355〕另時任夏州都督

〔註353〕《資治通鑑》，卷212，〈唐紀〉「玄宗開元七年十一月壬申」條，頁6738。
〔註354〕《冊府元龜》，卷157，〈帝王部‧誡勵〉，頁1896。
〔註355〕貞觀十二年（638）二月太宗至蒲州時，刺史趙元楷「課父老服黃紗單衣迎車駕，盛飾廨舍樓觀，又飼羊百餘頭、魚數百頭以饋貴戚」。趙元楷於正史無傳，《太平廣記‧奸佞》收錄其條，《隋書‧列女傳》收錄其妻崔氏之行。《新唐書‧竇靜傳》記載太宗即位時，封趙元楷為少卿，竇靜鄙其聚斂，曾於官屬大會時對趙云：「如煬帝奢侈，竭四海自奉，司農須公矣。今天子躬節儉，屈一人安兆庶，惡用公哉？」元楷大慚，改夏州都督。參見：《資治通鑑》，卷195，〈唐紀〉「太宗貞觀十二年二月庚午」條，頁6137。《新唐書》，卷95，〈竇靜傳〉，頁3848。

的喬軌，〔註356〕其性「疏傲，不能以禮自居」，太宗以「恭者，禮之本；慎者，人之行」勸勉喬軌，期喬軌改過，以免「久留陛階之下，恐長朕之過」。〔註357〕貞觀二十二年（648）二月，朝集使奉辭，引五品以上升殿宴，太宗以「今年貢人不多，升第又少，豈非公等失於勤導所致」來責備朝集使，又引述平日穀物儲備的重要性，並期望朝集使皆能好好對待百姓，做到「威惠兼舉，信義不虧，奉國之情，無忘忠節」。〔註358〕

高宗乾封元年十一月，引朝集使相州刺史許圉師等人會談。高宗起初先懷柔一番，表示地方牧守與皇帝共理天下，必是賢明之才，才能符合條件，但是「去歲東封，觀諸州刺史，大有老弱者，比令改移，猶未能盡，此朕所以憂也。又封禪舉人，比望有經綸之才、遺逸藪澤者，乃聞多是不第進士，豈實無人物可言？為復卿等，不能用心，蔽賢濫舉，殊不稱求賢之意」，〔註359〕高宗認為，地方無法推行善政，皆是地方長官老弱不堪；此外，又提到封禪之時，往往會下詔命刺史舉地方賢良之士，豈料這些人都是名落孫山者，實與朝廷求賢本意不符。面對皇帝的指責，朝集使們也只能引咎而退。睿宗景雲二年（711）三月，朝集使返州時，由於「頃年以來，國家多難……四海凋殘，百度隳廢」，睿宗期望諸州朝集使能與其同心，好好治理地方，期許「闡揚朝典，慰彼黎甿，勉思良圖，日新政理」。〔註360〕此番朝集，是睿宗復位以來首次接見各州朝集使，地方來朝代表君臣關係重新締結；歷經皇權的數次轉移，國家內耗，睿宗也希望朝集使回到地方後，能用心治理，一改過去的面貌。以上為玄宗朝以前留下的敕戒，數量較少，多是以特定事情責備、期勉朝集使為多。

玄宗朝最知名的為蘇頲與張九齡的多道〈處分朝集使敕〉，蘇頲所作集中在開元前期，張九齡則在開元後期。蘇頲為太子少傅蘇瓌之子，開元初任中書侍郎、同中書門下平章事，與李乂對掌文誥、與侍中宋璟同知政事。開元八年正月除禮部尚書，罷政事，冬末知益州大都督府長史事。十年返回長安，十一、十二年往來長安禮部尚書任與四川益州長史任之間。十三年，從駕東

〔註356〕喬軌時為左驍衛左監門將軍，兼左武衛大將軍，出為夏州都督。正史無傳。《冊府元龜・總錄部》「膂力」：「喬軌，字文度。京兆渭南人。慷慨有志略，身長八尺，膂力過人。善擊劍，左右馳射，而頗涉書傳」。參見：《冊府元龜》，卷845，〈總錄部・膂力〉，頁10029。
〔註357〕《冊府元龜》，卷157，〈帝王部・誡勵〉，頁1897。
〔註358〕《冊府元龜》，卷157，〈帝王部・誡勵〉，頁1900。
〔註359〕《冊府元龜》，卷155，〈帝王部・督吏〉，頁1877。
〔註360〕《冊府元龜》，卷157，〈帝王部・誡勵〉，頁1902。

封，玄宗令頲撰朝覲碑文。俄又知吏部選事。開元十五年秋七月九日卒。〔註361〕蘇頲所作的九道〈處分朝集使敕〉，與他的職掌一致，集中在開元三年到八年初，另外三道在開元十年以後。〔註362〕張九齡於開元十一年時，拜為中書舍人，張說卒後，拜為祕書少監、集賢院學士，副知院事，再遷中書侍郎。開元十九年三月制授秘書少監兼集賢院學士副知院事，隔年八月兼知制誥，二十一年十二月，起復拜中書侍郎、同中書門下平章事；隔年遷中書令，兼修國史。〔註363〕張九齡所作四道朝集使敕，第一道在開元十二年，其餘三道皆在開元二十一年。

　　玄宗前期的朝集使敕有一種典型，開場白時陳述自己受命於天與祖先，或表達對統有天下的態度與百姓責任。開元三年第一道敕：「朕自臨萬邦，倏已三載，何嘗不兢兢業業，勵經政道」，〔註364〕開元八年第五道敕：「朕以虛薄，祇膺景命，荷宗社之靈，當億兆之責。曷嘗不昃朝晏坐，畏天愛人」，〔註365〕另有「承天丕命，子育萬方」，〔註366〕「恭己奉天，守文繼位，布一心於黎兆，明四目於萬方」、〔註367〕「受命子人，義兼君父。思致可封之地，無忘

〔註361〕《舊唐書》，卷88，〈蘇頲傳〉，頁2880～2882。《資治通鑑》，卷213，〈唐紀〉「玄宗開元十五年秋七月己卯」條，頁6778。郁賢皓，〈蘇頲年譜〉，收入《中國典籍與文化》編輯部編，《中國典籍與文化論叢（第二輯）》（北京：中華書局，1995），頁309～312。

〔註362〕蘇頲所作的〈處分朝集使敕〉時間分別在開元三年、開元六年、開元七年、開元八年、開元十年，其中開元七、八、十年各有兩道。《全唐文》另有一道蘇頲所作〈處分朝集使敕〉，此敕於《唐大詔令集》中未錄作者，該敕於開元十六年十二月十七日發佈，此時蘇頲已過世，應非蘇頲所作。

〔註363〕《舊唐書》，卷99，〈張九齡傳〉，頁3098～3099。顧建國，《張九齡年譜》（北京：社會科學出版社，2005），頁169～187。

〔註364〕《唐大詔令集》，卷103，〈政事・按察〉「處分朝集使敕八道」之一（開元三年三月十五日），頁525。

〔註365〕《唐大詔令集》，卷103，〈政事・按察〉「處分朝集使敕八道」之五（開元八年二月十九日），頁526。開元七年第三道與開元八年第六道敕皆與此相似：「朕以薄德，祚膺寶位，受乾坤之顧，荷宗廟之靈」、「朕以虛薄，屬當期運。受命旻昊，司牧黎元」。參見：《唐大詔令集》，卷103，〈政事・按察〉「處分朝集使敕八道」之三（開元七年三月十一日）、「處分朝集使敕八道」之六（開元八年三月十一日）頁526。

〔註366〕《唐大詔令集》，卷103，〈政事・按察〉「處分朝集使敕八道」之七（開元十年正月十一日），頁527。此敕《唐大詔令集》作五月十一日，然《文苑英華》、池田溫《唐代詔敕目錄》皆作正月，故以正月為之。

〔註367〕《唐大詔令集》，卷104，〈政事・按察〉「處分朝集使敕五道」之二（開元十二年三月十三日），頁529。

終食之間」等。〔註368〕以上內容，都在宣示皇權繼承的正統性和自身的責任，
一個帝王不斷強調自己承天命的統治，顯得有些不尋常，或許可以從玄宗的
繼位過程進一步探討。睿宗在二次即位時，面臨立儲的兩難：一個是名正言
順的嫡長子李成器，一個是登帝位有功者李隆基，儲君之位在二子之間擺蕩
不定。最終，李隆基以戰功取勝，於景雲元年（710）立為皇太子。〔註369〕然
而，李隆基即使被立為皇太子，甚至即位為帝，他的地位仍受到嫡長原則的
挑戰。〔註370〕到了開元元年（713），太平公主伏誅，玄宗掃清皇位威脅者，
至此才不再因非嫡長的身分受質疑，但此前經歷，以及他打破嫡長繼承制等
因素，皆使他比前代君王更加強調天命與皇權的關聯。

　　朝集使敕在強調天命之後，接著會談到帝國疆土遼闊，百姓眾多，皇帝
將統治人民責任分擔給刺史，展現了人主對於地方長官的仰仗與重視：〔註
371〕「朕聞御寰瀛者，不可以獨化。養黎獻者，必存於共理。……非牧伯之賢，
疇離於此，所以精求臺閣，歷選縉紳」，〔註372〕「朕聞天生蒸人，溥於四海。
天有成命，孚於萬邦。必內立公卿，外建侯伯……責在司牧，所賴分憂」。〔註
373〕玄宗對人民的看法：「夫氓者冥也，豈能自謀」，〔註374〕反映的是春秋戰

<hr />

〔註368〕《唐大詔令集》，卷104，〈政事‧按察〉「處分朝集使敕五道」之四（開元二
　　　　十一年四月一日），頁530。
〔註369〕《舊唐書》，卷8，〈玄宗本紀〉，頁166～168。
〔註370〕太平公主一直以嫡長原則，反對李隆基為皇太子，她曾在景雲元年（710）
　　　　說：「太子非長，不當立」，又在開元元年發表：「廢長立少，已為不順；且
　　　　又失德，若之何不去」，圖謀廢立一事。參見：《資治通鑑》，卷210，〈唐紀〉
　　　　「睿宗景雲元年」條，頁6656～6657；卷210，〈唐紀〉「玄宗開元元年」條，
　　　　頁6685。相關分析另可參見：潘子正，《意外的臨界點：皇權傳承與僖宗朝
　　　　前期（873～880）的政治角力》（臺北：五南圖書，2019），頁134～142。
〔註371〕不只玄宗如此強調，高宗在乾封元年十一月召見朝集使時，亦云：「與朕共
　　　　理，在於牧守，必在賢明，方膺此選」。參見：《冊府元龜》，卷155，〈帝王
　　　　部‧督吏〉，頁1877。
〔註372〕《唐大詔令集》，卷103，〈政事‧按察〉「處分朝集使敕八道」之二（開元六
　　　　年二月六日），頁525。類似的還有開元三年第一道：「四方事廣，一人獨化。
　　　　共理之寄，非卿而誰」，開元十年第八道：「天下至廣，不能獨任，故樹之方
　　　　牧，咨其共理」等。參見：《唐大詔令集》，卷103，〈政事‧按察〉「處分朝
　　　　集使敕八道」之一（開元三年三月十五日）、「處分朝集使敕八道」之八（開
　　　　元十年二月二十七日），頁525、527。
〔註373〕《唐大詔令集》，卷103，〈政事‧按察〉「處分朝集使敕八道」之三（開元七
　　　　年三月十一日），頁525～526。
〔註374〕《唐大詔令集》，卷104，〈政事‧按察〉「處分朝集使敕五道」之三（開元二

國以來的生民論：「蓋聞天生眾民，不能相治，為之立君以統理之」。〔註375〕若說百姓是皇帝的子女，刺史則是保母，皇帝將子民「託於牧宰，代以躬親」。〔註376〕既然地方官是代君王照顧百姓的關鍵人物，地方官的適任與否就顯得非常重要，皇帝對於地方官人才的選任也相當重視。玄宗也在敕戒中表達他對地方官應具備的條件與期許：「宏風善俗，寄於良吏。求瘼恤隱，職在親人。朕並建藩牧，擇其師長，欽若古訓，俾人用康……卿等咸承朝寄，分掌外臺。共理之道，期於康濟。至若率身以正，馭眾以仁，而下不化者，未之有也」，〔註377〕「朕臨御天下，二十餘載。每思至理，實仗群賢。何常不敷求循良，共底於道。……且一郡之政，繫一已之能」。〔註378〕刺史不只幫忙皇帝打理地方，亦是皇帝在遠方的耳目，是中央與地方溝通的關鍵管道：「借耳以廣聽，假目以遐覽，則諭上旨，通下情，庶政諧而群萌樂矣」，〔註379〕此即朝集制度存在的目的與意義，「自去冬入計者，則循名責實，詢事考言」、〔註380〕「故延入階陛，躬問得失。悉如卿所對，則朕無憂矣」，〔註381〕朝集使在御前問答時，若能如實以奏，讓中央確實掌握地方狀況，加以應對，則帝國的運行將會順利許多。

　　皇帝心懷百姓，首先表現在關心百姓的生活供給是否充裕。玄宗的數道敕戒中，透露了對於農業的重視。在開元三年（715）首次發布的「處分朝集使敕」提到：「思欲棄末敦本，阜俗安人。……所以急於農務，不奪人時，富

　　　　　十一年閏三月一日），頁529～530。

〔註375〕《漢書》，卷10，〈成帝本紀〉，「建始三年」，頁307。相關討論可見：（日）渡邊信一郎，徐沖譯，《中國古代的王權與天下秩序：從日中比較史的視角出發》，頁27～30。

〔註376〕《唐大詔令集》，卷103，〈政事‧按察〉「處分朝集使敕八道」之五（開元八年二月十九日），頁526。《文苑英華》作開元八年二月十八日，從《唐大詔令集》。

〔註377〕《唐大詔令集》，卷104，〈政事‧按察〉「處分朝集使敕五道」之一（開元十六年十二月十七日），頁529。

〔註378〕《唐大詔令集》，卷104，〈政事‧按察〉「處分朝集使敕五道」之三（開元二十一年閏三月一日），頁529～530。

〔註379〕《唐大詔令集》，卷103，〈政事‧按察〉「處分朝集使敕八道」之三（開元七年三月十一日），頁525～526。

〔註380〕《唐大詔令集》，卷104，〈政事‧按察〉「處分朝集使敕五道」之二（開元十二年三月十三日），頁529。

〔註381〕《唐大詔令集》，卷103，〈政事‧按察〉「處分朝集使敕八道」之六（開元八年三月十一日），頁526。

而教之，庶乎可致」。〔註382〕玄宗在敕文的開頭，論及他執政之初，最關切的就是人民的生計。農業作為國家根本，若風調雨順，收成良好，則百姓皆能衣食飽足，如此才能進一步教化。另外，在其他幾道敕中，亦強調農時與農事的重要，如開元十六年（728）十二月：「今屬春陽布和，農事方起，慮有乏絕，致妨農桑。雖已遣使安撫，或恐事未周贍，如有不支濟者，即便量事賑給。諸道有損之處，亦宜准此」。〔註383〕開元二十一年（733）兩道敕：「務以耕桑之本，時無妨奪」、〔註384〕「今甘澤以時，農桑為重。不急之務，先已勒停。宜更申明，勿妨春事」。〔註385〕玄宗囑咐朝集使回到地方後，要依著農時，將重心先放在農業之上，所有非緊急事物可先暫停，之後再行處理；若人民在耕作上有欠缺不足處，地方官亦要給予幫助。農業為百姓衣食來源，農業的穩定度即是人民生活的穩定度，因此順應農時，調理農務，自是讓百姓生活安穩的關鍵。

　　玄宗朝發布的諸道朝集使敕中，有部分內容是皇帝對於牧守職責的要求，此與前引《唐六典·三府督護州縣官吏》規定京兆、河南、太原三府以及都督、刺史的職掌規定相似，「勤恤孤弱，勸率耕桑」〔註386〕是最基本的；以開元六年二月六日敕文來說，能做到「敬耆老，恤煢弱，止姦盜，挫豪強，人不忍欺，吏不敢犯。田疇墾闢，獄囹空虛。徭賦必平，逋逃自復。門杜請謁，庭無滯留」，此乃岳牧治理地方的第一步；進一步則是「弭災眚、集休祥、尚德義、崇禮樂，儒風大長，道化滂流，耕夫克讓，織婦知節。草木不夭，昆蟲咸遂。扇彼淳源，登茲壽域」，如此，則「亦宏之在我，仁遠乎哉」，〔註387〕若能達到這些目標，可算是大同世界的境界了。地方官要做的事很多，敕文曾歸納出簡略的「政要四端」：「衣食本於農桑，禮義興於學校。流亡出於不足，

〔註382〕《唐大詔令集》，卷103，〈政事·按察〉「處分朝集使敕八道」之一（開元三年三月十五日），頁525。

〔註383〕《唐大詔令集》，卷104，〈政事·按察〉「處分朝集使敕五道」之一（開元十六年十二月十七日），頁529。

〔註384〕《唐大詔令集》，卷104，〈政事·按察〉「處分朝集使敕五道」之三（開元二十一年閏三月一日），頁529～530。

〔註385〕《唐大詔令集》，卷104，〈政事·按察〉「處分朝集使敕五道」之五（開元二十一年），頁530。

〔註386〕《唐大詔令集》，卷103，〈政事·按察〉「處分朝集使敕八道」之一（開元三年三月十五日），頁525。

〔註387〕《唐大詔令集》，卷103，〈政事·按察〉「處分朝集使敕八道」之二（開元六年二月六日），頁525。

爭訟由於無恥」，〔註388〕執政者心目中的主張，反映出儒家的一貫主張，「衣食足而知榮辱」，首先確保民眾的基本生活條件，才能引導人民入學習聖人之書、禮義之道。針對一般社會上最常出現、最令地方官頭疼的現象，莫過於逃戶引發的治安、經濟、社會問題；百姓的興訟與儒家理想中的無訟社會背道而馳。這兩點，一是出於不足，一是由於無恥，可謂前二句的反面例證。只要能夠把握這簡單的「政要四端」，大抵就能維持境內的基本和諧。玄宗既然提出了治理地方的「要端」，朝集使回到地方後若不能將當地妥善治理，皇帝則會毫不留情地指責：「教化或未洽，黎甿或未寧，攘竊者或有犯禁，逋亡者罕聞復業。豈朕敦諭之道尚缺，而牧宰之訓未明歟」，〔註389〕「且外臺者，長吏主之，至如禮義不興，耕桑不勸，孤寡不恤，徭役不均，不肅吏人，不清盜賊，不懲侵暴，不糾姦訛。有一於此，是誰之過」，〔註390〕在敕戒中使用如此嚴厲的字眼，表達了皇帝的不滿與失望，無非是想讓朝集使知警惕，希望他們將地方打理好。

敕文談到對刺史職責的要求之時，也點出地方吏治的問題。地方上的苛政、貪官污吏帶給人民極大的煩擾，「或刻以害物，或擾以妨農，或背公向私，或全身養望；至使錢穀不入，杼軸其空，捐瘠相仍，流庸莫返」，縱使派遣使臣巡察，也未能改善。〔註391〕更有甚者，還點名豫州刺史裴綱，〔註392〕其「為政煩苛。頃歲不登，合議蠲復。部人有訴，便致科繩。縣長為言，仍遭留繫」，裴綱枉法恣意，由御史推按後，證實其行「虐政弊人」。〔註393〕裴綱出

〔註388〕《唐大詔令集》，卷104，〈政事·按察〉「處分朝集使敕五道」之二（開元十二年三月十三日），頁529。

〔註389〕《唐大詔令集》，卷104，〈政事·按察〉「處分朝集使敕五道」之一（開元十六年十二月十七日），頁529。

〔註390〕《唐大詔令集》，卷104，〈政事·按察〉「處分朝集使敕五道」之四（開元二十一年四月一日），頁530。

〔註391〕《唐大詔令集》，卷103，〈政事·按察〉「處分朝集使敕八道」之一（開元三年三月十五日），頁525。

〔註392〕裴綱於正史無傳，先天元年（712），睿宗任命宋王府司馬的裴綱為江南道宣勞使。《太平廣記·龍四》「韋氏」條引《原化記》載韋氏表弟裴綱於貞元中猶為洪州高安尉。但二者年代差距甚遠，《太平廣記》提及的裴綱實非此處的豫州刺史裴綱。參見：《冊府元龜》，卷162，〈帝王部·命使〉，頁1951。（宋）李昉等編，《太平廣記》（北京：中華書局，1995），卷421，〈龍四〉，「韋氏」條，引《原化記》，頁987。

〔註393〕《唐大詔令集》，卷103，〈政事·按察〉「處分朝集使敕八道」之五（開元八年二月十九日），頁526。

現在敕戒當中，甚為特殊，玄宗朝的敕戒多是談地方的概況、水旱災的救治，少有具體指明某人的情況出現。玄宗特別將此事公佈於諸州朝集使前，不僅有懲戒裴綱的意味，亦是希望諸州長官以此為誡。玄宗也點出地方上吏治敗壞的癥結：「憑恃威權，囑託下寮，搖動獄訟。或差遣不當，致令損失；或處分有乖，便至煩擾」。玄宗提醒地方長官，若是不能約束屬下的不法行為，縱使自己潔身自愛亦是枉然。〔註394〕皇帝透過敕書，期望朝集使回州後，能革去一切澆俗，返淳風。〔註395〕

諸道敕書中，屢屢展現皇帝對各州水旱災的關心與處置，「頃者水災，薦及河朔。朕思無不至，憂彼元元，發倉廩漕江淮以賑之，蠲租稅停征役以安之」，〔註396〕「朕夙夜兢惕，匪遑寧居，尋遣使存問。其諸道有損處，已量加賑恤」。〔註397〕水旱災是每個皇帝都會經歷的天災，非玄宗朝獨有的問題。玄宗在敕戒中不斷提及，一來是展示皇帝對於百姓的關心，二來也可能是水旱災問題的嚴重性。地方面臨天災時的應變不佳，可能是平時未做相關準備，因此無法在短時間內妥善處理、安定民心，玄宗才會一再要求地方官平日要注意堤防的修築維護：「善為政者，防於未然。均其有無，省其徭役。事事有豫，早為之所。雖遭歲惡，固亦人安」。〔註398〕但現實往往與應然相悖，「且如江左，爰及山南，歲小不登，人已菜色，皆由好逐朝夕之利，而無水旱之

〔註394〕《唐大詔令集》，卷104，〈政事·按察〉「處分朝集使敕五道」之五（開元二十一年），頁530。

〔註395〕玄宗在開元八年三月發布第六道敕時，因「淳源未還，至道猶鬱」，曾自問：「豈朕之不德耶？將吏之不賢耶？」問題的癥結可能在於「徭賦或繁耶？綱維或紊耶？」此外，在開元十二年三月敕記載：「不患不知，患在不行。豈至長吏屢改，正教屢移。在官當先為國，理人各揚其職。不得冒禁干進，苟利其身。澆俗不可不革，淳風不可不返。」官員們若一心求利，忘記知識份子治國的本分，將無法妥善管理地方。由此可見，玄宗心目中的「澆俗」並非只有一種代表，舉凡不良善、與淳風相悖的風氣皆可視為「澆俗」。參見：《唐大詔令集》，卷103，〈政事·按察〉「處分朝集使敕八道」之六（開元八年三月十一日），頁526；卷104，〈政事·按察〉「處分朝集使敕五道」之二（開元十二年三月十三日），頁529。

〔註396〕《唐大詔令集》，卷104，〈政事·按察〉「處分朝集使敕五道」之一（開元十六年十二月十七日），頁529。

〔註397〕《唐大詔令集》，卷103，〈政事·按察〉「處分朝集使敕八道」之五（開元八年二月十九日），頁526。

〔註398〕《唐大詔令集》，卷104，〈政事·按察〉「處分朝集使敕五道」之五（開元二十一年），頁530。

儲。卒遇凶年，莫非艱食，此則政乖慮始。人無勸分，欲免流庸，不可得也」，〔註399〕由於平時不曾未雨綢繆，等到災害來時便無應對救濟之法，玄宗才會在敕戒中一再提醒叮囑。

在中國天人感應說之下，天災實是人君失德或有冤滯之氣的反應，面對地方發生的水旱災，玄宗是這樣認為的：「水旱不實，實朕之過；惠養失所，分刺之由」，〔註400〕雖說天災可能傳遞上天的憤怒與責罰，但地方長官未即時給予照顧，即是失職；若地方治理成效不佳，人民流離失所，便是地方長官的責任。當面臨「庸賦尚減，戶口且虛，水旱相仍，倉儲莫贍」之時，「無聞慈惠之政，未息凋弊之流，豈朕之不明，而吏之無術」，〔註401〕此處清楚分割皇帝應對天負責，牧守應好好照顧百姓，莫使天災釀成人禍的觀念。開元十年第七道敕就提到，河南因連年災荒，使得收成不良，卻因「州將貪名，不為檢覆」，而「致令貧弱，萍流外境」。〔註402〕至於諸州水患之處，大部分是「政理無方，或堤堰不修，或溝渠未洩」，皇帝亦「頻已處分」。〔註403〕天災無法避免，牧守們平常應當做好水道的修護管理工作，在暴雨來臨時才能發揮效用。唐律中就有要求地方長官平日要對堤防加以檢校，若不修繕或修而失時者，依造成的損傷加以苛責。〔註404〕若因大雨造成堤防潰堤，輕則造成農田財物損失，重則使百姓流離失所、危害生命安全，事後的補救、安置更要花上一番功夫，對國家的賦稅與勞動力來說，都是很大的傷害，因此在平日的維護上不可不慎。

〔註399〕《唐大詔令集》，卷104，〈政事・按察〉「處分朝集使敕五道」之三（開元二十一年閏三月一日），頁529～530。

〔註400〕《唐大詔令集》，卷103，〈政事・按察〉「處分朝集使敕八道」之五（開元八年二月十九日），頁526。

〔註401〕《唐大詔令集》，卷103，〈政事・按察〉「處分朝集使敕八道」之八（開元十年二月二十七日），頁527。

〔註402〕《唐大詔令集》，卷103，〈政事・按察〉「處分朝集使敕八道」之七（開元十年正月十一日），頁527。

〔註403〕《唐大詔令集》，卷103，〈政事・按察〉「處分朝集使敕八道」之八（開元十年二月二十七日），頁527。

〔註404〕《唐律疏議・雜律》「失時不修堤防」條（總424）：「諸不修隄防及修而失時者，主司杖七十；毀害人家、漂失財物者，坐贓論減五等；以故殺傷人者，減鬥殺傷罪三等。（注曰：謂水流漂害於人。即人自涉而死者，非。）即水雨過常，非人力所防者，勿論」。參見：《唐律疏議》，卷27，〈雜律〉「失時不修堤防」條（總424），頁504。

　　敕書中常提到戶口亡逸一事，反映了唐代流民現象的嚴重性。〔註405〕流民的問題在高宗武后就已出現，開元八年更有「天下戶口逃亡，色役偽濫，朝廷深以為患」之事。〔註406〕政府對於人民戶口的掌握力降低，使得賦稅、徭役此等事關國家稅收的問題受到影響。〔註407〕開元九年正月，宇文融上奏，以「天下戶口逃移，巧偽甚眾」為由，請加檢括。二月，玄宗以宇文融充使，置勸農判官十人，並攝御史，派往天下檢括逃戶。〔註408〕三月，玄宗敕朝集使云：「頃年以來，戶口逃逸，波逝而往，井邑虛弊，州縣不以為事，逋亡乃是其常。……宜加招撫，咸使安服」。〔註409〕此敕對逃戶的處理，是在宇文融請括戶的背景下做出的，中央派使者下至地方括戶，地方長官亦應協助處理。宇文融的括戶行動到開元十二年，共括出八十餘萬戶，雖有成效，但未能根治。除了有官員上書其行擾民以外，地方長官的不配合也是很大的因素。對此，玄宗在開元二十一年敕文中痛陳朝集使之不是：

　　天下浮逃，先有處分，所在括附，便入差科。輒相容隱，亦令糾告。如聞長吏不甚存心，致令流庸更滋。前弊未革，自行此法，即有姦生。逃者租庸，類多乾沒，長吏明察，豈其然乎？此色每年別須申省，比類多少，以為殿最。〔註410〕

〔註405〕唐代的逃亡戶口，可分為二類：一是應服役卻亡失者，二是浮浪他所的亡戶。逃亡戶口通常是為了躲避徭役或租稅，逃亡至他處的流民，其衍生的社會問題、治安問題，以及國家勞動力與稅收的損失都是一大傷害，因此唐律《捕亡律》中，特別制定相關規範防範之。參見：楊曉宜，《唐代的捕亡制度》（新北市：花木蘭文化出版社，2012），頁64～70。
〔註406〕《通典》，卷7，〈食貨典〉，「歷代盛衰戶口‧大唐」，頁150。
〔註407〕開元年間，雖號稱盛世，然大唐建立之初的兩項重要制度；均田制、府兵制已遭到破壞。當授田流於形式之時，租庸調卻未隨之減少，人民無法承受，自是流轉他鄉以逃賦役。另據《舊唐書‧楊炎傳》：「開元中，玄宗修道德，以寬仁為理本，故不為版籍之書，人戶寖溢，隄防不禁。丁口轉死，非舊名矣；田畝移換，非舊額矣；貧富升降，非舊第矣。戶部徒以空文總其故書，蓋得非當時之實。舊制，人丁戍邊者，蠲其租庸，六歲免歸。玄宗方事夷狄，戍者多死不返，邊將怙寵而諱，不以死申，故其貫籍之名不除」，玄宗欲展現其寬大之風，取消以往調查戶籍的慣例，使得官方對於人口、田地、戶等、兵將的掌握度極低。此外，玄宗在位期間，也是府兵制度崩壞之時。參見：《舊唐書》，卷118，〈楊炎傳〉，頁3420～3421。參見：谷霽光，《府兵制度考釋》（北京：中華書局，2011），第七章，〈府兵制的破壞〉，頁202。
〔註408〕《資治通鑑》，卷212，〈唐紀〉「玄宗開元九年」條，頁6744。
〔註409〕《冊府元龜》，卷158，〈帝王部‧誡勵〉，頁1906。
〔註410〕《唐大詔令集》，卷104，〈政事‧按察〉「處分朝集使敕五道」之四（開元二

況在豐年，不能招輯，遂使戶多虛掛，人苦均攤。務欲削除，更成
詭故。已逃者未必為削，為姦者因此便除。一啟其端，豈勝其弊。
向若州有明牧，縣有良宰，而精心緝理，豈若是乎？卿等至州，將
朕此意，優柔慰勉，各令用心。招撫流庸，補綴居業，使免助逃之
費，是為救弊之先。此不存心，更知何理。〔註411〕

朝廷先前已頒布括戶辦法，敕書中直指因地方官吏未積極配合解決逃戶問題，
才使得流民問題益加嚴重。逃亡者的租庸大多已無，長吏若是細加查驗，不
會到此地步。玄宗還規定此事每年需申報尚書省，看其數量多寡，作為考核
標準。玄宗又指地方官吏不積極根治流民問題，若皆能「精心緝理」，又怎會
落得現今難以解決的情況？皇帝最後語氣轉和，期望朝集使回州後能「優柔
慰勉」，用心招撫流民，否則「此不存心，更知何理」？

　　皇帝發布的諸道詔敕，內含人主希冀地方官員遵守的事項。雖說皇命不
可違，但官員並未確實遵守，以致玄宗在開元九年三月的詔敕中說：「卿等每
還之時，朕亦常有其誡，及聞至彼，多不遵行」。〔註412〕對於朝集使是否遵
旨而行，人君採取恩威並施的手法，「用光我班瑞之命，有賞有罰」，〔註413〕
表現突出者：「欽爾有官，各勤為政。如風化允穆，課績殊尤，當擢之不次，
旌乃厥美」；〔註414〕若是「依勢作威，倚法以削，流亡未至，教令不行，加以
常罰」。〔註415〕朝集使為地方代表，能反映民聲，玄宗常在敕書中強調，若
是政策有不便於民者，朝集使可儘管上奏：「不知卿等從州來日，百姓間得安
穩以否？其閭閻未便，敕令有闕，具以陳聞，副我深寄」、〔註416〕「如臺省處
事，有不穩便於時者，具利害聞奏，勿復依隨，以損百姓」。〔註417〕

十一年四月一日），頁530。
〔註411〕《唐大詔令集》卷104，〈政事・按察〉「處分朝集使敕五道」之五（開元二
十一年），頁530。
〔註412〕《冊府元龜》，卷158，〈帝王部・誡勵〉，頁1906。
〔註413〕《唐大詔令集》，卷104，〈政事・按察〉「處分朝集使敕五道」之三（開元二
十一年閏三月一日），頁529～530。
〔註414〕《唐大詔令集》，卷103，〈政事・按察〉「處分朝集使敕八道」之五（開元八
年二月十九日），頁526。
〔註415〕《唐大詔令集》，卷103，〈政事・按察〉「處分朝集使敕八道」之六（開元八
年三月十一日），頁526。
〔註416〕《唐大詔令集》，卷103，〈政事・按察〉「處分朝集使敕八道」之四（開元七
年十月二日），頁526。
〔註417〕《唐大詔令集》，卷103，〈政事・按察〉「處分朝集使敕八道」之七（開元十

　　玄宗朝頒布的多道〈處分朝集使敕〉,只到開元二十一年為止,此時間點反映了何種歷史意義?敕文呈現的社會問題是否得到解決?筆者以為,此與開元二十二年設立採訪處置使有關。玄宗自開元二年起,頻頻派使至各地監察,《新唐書・百官志》:

> 開元二年(714),曰十道按察採訪處置使,至四年(716)罷,八年(720)復置十道按察使,秋、冬巡視州縣,十年(722)又罷。十七年(729)復置十道、京都、兩畿按察使,二十年(732)曰採訪處置使。〔註418〕

開元年間按察使置廢的時間,與諸道〈處分朝集使敕〉頒布的時間相近,〔註419〕二者或許有相當程度的關聯。當玄宗因地方問題而憂心時,除了向朝集使頒布敕書,期望朝集使在返州時能多加注意以外,另透過派遣諸道按察使至地方巡察,雙方互相合作,也有監督刺史之意。玄宗在開元二十一年連下三道〈處分朝集使敕〉,顯見地方狀況依然不佳,可能到了惡化的地步,皇帝才會每月降一道敕戒;朝臣察覺到地方問題的嚴重性,也發現以往臨時遣使的效用有限,倡議於地方上常設地方監察官,此即採訪處置使。另外,玄宗於開元二十五年頒布了〈委節度使定兵防健兒員額停召募取丁壯願充健兒者詔〉:「委節度使放諸色征行人內及客戶中召募,取丁壯情願充健兒長任邊軍者,每歲加于常例,給田地園宅,務加優卹,便得存濟」,〔註420〕依此詔,新的長征健兒是從諸色征行人及客戶中招募,可使「逋逃之人,必爭出應募」。朝廷釋出田地、屋房等誘因,給逃亡的人口一個安定的機會,有工作、有產業,不但減少逃亡客戶的人數,降低社會問題,更保證唐朝軍隊的兵員充足。玄宗透過募兵制的實施,暫時解決了執政多年來的經濟、政

年正月十一日),頁527。

〔註418〕關於採訪處置使設立的始末及確切時間點,將於第四章第一節〈採訪使與考課〉討論,此不贅述。參見:《新唐書》,卷49,〈百官志〉「外官」,頁1310～1311。

〔註419〕〈處分朝集使敕八道〉分別頒於開元三年三月十五日、開元六年二月六日、開元七年三月十一日、開元七年十月二日、開元八年二月十九日、開元八年三月十一日、開元十年正月十一日、開元十年二月二十七日,〈處分朝集使敕五道〉頒布時間為開元十六年十二月十七日、開元十二年三月十三日、開元二十一年閏三月一日、開元二十一年四月一日,以及開元二十一年春。

〔註420〕李希泌主編;毛華軒等編,《唐大詔令集補編(下)》(上海:上海古籍出版社,2003),卷25,〈委節度使定兵防健兒員額停召募取丁壯願充健兒者詔〉(開元二十五年五月癸未),頁1228。

治、軍事、社會問題。〔註421〕

　　唐朝留下的多道朝集使敕書，對於瞭解朝集制度與當時社會現象是極佳的史料，其內容反映了當時的社會問題，如逃戶、水旱災處置不當、吏治敗壞等情形。皇帝藉由予朝集使的敕書，宣達他對天下的關懷。每則敕書的主旨各異，有的是直指地方長官的缺失，有的是對天災處置的再三叮嚀、有的是勾勒長吏工作的模範，這些內容都是中央對地方事務有清楚瞭解，所給予大方向的指示；朝集使回州後，要將敕書中臚列的「注意事項」，帶進日常行政當中，如此看來，敕書亦可視為訊息交流的媒介。

小結

　　本章由資訊傳遞與禮儀二方面論及朝集使的職能與意義，朝集使若僅僅只是攜帶簿冊的使者，其功能相當容易被取代，但他由地方長官出任，背後隱含中央對地方的絕對控制；正因如此，朝集使與皇權的關係相當密切，當皇帝與中央官員有矛盾，急需拓展皇權時，朝集使就成了皇帝拉攏的對象。朝集使參加的帝國活動，皆是與天道、國家、皇權息息相關的大祀與禮儀，是維繫國家運行相當重要的一環。此外，朝集使的朝參亦有萬邦來朝的涵義，尤其在皇權不彰時，朝集使如期的朝參對中央來說更有重大意義。〔註422〕中央相當重視朝集使，當朝集使返州時，皇帝會賜宴並給予各種賞賜，並吩咐回到地方時所應注意的行政事項，當中傳達了皇帝對人民的愛護、對朝集使的期許，也反應了當時的社會問題。朝集使對帝國而言，似是不可或缺的使職，然而歷經安史之亂，朝集制度卻逐漸走向消亡，其原因為何，是否單純是中央權力的萎縮，或有其他因素，將在下章分析。

〔註421〕募兵制解決現有社會問題後，當然也帶了新的問題。首先是軍費的膨脹，再者是軍隊素質的問題，應募而至的流民客戶中，也包括歸附的少數民族，軍隊內成員多樣化，難以駕馭。參見：張國剛，〈唐代藩鎮形成的歷史考察〉，收入氏著，《唐代藩鎮研究》（北京：中國人民大學出版社，2009），頁 10 ～12。

〔註422〕于賡哲，〈從朝集使到進奏院〉，《上海師範大學學報（社會科學版）》，31:5（上海，2002.09），頁 47。

第四章　朝集制度的終結

　　朝集制度的運行成效，在於中央權力的強大，確保地方聽朝廷號令，如實造冊，年年進京。若是遇到戰亂，或是地方權力足以與朝廷抗衡之時，朝集制度將面臨挑戰。隋煬帝末年，諸郡漸不朝集，[註1]中央逐漸失去有效統治地方的能力。玄宗天寶十四載（755）爆發的安史之亂，是唐朝國運與歷史的轉捩點，玄宗出逃、京師無首，朝集使亦難以履行其責任義務，如期朝參。

　　至德二載（757）元旦，肅宗在彭原受朝賀，當日通表入蜀賀玄宗。[註2]此為肅宗登基首次受朝賀，意義重大，但規模已無法與過去相比；中原各州皆忙著平定戰亂，怕是無暇派遣人員朝集。同年唐軍收復兩京，玄、肅二宗回到長安，隔年（至德三載，758）元旦，肅宗才得以在含元殿正式受朝賀，接受百官上壽稱賀。[註3]肅宗雖回到京師，但安史殘餘勢力未平，於乾元元年（758）六月六日下敕：「今冬入考刺史，自今已後，並宜停」，[註4]此是朝廷正式下令停止朝集。自安史亂爆發以來，玄宗逃離長安、肅宗靈武即位，倉皇間恐無暇頒令暫停朝集，諸州刺史也明白眼下情況；當肅宗回到長安後，

〔註1〕《資治通鑑·隋紀》「煬帝大業十二年（616）」：「春，正月，朝集使不至者二十餘郡」。參見：（宋）司馬光編著，（元）胡三省音註，《資治通鑑》（北平：古籍出版社，1956），卷183，〈隋紀·煬帝〉「大業十二年春正月」條，頁5702。

〔註2〕（後晉）劉昫，《舊唐書》（北京：中華書局，1975），卷10，〈肅宗本紀〉「至德二載」，頁245。

〔註3〕（宋）王欽若等編，《冊府元龜》（北京：中華書局，1994），卷107，〈帝王部·朝賀〉，頁1276。

〔註4〕（宋）王溥，《唐會要》（北京：中華書局，1990），卷69，〈都督刺史已下雜錄〉，頁1213。

天下局勢仍無法讓諸州朝集使進奏入計，只好先暫時停止朝集。

　　受到安史之亂破壞的朝集制度，到了德宗建中元年（780）才重新恢復，卻如曇花一現，旋即告終，從此，朝集制度正式走入歷史。本章擬由德宗即位時重建朝集制度失敗一事，檢視朝集制度終結之因。

第一節　中央與地方關係的改變

　　歷經戰亂而停擺多年的朝集使，到了德宗即位才得以恢復。大曆十四年（779）五月代宗崩，繼位的德宗頗有勵精圖治之舉，下令罷免地方歲貢、奴婢，放梨園樂工、宮女，作風崇尚簡樸，展現新氣象。同年六月初一，德宗御丹鳳樓大赦天下，並敕「諸州刺史上佐，今後准式入計」；〔註5〕又於七月四日敕：「宜起十五年已後，已依常式」，〔註6〕自隔年起，朝集制度恢復原來運作。當朝集使於隔年（建中元年，780）入朝後，德宗下令，除待制官外，「更引朝集使二人，訪以時政得失，遠人疾苦」，〔註7〕仿效前代皇帝，發揮朝集使傳遞地方資訊之用，也展現皇帝心懷百姓的形象。唐前期皇帝登基時常召見朝集使問地方民情，背後有樹立新君威的意圖，由此可見德宗意圖效法祖輩的精神。

〔註5〕然德宗於建中元年（780）三月二十五日敕：「各委本州，定上佐入考。」故建中元年入朝的朝集使不再以刺史為主。參見：（後晉）劉昫，《舊唐書》，卷12，〈德宗本紀〉，頁319。《唐會要》，卷69，〈都督刺史已下雜錄〉，頁1213。

〔註6〕《唐會要》，卷69，〈都督刺史已下雜錄〉，頁1213。雷聞根據出土文書，推論唐代朝集使相關的法律至少有〈考課令〉與〈戶部格〉。筆者以為，除了「令」和「格」之外，當還有「式」。德宗恢復朝集制度時，說的是「准式入計」、「依常式」，前引《文館詞林》亦提及：「依式遣使參朝」。《唐六典・刑部郎中員外郎》：「凡律以正刑定罪，令以設範立制，格以禁違正邪，式以軌物程事」，另《新唐書・刑法志》：「唐之刑書有四，曰：律、令、格、式。令者，尊卑貴賤之等數，國家之制度也；格者，百官有司之所常行之事也；式者，其所常守之法也。凡邦國之政，必從事於此三者。其有所違及人之為惡而入于罪戾者，一斷以律」。唐式有三十三篇，是尚書省列曹及秘書、太常、司農、光祿、太僕、太府、少府及監門、宿衛、計帳為其篇目，惜目前無法確知規定朝集使的式之篇名。參見：雷聞，〈隋唐朝集制度研究——兼論其與兩漢上計制之異同〉，《唐研究》，7（北京，2001.12），頁293～295。（唐）李林甫等撰，陳仲夫點校，《唐六典》（北京：中華書局，1992），卷6，頁185。（宋）歐陽脩、宋祁等撰，《新唐書》（北京：中華書局，1975），卷56，〈刑法志〉，頁1407。

〔註7〕《資治通鑑》，卷226，〈唐紀・德宗〉「建中元年十一月」條，頁7290。

《唐會要‧受朝賀》載：

> 建中元年十一月朔，御宣政殿，朝集使及貢士見。自兵興以來，典
> 禮廢墜，州郡不上計，內外不會同者，二十五年，至此始復舊典。
> 州府計吏至者，一百七十有三。（建中）二年（781）正月朔，御含
> 元殿，四方貢獻，列為庭實，復舊例也。〔註8〕

德宗在建中元年十一月初一，於宣正殿召見朝集使與地方貢士；並於隔年元
旦於含元殿舉行元會大典。德宗登基以來的種種行為，皆可觀察其欲重建中
央政府勢力，企圖回到唐前期榮景的決心，並召集自安史之亂至今，已有25
年未曾入朝的朝集使回歸朝廷。〔註9〕《唐會要》的記載，說明了肅代二朝皆
無朝集使入京，不過，有兩筆史料記載朝集使於代宗年間活動的紀錄。代宗
廣德元年（763）河北平，擾攘近八年的安史亂終告定，該年七月禮部侍郎楊
綰上貢舉條目，當中提到「既是貢士，刺史縣令不得以部人待之，加其禮數，
隨朝集使以十月二十五日到省。其鄉飲酒及至上都朝見，並謁先師，並依舊
式」，〔註10〕隨著時局穩定，以及朝廷對於人才的需求，楊綰特別強調對貢士
的照顧，如貢士離州的鄉飲酒禮，並隨朝集使入京，以及貢士到京後的拜見、
謁先師禮等，皆同舊制。另《太平廣記‧徵應》「李揆」條引《異苑》：

> 唐代宗將臨軒送上計郡守，百僚外辦，御輦俯及殿之橫門，帝忽駐
> 輦，召北省官謂曰：「我常記先朝每餞計吏，皆有德音，以申誡勵。
> 今獨無有，可乎？」中書舍人李揆越班伏奏曰：「陛下送計吏，敕下
> 已久，遠近咸知。今忽臨朝改移，或恐四方乍聞，妄生疑惑。今止
> 須制詞，臣請立操翰，伏乞陛下稍駐鑾輅」。帝俞之，遂命紙筆，即
> 令御前起草，隨遣書工寫錄，頃刻而畢，及宣詔。〔註11〕

據上述記載，代宗在前往餞別朝集使的途中，質疑為何未同往例頒佈給朝集
使敕書？中書舍人李揆擔心儀式受到耽擱引起不必要的猜疑，便建議由他書

〔註8〕同事亦見《舊唐書‧德宗本紀》，然《舊唐書》記載「朝集使及貢使見於宣正
　　　殿」，此處「貢使」應為「貢士」之誤。參見：《唐會要》，卷24，〈受朝賀〉，
　　　頁457。《舊唐書》，卷12，〈德宗本紀〉「建中元年」，頁327。

〔註9〕據《舊唐書》記載，天寶十五載（756）玄宗於宣政殿受朝。從天寶十五載到
　　　建中元年（780）的確經過二十五年的時間。參見：《舊唐書》，卷9，〈玄宗本
　　　紀〉「天寶十五載」，頁231。

〔註10〕《冊府元龜》，卷640，〈貢舉部‧條制〉，頁7677。

〔註11〕（宋）李昉等編，《太平廣記》（北京：中華書局，1995），卷137，〈徵應‧人
　　　臣休徵〉「李揆」條，引《異苑》，頁988。

寫，再請宣召即可。據《太平廣記》，代宗時不僅有朝集使入朝，還細寫朝集使離去時，皇帝為其送別、頒佈敕戒的場景。然而，細考李揆生平，此事應不可能發生在代宗朝。李揆於開元末舉進士，玄宗入蜀時，拜中書舍人；肅宗乾元初兼禮部侍郎，後遷中書侍郎、平章事等，於上元二年（761）被貶。〔註12〕李揆曾於主政時得罪元載，自代宗年間，元載掌權時皆流於外州，不得回京。〔註13〕待大曆十二年（777）元載伏誅後，除睦州刺史，大曆十四年德宗命為國子祭酒。〔註14〕李揆於肅宗末年就被貶任外州，代宗即位年間乃元載掌政之時，〔註15〕李揆沒有回京的機會，故《太平廣記》的記載無法作為代宗年間有朝集使的證據。至於楊綰的建議，應是為重申貢士之禮而作，其旨不在說明朝集使的恢復，因「自兵興以來，典禮廢墜，州郡不上計，內外不會同者，二十五年。至此始復舊典」，說明朝集制度確實斷裂，否則德宗也不用在即位之初，命朝集使「准式入計」。

德宗有計畫要恢復朝集制度，考慮到朝集使久未入京，在京停留期間恐有住宿不便的問題，於建中元年（780）十月二十九日下敕：「每州邸第，令本州量事，依舊營置」，命各州置辦在京的州邸，便於朝集使居住。然而，此事對諸州可能帶來煩擾，因此隔年（建中二年）戶部以為，若令州府自置州邸，「事又煩費」，上奏另分二十所官宅給諸州朝集使。〔註16〕

德宗雖然想全面恢復朝集制度，但在朝集人選的限定上，明顯與以往有落差。根據《唐六典》的規定，朝集使的人員選任是「都督、刺史及上佐更為

〔註12〕李揆任相時，素與同僚呂諲不合；呂諲於肅宗上元元年（760）罷相，調任荊州，為政頗有好評，李揆擔心呂諲因此回朝再度受到重用，命人至呂諲轄內探查呂之過失。呂諲得知此事，上疏肅宗，李揆遂於上元二年（761）被貶為袁州長史（《舊唐書·李揆傳》為萊州長史同正員）。參見：《舊唐書》，卷10，〈肅宗本紀〉「上元二年」，頁260；卷126，〈李揆傳〉，頁3560；卷135，〈良吏傳〉「呂諲」，頁4824～4825。

〔註13〕李揆當政時，曾自視門第高，輕視元載，甚至出言諷刺。元載登相位後，逢李揆轉職，元載奏以李揆為試秘書監，於江淮養疾，李揆當時「既無祿俸，家復貧乏，孀孤百口，丐食取給。萍寄諸州，凡十五六年」，處境相當淒涼。參見：《舊唐書》，卷126，〈李揆傳〉，頁3560。

〔註14〕《舊唐書》，卷11，〈代宗本紀〉「大曆十二年」，頁310；卷12，〈德宗本紀〉頁322；卷126，〈李揆傳〉，頁3559～3561。

〔註15〕代宗寶應元年（762）五月，任元載為戶部侍郎同中書門下平章事，充度支轉運使；廣德元年（763）十月，「以宰臣元載判天下元帥行軍司馬」。參見：《舊唐書》，卷11，〈代宗本紀〉「寶應元年」、「廣德元年」，頁268、273。

〔註16〕《唐會要》，卷24，〈諸侯入朝〉，頁459。

之」，〔註17〕前引大曆十四年赦書是詔刺史、上佐入計，都督的消失，可能與當時廣設節度使，都督一職被取代有關。〔註18〕建中元年三月二十五日赦：「各委本州，定上佐入考」，〔註19〕刺史進一步被排除在朝集人選外，所以該年年底到達京師的朝集使，以上佐為主。建中二年元旦，德宗至含元殿受內外官朝賀，接受各地貢獻，終於恢復唐帝國輝煌的元會。當時朝集者有一百七十三人，對比天寶年間，天下有三百三十一州，〔註20〕此次入京朝集使只佔總數的一半，而全國將近有一半的州未遣使進京；缺席的這一半，讓德宗看到了朝廷威望的滑落，不但沒有增加朝廷的威信，反倒暴露了中央權威的低迷。〔註21〕

德宗在建中二年七月二十二日，下赦諸州府：「今年朝集使，宜且權停，其貢物及文解等，准例令考典赴上都」，〔註22〕至此，連上佐都不再進京了，地方的貢物與簿書，只令考典運送至京。自隋代創建朝集使以來，與漢代上計制度差異最大、意義最深遠的莫過於地方長官親自入京，顯現國家對地方的直接支配；如今，進京朝集的不再是地方的長官上佐，而由考典前往，朝集制度背後展現的中央集權精神不再。

德宗朝能恢復朝集使，與當時的政治局勢相關。肅宗朝與安史餘黨勢力作戰時曾向回紇借兵，回紇兵所到之處皆被掠奪，兩京殘破。代宗初年，安史亂已平，但以田承嗣為首的河北藩鎮聲勢壯大，實為一大隱憂。另外，吐蕃、党項揮軍京師，代宗出逃陝州，外患威脅要到大曆年間才稍微減輕；同時河北藩鎮因內部矛盾，無法齊力與中央抗衡，中央權力才日漸穩固。黃永年從肅、代二帝的政治局勢，以及中央與地方的權力關係，探討德宗實施兩稅法的真正目的，無一不反映中央對地方的財政權力爭奪，〔註23〕側面反映德宗試圖恢復朝集使的背景與目的。朝廷屢受藩鎮威脅，無法制下，這些都

〔註17〕《唐六典》，卷3，頁79。
〔註18〕胡寶華，〈唐代朝集制度初探〉，《河北學刊》，1986年3期（石家莊，1986.06），頁75。
〔註19〕《唐會要》，卷69，〈都督刺史已下雜錄〉，頁1213。
〔註20〕《唐會要》，卷70，〈州縣分望道〉，頁1232。
〔註21〕于賡哲，〈從朝集使到進奏院〉，《上海師範大學學報（社會科學版）》，31:5（上海，2002.09），頁48。
〔註22〕《唐會要》，卷24，〈諸侯入朝〉，頁460。
〔註23〕參見：黃永年，〈論建中元年實施兩稅法的意圖〉，收入氏著，《唐代史事考釋》（臺北：聯經出版社，1998），頁314～335。

是不利朝集的條件。建中四年（783）涇源兵變，長安陷落，德宗出逃奉天。兵變雖於興元元年（784）結束，但李希烈、朱滔等人仍未降服，等到貞元二年（786）李希烈為其將所殺，亂事才告一段落。〔註24〕叛亂平定，德宗卻於貞元三年（787）三月下詔：「今年朝集使宜停」。〔註25〕德宗即位初所復立的朝集使，不到十年，又下令停止。筆者以為，建中二年取消朝集使改由朝集典上都，已經算是朝集制度滅亡的前奏，貞元三年的詔令則是官方正式的宣告。〔註26〕

　　唐代朝集使遭破壞的原因，就最直接的原因看來，是戰爭的爆發阻礙諸州遣使進京，要到局勢安定後，朝集制度才能重新運作。然而，在李希烈等人的叛亂平定後，德宗卻正式廢止朝集使，最主要的原因是藩鎮的出現，改變了中央與地方的關係，當時的環境下已沒有朝集使存在的空間與必要。

　　唐朝在安史之亂後，藩鎮勢力崛起，影響唐中葉後的中央與地方關係。以往學界論述中唐後的地方制度，認為藩鎮凌駕在州、縣之上。然而，近來的研究提出不同於傳統的道、州、縣三級制的概念，指出唐代中後期中央與地方的關係，應該是中央、藩鎮與州呈三角關係的互動。〔註27〕

　　針對以往唐後期的地方行政體系被認為是道、州、縣三級制的說法，陳志堅從法律制度的規範面與行政直達的實際面進行駁斥。在法律的規範層面上，中央從來沒有在制度上確認道凌駕於州之上，亦未明確規定州在行政諸處上隸屬於藩鎮。至於實際的行政直達方面，中央與州的行政直達，即使在

〔註24〕德宗建中三年（782），朱滔、王武俊、田悅、李納、朱泚、李希烈等諸藩起兵稱王，其中朱滔稱冀王、王武俊稱趙王、田悅稱魏王、李納稱齊王，朱泚自稱秦帝，改號為漢，李希烈自稱楚帝，改國號為大楚。相關討論可參見：黃永年，〈「涇師之變」發微〉，收入氏著，《唐代史事考釋》，頁337～371。

〔註25〕《舊唐書》，卷12，〈德宗本紀〉「貞元三年」，頁355。

〔註26〕唐代朝集制度已在貞元年間廢止，但《冊府元龜》仍有德宗以後朝集使的紀錄，一為文宗大和七年（833）御史崔璪彈劾朝集使敬讓一事，另為後唐明宗天成元年（926）的考課令。對此，于賡哲已做出考釋：文宗大和七年之事實屬年代錯置，相關人物為開元時人，《唐會要·御史台知班》已有記載；後唐考課令是抄自《唐六典·吏部考功郎中員外郎》之文字，從開元到後唐，政治、社會、與諸項制度變遷極大，此令無視官制上的異動，不過是一紙具文而已。參見：于賡哲，〈從朝集使到進奏院〉，頁48～49。

〔註27〕陳志堅，《唐代州郡制度研究》（上海：上海古籍出版社，2005），〈前言〉，頁5。關於唐後期地方行政體系的學說回顧，可見張達志，《唐代後期藩鎮與州之關係研究》（北京：中國社會科學出版社，2011），頁39～42。

不同時期、不同地區有程度上的差異，但在唐後期均長期存在；中央不只是透過各種財稅使職與州直接聯繫，州也一直保有與中央直接接觸的權力。中央對地方的控制上，或是直接行使對州縣的管理，或是利用藩鎮節度觀察使行使權利管理州縣，維持地方的穩定與發展；尤其是藩鎮叛伏難定時，朝廷為了削弱其勢力，與藩鎮爭奪對州縣的控制，這時州縣與中央的行政直達就更被強調。〔註28〕

其實，唐中葉後的地方行政體制不論是傳統學界認為的三級制，或如三角互動關係，都揭示藩鎮是中央不得不面對的對象，也說明了中央與地方的關係已不若前期的單純。安史之亂打破了唐帝國原有的統治局面，前期中央主要關注州縣的行政效率、地方吏治；安史亂後，則著重在對藩鎮的控制與維持州縣管理這兩項。〔註29〕儘管唐後期的中央仍有對州的行政直達，但藩鎮的出現，已使得州不再如從前一般，是地方單獨面對朝廷的窗口。在此情況下，朝集使已不全然是地方最高行政首長，其代表性也打了折扣。

朝集使是唐前期中央與地方的連結點，安史亂後，中央與地方的聯繫，有進奏院與巡院兩個管道。巡院是中央設置在各地的機構，進奏院則是藩鎮在京師的「辦事處」。〔註30〕研究中晚唐藩鎮與中央之間的互動，必會談到進奏院。關於朝集使與進奏院的關係，已有學者撰文，〔註31〕筆者以為仍有再

〔註28〕陳志堅，《唐代州郡制度研究》，頁138～139。張達志另補充：所謂三級制的地方行政體制根本是子虛烏有，在國家法令中，觀察使只對其屬州行使監察聞奏之責，而屬州與朝廷的上通下達有明確的法令規定並時時重申，同時，藩鎮與屬州之間的聯繫受到嚴格的限制。參見：張達志，《唐代後期藩鎮與州之關係研究》，頁63。

〔註29〕陳志堅，《唐代州郡制度研究》，頁138～139。

〔註30〕有學者將進奏院視為地方的駐京辦事處。參見：劉豔杰，〈唐代進奏院小考〉，《廈門大學學報（哲學社會科學版）》，1997年4期（廈門，1997.10），頁14。李彬，〈唐代進奏院述略〉，《現代傳播——北京廣播學院學報》，1998年1期（北京，1998.02），頁69。李永，〈從朝集使到進奏官——兼談中國古代的「駐京辦事處」〉，《天府新論》，2011年6期（成都，2011.11），頁132～136。

〔註31〕關於進奏院在中唐以後身負信息傳遞的功能，學界有豐碩的研究成果。張國剛研究進奏院居於上下溝通的角色，往上向朝廷反映本鎮情況，往下向本鎮報告官方與他鎮訊息，傳遞中央詔令與文牒、辦理本鎮上供賦稅及進奉事宜，並總結進奏院的職能有落腳點、中轉站、情報所、辦事處等諸多功能。王靜整理出文獻中可考的長安進奏院所在，主要靠近大明宮、太極宮、興慶宮與皇城的東北角一塊。進奏院選址很明顯是看中距離政治中心近的特點，便於打探信息、交通朝臣，也可看出當中的群聚效應。參見：張國剛，〈唐代藩鎮進奏院制度〉，收入氏著，《唐代藩鎮研究》（北京：中國人民大學出版社，

次說明的必要，以下就朝集使與進奏院的關係再做一梳理。

安祿山於天寶年間，在京設立了自己的聯絡網。據《資治通鑑》記載：安祿山「常令其將劉駱谷留京師訓朝廷指趣，動靜皆報之；或應有賤表者，駱谷即為代作通之」。〔註32〕劉駱谷作為安祿山的密探，打聽朝廷與朝中大員之事，再回報給安祿山，供其掌握京師訊息；〔註33〕劉亦為安祿山在京的聯絡人，代為通傳朝廷文書。在進奏院成立之前，已有節度使設立在京駐點，派遣人員打探朝廷消息，但並非制度性的設置。〔註34〕

安史亂後，藩鎮先是在京設立上都留後，〔註35〕負責官員為上都留後使，其紀錄可溯至肅宗寶應二年（763）至大曆元年（766）之間。〔註36〕至於上都留後改為進奏院，當在大曆十二年（777）五月，《唐會要》、《舊唐書》等史書皆記載此事。〔註37〕從原本為臨時代理之意的上都「留後」，到有確定的名

2009），頁 125～128。王靜，〈朝廷和方鎮的聯絡樞紐：試談中晚唐的進奏院〉，收入鄧小南主編，《政績考察與信息渠道：以宋代為中心》（北京：北京大學出版社，2008），頁 240～241。

〔註32〕有關安祿山在天寶年間派人打探朝廷消息一事，除《資治通鑑外》，兩唐書亦有記載。《舊唐書》：「（安祿山）常令劉駱谷奏事……祿山陰有逆謀，……劉駱谷留居西京為耳目」；《新唐書》：「繇是祿山有亂天下意，令麾下劉駱谷居京師，伺朝廷隙」。參見：《資治通鑑》，卷 215，〈唐紀·玄宗〉「天寶六載春正月」條，頁 6876。《舊唐書》，卷 200，〈安祿山傳〉，頁 5368～5369。《新唐書》，卷 225，〈逆臣傳·安祿山〉，頁 6413。

〔註33〕天寶九載（750），安祿山獻奚俘八千人，並帶奚、契丹酋長的首級入朝，玄宗先命有司於昭應設住所；隔年（天寶十載，751）為安祿山設第於親仁坊，「敕令但窮壯麗，不限財力」。親仁坊與玄宗長駐的興慶宮距離近，玄宗此舉展示對安祿山的恩寵，對安祿山而言，更是方便打探消息。參見：《資治通鑑》，卷 216，〈唐紀·玄宗〉「天寶九載」、「天寶十載」條，頁 6900、6902～6903。王靜，〈唐長安城中的節度使宅第——中晚唐中央與方鎮關係的一個側面〉，《人文雜誌》，2006 年 2 期（西安，2006.03），頁 129。

〔註34〕王靜，〈朝廷和方鎮的聯絡樞紐：試談中晚唐的進奏院〉，頁 239。

〔註35〕張國剛指出，在天寶中尚未見上都留後的身影，其設置當不早於肅宗，很可能是在安史之亂期間出現。參見：張國剛，〈唐代藩鎮進奏院制度〉，頁 123。

〔註36〕王靜，〈朝廷和方鎮的聯絡樞紐：試談中晚唐的進奏院〉，頁 238。

〔註37〕《唐會要·諸使》：「（大曆十二年）其月（五月）十一日，諸道先置上都邸務，名留後使。宜令並改為上都進奏院官」。《舊唐書·代宗本紀》：「（大曆十二年五月）甲寅，諸道邸務在上都名曰留後，改為進奏院」。《資治通鑑·唐紀》「文宗太和七年（833）」載：「二月，癸亥，加盧龍節度使、檢校工部尚書楊志誠檢校吏部尚書。進奏官徐迪詣宰相言：『軍中不識朝廷之制，唯知尚書改僕射為遷，不知工部改吏部為美，敕使往，恐不得出』」，注曰：「徐迪，盧龍進奏官也。宋白曰：『大曆十二年正月，敕諸道先置上都留後便宜，並改充諸

稱，顯示朝廷對於藩鎮自設機構的認可。〔註38〕

　　柳宗元於貞元十二年（796）十月六日，撰〈邠寧進奏院記〉，具體描述進奏院的由來與功能：

> 凡諸侯述職之禮，必有棟宇建於京師。朝覲為修容之地，會計為交政之所。其在周典，則皆邑以具湯沐；其在漢制，則皆邸以奉朝請。唐興因之，則皆院以備進奏。政以之成，禮於是具，由舊章也。〔註39〕

柳宗元將進奏院連結到周漢以來的制度，是朝廷為地方官員準備的入京述職住所，似有將進奏院視為延續朝集使州邸的意思。福景信昭由進奏官參與國家禮儀，實為藩帥的代理者，從這個角度來說，進奏院實際上繼承了朝集使的禮儀內涵。〔註40〕進奏院有傳達中央政令、上地方貢獻、溝通上下之功，是否為朝集使的繼承？首先就宅邸而言，朝集使所居的州邸為官方興建，〔註41〕進奏院則不同，有節度使自掏腰包購買，如東平節度使李師古的進奏院，即是購自道政里的一處凶宅。〔註42〕或許進奏院建制之初有「修容之所」的功能，但有些節度使在京有宅邸，〔註43〕何況有些藩鎮久不入朝，當然談不

道都知進奏官』」。張國剛指出，「正月」當為「五月」之訛。參見：《唐會要》，卷78，〈諸使・諸使雜錄〉，頁1439。《舊唐書》，卷11，〈代宗本紀〉「大曆十二年」，頁312。《資治通鑑》，卷244，〈唐紀・文宗〉「太和七年二月癸亥」條，頁7883。張國剛，〈唐代藩鎮進奏院制度〉，頁122。

〔註38〕申忠玲，〈唐代朝集制度與進奏制度關係之辨析〉，《太原師範學院學報（社會科學版）》，9：4（太原，2010.07），頁25。

〔註39〕（唐）柳宗元，《柳河東集》（上海：上海古籍出版，2008），卷26，〈記官署〉，「邠寧進奏院記」，頁444～445。

〔註40〕（日）福景信昭，〈唐代の進奏院——唐後半期「藩鎮體制」の一側面〉，《東方學》，105（東京，2003.01），頁48～49。

〔註41〕李永從目前可考的州邸坐落，離皇城等政治中心遙遠，且分佈在同一行坊之中，認為這是唐太宗在建置時故意為之，主要是加強對朝集使的控制，讓他們遠離官方政治信息的發源地與集散地。但據《唐會要》，太宗當時是以京城中的閑坊作為朝集使的州邸，坐落在同一行坊，是巧合或官方便於集中管理，目前已不可考。參見：李永，〈從州邸到進奏院：唐代長安城政治格局的變化〉，《南都學壇（人文社會科學學報）》，30：2（南陽，2010.03），頁33。

〔註42〕王靜指出李師古特別選擇凶宅作為進奏院，可能是看中其宅的保密性與隱蔽性。參見：《太平廣記》，卷341，〈鬼〉「道政坊宅」條，引《乾𦠆子》，頁2707。王靜，〈朝廷和方鎮的聯絡樞紐：試談中晚唐的進奏院〉，頁243。

〔註43〕如劍南東川節度使王承業宅在長安崇義坊，東川進奏院在宣陽坊；河南節度使王璠宅在長興坊，河南進奏院在崇仁坊；邠寧節度使程執恭宅在靖安坊，

上朝覲。有學者從節度使在京的宅邸、家廟，探討藩鎮與中央的關係：無視中央，根本不準備入朝的藩鎮，是不會考慮在京置辦房產，若有久未入朝的藩鎮恢復朝覲之禮，官方會給予豐厚賞賜，如車馬、錢帛、宅第等。〔註44〕這不僅可視為節度使與朝廷間的連結，也展現朝廷的懷柔政策。〔註45〕

再從時間點來談，朝集使從安史之亂到代宗大曆十四年間，已停止多年，進奏院及其前身上都留後皆在此時成型，若進奏院為朝集使的替身或延續者，又何來德宗上台要恢復朝集使之舉？還煞有其事於建中元年重置州邸？實際上，德宗時朝集使短暫存在之際，還與進奏院並存，這一切皆可說明，朝集使與進奏院是兩個系統，二者沒有繼承關係。更重要的是，朝集使與進奏院分別為州與藩鎮的代表，彼此並不相屬。

由於朝集使與進奏院分別為唐代前後期信息傳遞與聯繫中央與地方的管道，又有地方代表的身分，因此常被學者拿來討論。在信息傳遞的性質上，朝集使主要是依中央要求造冊進行考核、向中央回報地方的治理情況，在返州時也會帶回中央的政策與信息，但屬附帶性質；進奏院是為藩鎮蒐集中央的情報，並傳遞中央的政令文件。〔註46〕再者，朝集使報告給中央的各項資訊名冊，並未被進奏院繼承繼續為之。朝集使每年向中央彙報地方考課一事，轉到觀察使身上。文宗開成元年（836）八月，中書門下奏：「從今已後，望令諸觀察使，每歲終，具部內刺史縣令，司牧方策，政事工拙上奏」，〔註47〕觀察使上奏的內容、時間點，以及供朝廷獎懲的性質，與朝集使如出一轍。

邠寧進奏院在宣陽坊；鳳翔節度使竇易直宅在長安新昌坊，鳳翔進奏院在永興坊。參見：（清）徐松撰，李健超增訂，《增訂唐兩京城坊考》（西安：三秦出版，1996），頁64、66、71、87、83、95、153。

〔註44〕 朱泚於大曆九年（774）上表，請自領三千步騎入朝，官方非常重視，下詔「修甲第以待之」；當朱泚到京師後，代宗「御內殿引見，賜御馬兩匹、戰馬十四、金銀錦綵甚厚，又以器物十床、馬四十四、絹二萬匹、衣一千七百襲賜其將士，宴犒之盛，近時未有」。參見：《舊唐書》，卷150，〈朱泚傳〉，頁5386。

〔註45〕 王靜指出，這背後反映了自肅代二帝後朝廷為維持和平統一的局面，懷柔節度使，鼓勵邊將入朝的政策。王靜除了從節度使的宅第論述藩鎮與中央的互動，另由節度使在京所立的家廟進行考察，立廟京師不僅代表節度使個人的臣服，節度使本人及子孫都有回京祭祀的義務，增加進京朝覲的次數，從節度使的祖先、本人、子孫皆受到朝廷無形的控制，比起私宅更能樹立朝廷權威。參見：王靜，〈唐長安城中的節度使宅第——中晚唐中央與方鎮關係的一個側面〉，頁128～133。

〔註46〕 申忠玲，〈唐代朝集制度與進奏制度關係之辨析〉，頁26。

〔註47〕 《唐會要》，卷68，〈刺史上〉，頁1206。

此外，以往隨朝集使入京的舉子，不再以州為單位，而是統一由觀察使申送，此即〈會昌五年（845）舉格節文〉：「其諸支郡所送人數，請申觀察使為解都送，不得諸州各自申解」。〔註48〕當觀察使儼然成為地方一級行政首長之時，以往連接中央與地方的朝集使，已無法發揮功用。進奏院與朝集使雖同有信息傳遞的功能，只是形式相似，內涵相異的制度。進奏院的設立及存續，是安史之亂後，應運藩鎮自立而起的產物。〔註49〕觀察進奏院負責的業務，與朝集使大不相同，因此，進奏院不是朝集制度的延續，而是新興的信息傳遞管道。

第二節　採訪使與考課權

安史之亂造成各地藩鎮自立，「道」儼然由監察區變成行政體系。唐代「道」的設置，並非在安史亂後才出現，唐初的道約可分為疆域區劃──監察與軍事意義二種。〔註50〕軍事意義的道，如高祖武德九年（626）對突厥莫賀咄時，李靖被封為靈州道行軍總管；貞觀三年（629）突厥諸部離叛，李靖封為代州道行軍總管。〔註51〕疆域區劃的道，在貞觀元年（627），太宗就山河形便，將天下分為十道，以便統管。〔註52〕這十道僅為地理名稱，對施政無影響，朝廷的行政體系仍是州縣二級制。有學者論述唐初之道時，直接視之為監察區域，依嚴耕望的看法，中宗神龍二年（706）以後，道才有監察區的性質。〔註53〕

〔註48〕（五代）王定保撰，黃壽成點校，《唐摭言》（西安：三秦出版社，2011）卷1，〈會昌五年舉格節文〉，頁3。

〔註49〕張國剛指出，進奏院的設立，反映唐代割據藩鎮企圖游離中央，又無法徹底否定朝廷統治的特點。藩鎮在中央設置進奏院，是奉事朝廷的象徵，如同中央在地方設立監軍院，是中央統治的代表一樣。參見：張國剛，〈唐代藩鎮進奏院制度〉，頁129。

〔註50〕除了地理監察與軍事單位以外，道之本意是指道路，德宗貞元年間，賈耽撰《皇華四達記》，列舉從邊州入四夷之路就稱為道，如所謂的營州入安東道、登州海行入高麗渤海道、夏州塞外通大同雲中道等，此為使臣與商旅通行之路。參見：史念海，〈論唐代貞觀十道和開元十五道〉，收入氏著，《唐代歷史地理研究》（北京：中國社會科學出版社，1998），頁28～30。

〔註51〕《舊唐書》，卷67，〈李靖傳〉，頁2478～2479。

〔註52〕此十道為關內道、河南道、河東道、河北道、山南道、隴右道、淮南道、江南道、劍南道、嶺南道。參見：《舊唐書》，卷38，〈地理志〉，頁1384。

〔註53〕嚴耕望，〈景雲十三道與開元十六道〉，《中央研究院歷史語言研究所集刊》，36上（臺北，1965.12），頁115。此文亦收入《嚴耕望史學論文選集》。

有論者將地方監察分為三種：（一）皇帝巡狩之制：此即「天子巡狩」。天子巡狩的督察權廣大，監察地方官吏只是其中之一，但皇帝不常出巡，而是指定宰相以下的中央官員代表巡省，此為「代天巡狩」。如隋文帝於開皇三年（583）十一月，發使巡省風俗，故稱為巡省大使；〔註54〕唐太宗貞觀八年（634）分遣大臣十三人巡行天下等例。〔註55〕此亦以宰相大臣代天巡狩的巡省制度。（二）中央官監察地方之制：此制有御史對地方的監司，《唐六典》論御史臺監察御史之職為「分察百僚，巡按郡縣」；〔註56〕另有中央不時派遣特使監察地方官吏，如漢初丞相史分巡出刺，唐代初期的巡察使、按察使之廉按州部皆是。（三）派遣官員常駐地方以司監察：此以地方官員為監司之任，如秦始皇統一六國後，將天下分為三十六郡，後增加為四十二郡，郡有郡守，並置「監」，以御史監郡，稱為監御史，即為此種地方監察之制。唐玄宗於開元二十二年（734）置採訪處置使，後改為觀察處置使，皆為地方監察之官。〔註57〕

唐初，中央透過御史臺與臨時遣使兩種方式監察地方。在御史臺的發展上，太宗、高宗之時，朝廷派遣監察御史巡行地方。〔註58〕武后於光宅元

〔註54〕（唐）魏徵，《隋書》（北京：中華書局，1973），卷1，〈高祖本紀〉「開皇三年」，頁20。

〔註55〕貞觀八年正月二十九日，太宗遣蕭瑀、李靖、楊恭仁、竇靜、王珪、李大亮、劉德威、皇甫無逸、韋挺、李襲譽、張亮、杜正倫、趙弘智等人巡省天下。詔書中有「觀風俗之得失」之語，《唐會要》將之稱為觀風俗使，並記觀風俗使自貞觀八年以後不置；詔書中另有「故有巡狩之典，黜陟幽明」等句，《資治通鑑》記為黜陟大使。對此，林宗賓認為，此使為宰相大臣代天巡狩之巡省，故《新唐書》稱蕭瑀、李大亮為巡省大使。參見：《唐會要》，卷77，〈諸使上〉「觀風俗使」，頁1411～1412。《資治通鑑》，卷194，〈唐紀·太宗〉「貞觀八年」條，頁6105。《新唐書》，卷99，〈李大亮傳〉，頁3912；卷101，〈蕭瑀傳〉，頁3951。林宗賓，〈唐代地方監察制度之研究〉（臺北：中國文化大學政治學研究所碩士論文，1989），頁17。

〔註56〕《唐六典》，卷13，〈御史臺〉，頁381。

〔註57〕林宗賓將「監察地方官」與「地方監察官」視為兩種制度，前者係指中央政府對地方官吏所採行的一切監察措施，其範圍包含前所舉三種方式；後者是第三種以地方官員為監察之任的監察方式。參見：林宗賓，〈唐代地方監察制度之研究〉，頁4～6。

〔註58〕如貞觀四年（630），監察御史王凝出使益州；貞觀十七年（643），監察御史汲師巡獄至長安；顯慶三年（658），監察御史胡元範出使越巂等例。另高宗時，有馮元常「擢累監察御史、劍南道巡察使，興利除害，蜀人順賴」一事。參見：《唐會要》，卷62，〈御史臺下〉「出使」，頁1082。《新唐書》，卷112，〈馮元常傳〉，頁4178。

年（684），將御史臺分左右，左肅政御史臺專知在京百司及監諸軍旅；因「人物殷煩，區宇遐曠，而所在州縣，未能澄肅」，令右肅政御史臺專知諸州按察。〔註 59〕到了天授二年（690），發十道存撫使，以右肅政御史中丞知大夫事李嗣真等人為之，據載：「時分巡天下者皆左右臺官」。〔註 60〕從中央臨時遣使，到右臺按察州縣，其實都是派遣御史臺前往地方監察，但武后專置右臺，又定期巡使，〔註 61〕初步是監察地方，肅清弊病，實則是利用使者出巡增加人君對地方的控制力，〔註 62〕背後含有濃厚的政治意圖。〔註 63〕由於御史臺乃武后掌權的利器，中宗即位後，對此做了一番改革。景雲二年，欲建立二十四都督府，不成；後置十道按察使，不久右臺遭廢。玄宗時，因右臺與按察使職權重複，二者廢立不定。到了開元二十二年設置採訪處置使後，唐代才有常置的地方監察官出現。〔註 64〕

　　以上所論為唐初地方監察在御史臺制度面上的變革，《新唐書‧百官志》簡述唐前期監察諸使的動態：

　　　　貞觀初，遣大使十三人巡省天下諸州，水旱則遣使，有巡察、安

〔註59〕（宋）宋敏求編，《唐大詔令集》（北京：商務印書館，1959），卷3，〈帝王‧改元〉「改元光宅詔」，頁16。
〔註60〕（元）馬端臨，《文獻通考》（臺北：臺灣商務印書館，1987），卷61，〈職官‧州郡〉「巡察按察巡撫等使」，頁555。
〔註61〕據《唐會要》，初置二臺時，每年春秋兩季發使，春曰風俗使，秋曰廉察使，並命地官尚書韋方質訂條例四十八條察州縣。到了載初（689）以後，停每年出使，改奉敕巡行。參見：《唐會要》，卷60，〈御史臺上〉「御史臺」，頁1041。
〔註62〕林宗賓，〈唐代地方監察制度之研究〉，頁25。
〔註63〕胡寶華分析武后與御史臺的關係，發軔於永徽六年（655）高宗廢王立武之時，支持立武的官員多屬司法、監察部門，武氏在掌權後也給予其人賞賜。武氏從參政到臨朝稱制期間，在御史臺的組織架構、人員任命權與定員品階等都進行改革，牢牢掌控御史臺，御史臺的地位也得到空前加強，都是為了鞏固其統治權。武則天臨朝稱制後，地方形勢險峻，徐敬業在武氏改元光宅不久後於揚州起義，而揚州之亂使得眾多宗室與中央官員遭貶黜，導致地方情形更為複雜；此外，宗室中有數人擔任各地都督、刺史，手中握有軍權，皆不利於武氏執政。武則天甫上台就要面臨多方反對勢力，她以加強地方監察為手段，進而控制各地、消除異己、穩定政權。既然右臺監察地方是替武則天剷除反對勢力，當反對力量肅清之時，其存在必要性也沒那麼高了。據前引《唐會要》，到了載初元年，御史臺不再每年春秋兩季遣使而是奉敕而行，即是源於此。參見：胡寶華，《唐代監察制度研究》（北京：商務印書館，2005），第三章〈武周革命與御史臺〉，頁71～82。
〔註64〕林宗賓，〈唐代地方監察制度之研究〉，頁20。

撫、存撫之名。神龍二年（706），以五品以上二十人為十道巡察使，按舉州縣，再周而代。景雲二年（711），置都督二十四人，察刺史以下善惡，置司舉從事二人，秩比侍御史。……當時以為權重難制，罷之，唯四大都督府如故。置十道按察使，道各一人。開元二年（714），曰十道按察採訪處置使，至四年（716）罷，八年（720）復置十道按察使，秋、冬巡視州縣，十年（722）又罷。十七年（729）復置十道、京都、兩畿按察使，二十年（732）曰採訪處置使，分十五道，天寶末，又兼黜陟使，乾元元年（758），改曰觀察處置使。〔註65〕

從太宗到玄宗，朝廷派遣中央官員至地方的使者，有巡察使、安撫使、存撫使、按察使、按察採訪處置使、採訪處置使、黜陟使、觀察處置使等名，名稱雖異，但使命相同，皆為中央監察官，其所察範圍，以道為單位。〔註66〕由於唐初的道僅是地理區劃，初時未常設主治官，只在遇事或天災時遣使巡行。〔註67〕巡行天下之使，若因天災而出，則「分道撫慰，問民疾苦。見禁

〔註65〕《新唐書》記開元二十年置十五道採訪處置使，《通典》、《舊唐書》、《資治通鑑》、《唐會要》有二十二年（734）與二十三年（735）的記載。對此分歧，嚴耕望引唐人陳簡甫之〈宣州開元以來良吏記〉，推測採訪處置使設置的時間，可能在二十一年冬已定議，至二十二年二月十九日才正式命使，因此史書才有二十一年與二十二年二說。由於採訪處置使是張九齡任相時建議所置，池田溫從張九齡年表處著手確認：張九齡於開元二十一年秋丁母憂，當年十二月十四日起復拜中書侍郎同中書門下平章事兼修國史；二十二年正月求終喪，玄宗不許，作〈讓起復表〉，二月置十道採訪使，因此採訪處置使必在二十二年初所設。參見：《新唐書》，卷49，〈百官志〉「外官」，頁1310～1311。嚴耕望，〈景雲十三道與開元十六道〉，頁115～117。（日）池田溫，〈採訪使考〉，收入《第一屆國際唐代學術會議論文集》（臺北：中華民國唐代研究學者聯誼會出版，1989），頁885～889。

〔註66〕如貞觀十八年（644），遣十七道巡察；儀鳳二年（677）五月，河南、河北旱，遣御史中丞崔謐等分道存問賑給；垂拱元年（685）時，將降九道大使巡察天下諸州；天授二年（690），發十道存撫使。唐初遣使人員多於十道區域的原因，可能是道的地理觀念之劃分，與現實的監察工作不符，在實行的過程從中應變的結果。參見：《唐會要》，卷77，〈諸使上〉「巡察按察巡撫等使」，頁1412～1414。程志、韓濱娜著，《唐代的州和道》（西安：三秦出版社，1987），頁84～85。

〔註67〕如貞觀三年五月旱，太宗六月令中書舍人杜正倫、崔敦禮、守給事中尹文憲、張玄素等人至關內諸州分道撫慰。參見：《冊府元龜》，卷161，〈帝王部·命使〉，頁1947。

因徒，量事斷決」，〔註68〕若是訪查民情，監察地方，則「以六條巡察四方，多所貶黜舉奏」、「察吏人善否，觀風俗得失」。〔註69〕前引嚴耕望所言，到了中宗神龍二年二月下敕：「左右臺內外五品已上官，識治道通明無屈撓者二十人，分為十道巡察使。二周年一替，以廉按州部」，〔註70〕道才有監察區的性質，此後君王常遣十道使臣，道逐漸成為正式的監察區。〔註71〕由於某些道所轄區域過大，控管不便，於景雲二年五月將原有的山南道分為山南東西道、又從黃河以西分為河西道。〔註72〕當年六月，再分天下為二十四都督府，「都督糾察所管州刺史以下官人善惡」，睿宗對所置都督寄予厚望，期許都督能發揮監察良效，激濁揚清，並云：「若糾不以實，姦不能禁者，令左右御史臺彈奏」。但議者以為權重難制，不成，改設十道按察使。〔註73〕若由前述地方監察的三種模式，對比《新唐書‧百官志》紀錄唐前期監察諸使，可謂由第一種「代天巡狩」走向第三種「派遣官員常駐地方監察」的過程。此外，從這段文字中可發現，唐前期幾乎每任皇帝都在調整地方監察諸使的範圍與權限，〔註74〕監察諸使廢置不定，顯示君王一直在尋找一個合適的地方監察制度。〔註75〕

中央派至地方的使者，承皇帝旨意辦事，照理而言應改善地方風氣與弊病，卻有無法如人主所期望的情形，民間的反應也不是很好，未達到預期的效果。李嶠在萬歲通天元年（696）上武后的〈論巡察風俗疏〉提到：

〔註68〕《冊府元龜》，卷161，〈帝王部‧命使〉，頁1947。
〔註69〕《唐會要》，卷77，〈諸使上〉「巡察按察巡撫等使」，頁1412、1414。
〔註70〕《唐會要》，卷77，〈諸使上〉「巡察按察巡撫等使」，頁1415。
〔註71〕嚴耕望，〈景雲十三道與開元十六道〉，頁115。
〔註72〕《唐會要》，卷70，〈州縣分望道〉，頁1233。
〔註73〕《唐會要》，卷68，〈都督府〉，頁1192～1196。
〔註74〕貞觀十道是依山川形便為區隔，實際上具有軍事意義，因高山大川利於防守，後因諸道間的幅員大小有異，考慮到政令到達的均質性與推行的難易度，便由十道擴而充之，睿宗景雲年間的分道便是在此背景下推行的。日後的開元十五道，是在貞觀十道的基礎上再做調整，其中牽涉人口稠密度與諸項經濟發展，史念海著有專文探討。參見：史念海，〈論唐代貞觀十道和開元十五道〉，收入氏著，《唐代歷史地理研究》，頁27～60。
〔註75〕唐代前期監察諸使廢置不定的原因，張國剛認為是中央懼怕地方事權過重，又無力直接控制千百個郡縣所產生的糾結。然而，統治條件（交通、通信）的落後，所統領的疆域與人口極其廣大眾多，要想有效統治全國，在州縣上另立一級機關是不可避免的，唐代的道就是在此矛盾之下的產物。參見：張國剛，〈唐代藩鎮的歷史真相〉，頁2。

巡察使率是三月已後出都，十一月終奏事。時限迫促，簿書填委，
晝夜奔逐，以赴限期。而每道所察文武官，多至二千餘人，少者一
千已下。皆須品量材行，褒貶得失，欲令曲盡行能，則皆不暇。此
非敢惰於職，而慢於官也。實材有限而力不及耳。……今之所察，
但準漢之六條，推而廣之，則無不包矣。無為多張科目，空費簿書。
且朝廷萬機，非無事也。〔註76〕

巡察使出使的時間甚短，三月離京，十一月到京，〔註77〕在州縣停留的時間
有限，且每道的文武官員人數眾多，要仔細訪查亦須花費不少時間。另外，
官員考核雖以漢代六條為標準進行，〔註78〕卻容易無限上綱，無所不考，織
了這麼嚴密的網，卻是浪費時間、無所助益，此即陳子昂於垂拱元年（685）
上疏，若未善擇使者，則「使愈出而天下愈弊，使彌多而天下彌不寧」。〔註
79〕李嶠疏中值得注意的是，巡察使在十一月回京奏事，此時朝集使已到京，
向各單位繳納各種簿冊文書以供考核，朝廷可藉巡察使在外的考察，與朝集
使的資料相對照，便可知朝集使有無欺瞞，準確掌握訊息與地方資訊。

〔註76〕《冊府元龜》，卷474，〈臺省部・奏議〉，頁5653。

〔註77〕中央遣使的時間是門學問，由於使人到地方必要官員接待，勞動百姓，極容
易打擾百姓原本的生活步調，反倒「本欲安存，卻成煩擾」，因此貞觀與儀鳳
年間皆有大臣上奏，望請秋後再出使，勿妨農時。日後巡使選在秋冬巡視州
縣，應是累積前人經驗而定。參見：《唐會要》，卷77，〈諸使上〉「巡察按察
巡撫等使」，頁1412。

〔註78〕漢代刺史巡察郡國，以六條問事：「一條，強宗豪右田宅踰制，以強陵弱，
以暴寡。二條，二千石不奉詔書遵承典制，倍公向私，旁詔守利，侵漁百姓，
聚斂為姦。三條，二千石不恤疑獄，風厲殺人，怒則任刑，喜則淫賞，煩擾
苛暴，剝戮黎元，為百姓所疾，山崩石裂，妖祥訛言。四條，二千石選署不
平，茍阿所愛，蔽賢寵頑。五條，二千石子弟恃怙榮勢，請託所監。六條，
二千石違公下比，阿附豪強，通行貨賂，割損政令也」。漢之六條為監察地
方官的標準，然而，漢六條與唐代的社會背景差異甚大，反倒是隋代監察六
條的條目與唐代地方巡察的內容較為接近。隋監察六條見《隋書・百官志
下》：「御史臺……諸郡從事四十人，副刺史巡察。其所掌六條：一察品官以
上理政能不。二察官人貪殘害政。三察豪強姦猾，侵害下人，及田宅踰制，
官司不能禁止者。四察水旱蟲災，不以實言，枉徵賦役，及無災妄蠲免者。
五察部內賊盜，不能窮逐，隱而不申者。六察德行孝悌，茂才異行，隱不貢
者。每年二月，乘軺巡郡縣，十月入奏」。參見：（漢）蔡質撰，《漢官典職
儀式選用一卷》，收入（清）孫星衍等輯，周天游點校，《漢官六種》（北京：
中華書局，1990），頁208～209。《隋書》，卷28，〈百官志下〉「御史臺」，
頁797。

〔註79〕《唐會要》，卷77，〈諸使上〉「巡察按察巡撫等使」，頁1413。

在《唐大詔令集》「政事按察」中，玄宗於開元前、中期發布了相當多道敕詔，池田溫認為，由此可見玄宗對於地方行政的關心；十道巡察、按察諸使的派遣，亦可視為整頓地方行政的重要基礎。〔註80〕開元三年（715），派遣巡察使「察官人善惡，其有戶口流散，籍帳隱沒，賦役不均者；不務農桑，倉庫減耗者；妖訛宿宵，姦猾盜賊，不事生業，為公私蠹害者」，革除地方積弊以外，若有「德行孝弟，茂才異等，藏器晦迹，堪應時用者，並訪察奏聞」。〔註81〕開元三年派出的使者，其巡察的項目包括地方民生、行政、治安、吏治諸項，幾乎地方一切事物皆受其查驗。〔註82〕開元二十二年初，宰相張九齡奏置十道採訪使；三月二十三日，諸道採訪處置使、華州刺史李尚隱等奏，請各使置印，玄宗許之。〔註83〕從採訪處置使甫成立就請置印一事，可見皇帝相當重視採訪使，且有常置的打算，地位頗為安固。〔註84〕採訪處置使的任用原則，《資治通鑑》：「京畿與都畿以御史中丞領之，其餘皆擇賢良刺史擔任」。〔註85〕此次任使中，京官只佔兩名，餘則皆為外官：有刺史七名、尹一名、都督二名、長史三名。〔註86〕由各道採訪使所任人員觀之，與前期以京

〔註80〕（日）池田溫，〈採訪使考〉，頁 879～880。

〔註81〕《唐會要》，卷 77，〈諸使上〉「巡察按察巡撫等使」，頁 1415。

〔註82〕《新唐書‧百官志》仿漢代監察地方的六條，紀錄為唐六條：「凡十道巡按，以判官二人為佐，務繁則有支使。其一，察官人善惡；其二，察戶口流散，籍帳隱沒，賦役不均；其三，察農桑不勤，倉庫減耗；其四，察妖猾盜賊，不事生業，為私蠹害；其五，察德行孝悌，茂才異等，藏器晦跡，應時用者；其六，察黠吏豪宗兼并縱暴，貧弱冤苦不能自申者」。不少論者提到監察御史對地方行監察職權時，皆引此段史料作為唐前期監察御史行六條察地方的佐證，據前引《唐會要‧諸使》，此乃開元三年派遣巡察使之敕，監察御史以六條按察州縣是開元以後之事，不能視為自唐初至開元年間的實情。參見：《新唐書》，卷 48，〈百官志〉「御史臺‧監察御史」，頁 1240。

〔註83〕《唐會要》，卷 78，〈諸使中〉「採訪處置使」，頁 1420。

〔註84〕（日）池田溫，〈採訪使考〉，頁 888。官印在唐代行政文書中佔有重要的地位，唐代中後期增設大量的使職，不少使職未設有專印，而是向當地機關借印或者使用廢印。由於使職借印是將文書送至當地機關用印，並由監印官審核，恐有洩漏機密之虞，史籍中不乏使職上請鑄使印的記載。參見：劉子凡，〈唐代使職借印考——以敦煌吐魯番文書為中心〉，《敦煌吐魯番研究》，16（上海，2016.10），頁 201～213。

〔註85〕《資治通鑑》，卷 214，〈唐紀‧玄宗〉「開元二十一年」條，頁 6804。

〔註86〕《冊府元龜》記載：十道採訪處置使有：御史中丞盧絢為都畿採訪使，御史中丞裴曠為京畿採訪使，國子祭酒汴州刺史嗣魯王道堅為河南道採訪使，華州刺史李尚隱為關內道採訪使，太原尹崔隱甫為河東道採訪使，禮部侍郎兼

官充監察使者不同。至此，唐代地方才有常設監察官，改變以往中央臨時遣使的之制。〔註87〕

採訪使的出現與擴張，反映了地方危機，朝廷才屢屢遣使前往。〔註88〕玄宗開元元年（713），王懷古稱：「釋迦牟尼佛末，更有新佛出。李家欲末，劉家欲興」，〔註89〕「新佛」是指繼釋迦牟尼出現的彌勒。早在北魏肅宗熙平二年（516），河北一帶有「新佛出世，除去舊魔」的大乘教亂。〔註90〕因

魏州刺史宋瑤為河北道採訪使，太常卿廣州事（都督）嶺南經略使李朝隱為嶺南道採訪使，揚州長史韋虛心為淮南道採訪使，太僕卿兼判涼州都督持節河西節度等副大使牛仙客為河西道採訪使，益州長史持節劍南節度副大使王昱為劍南道採訪使，荊州長史韓朝宗為山南（東）道採訪使，潤州刺史劉日正為江南（東）道採訪使，秦州刺史裴敦復為隴右道採訪使，梁州刺史宋詢為山南西道採訪使，宣州刺史班景倩為江南（西）道採訪使。參見：《冊府元龜》，卷162，〈帝王部・命使〉，頁1950。

〔註87〕 池田溫提出，採訪處置使之名稱雖是繼承前例，但從京外官充使比例的變化，可知二者實質上迥然不同。林宗賓進一步闡述從按察使到採訪使在唐代監察體制上的意義：按察使是中央臨時遴選朝臣派出的中央監察官，採訪使是地方常置之監察官，此種轉變是中央有監察地方的需要，以及欲改善臨時遣使的不便。自玄宗初年，罷專察州縣的右御史臺後，就一直以派遣按察使來監察地方，但按察使廢置不定，不利地方監察；此外，按察使若由朝臣兼之，可能延宕朝政，不如以地方官就地監察有利。參見：（日）池田溫，〈採訪使考〉，頁885～886。林宗賓，〈唐代地方監察制度之研究〉，頁20、36～37。

〔註88〕 有論者認為，若說監察使職的派遣是出於對州縣的體制的配合與補充，當地方行政監察逐漸強化之時，代表州縣政治本身不良所致。唐代到玄宗朝，社會的發展已非初唐時的官僚與政治體系所能負荷，地方上如經濟、軍事、司法等事務增加，地方吏治的敗壞與土地兼併、人口流亡的社會問題的產生，以及朝廷一直以來重內官輕外官的風氣，皆是朝廷所欲加強地方統治、強化地方行政監察的原因所在。參見：陳志堅，《唐代州郡制度研究》，頁132。劉後濱指出，使職派遣是在地方無法履行責任的情況下興起，如果地方盡責，皇帝派遣的使者只是到地方進行簡單的慰問或官員犯罪調查取證。從這個方向看唐代前期監察使職走到採訪的設置，可謂一語中的。參見：劉後濱，《唐代中書門下體制研究——公文形態・政務運行與制度變遷》（濟南：齊魯書社，2008），頁143。

〔註89〕 孫英剛指出，「李家欲末」和道教讖緯思想有關；「劉家欲興」發端於今文經學結合讖緯之學，在漢代滅亡後和早期道教結合，北魏後又轉與彌勒信仰結合。「劉氏當王」、「卯金刀」等讖語在唐代社會仍有重要的影響力。唐前期造反者以劉氏居多，劉姓大臣也因此多被猜忌。相關分析詳見：孫英剛，〈金刀之讖：政治預言與宗教信仰的融合〉，收入氏著，《神文時代：讖緯、術數與中古政治研究》（上海：上海古籍出版社，2015），頁134～164。

〔註90〕 （北齊）魏收，《魏書》（北京：中華書局，1974），卷19，〈景穆十二王列傳〉「太興弟遙」，頁445。

事涉妖言謀逆與讖緯之說，引起朝廷高度重視，〔註91〕玄宗命諸道按察使緝拿歸案，處以重刑。〔註92〕此外，開元三年又發生了彌勒教徒崔子㫤於相州作亂一事，十數日內，國家頒布〈禁斷妖訛等敕〉，〔註93〕當中提到：「比者白衣長髮，假託彌勒下生。因為妖訛，廣集徒侶。稱解禪觀，妄說災祥。別作小經，詐云佛說」，玄宗認為，由於刺史縣令「拙於撫馭」，地方上才會出現此等亂象，宜嚴加清查，並令按察使採訪，若州縣無法徹查，地方長官皆會受到懲處。〔註94〕一連兩起地方宗教叛亂，朝廷皆是派遣按察使至地方處理，除了加強中央對地方的控制外，也顯現皇帝對地方長官的不信任。

　　地方危機除了上述所指宗教叛亂以外，流亡、飢荒等社會民生問題，也亟需解決。開元二十二年的〈置十道採訪使敕〉描述了當時社會狀況：

> 歲比不登，人或流亡，言念菜色……牧宰是寄，惠養猶缺。黎元為本，賦斂未均，……其天下諸道，宜依舊逐要便置使，令採訪處置。若牧宰無政，不能綱理；吏人有犯，所在侵漁，及物土異宜，人情不便。差科賦稅，量事取安。朕所責成，貴在簡要。其餘常務，不可橫干。其便宜令中書門下即簡擇奏聞，朕將親覽。〔註95〕

〔註91〕　王懷古案涉及的宗教與法律問題，陳登武於《從人間世到幽冥界——唐代的法制、社會與國家》書中有詳細的解析。詳見：陳登武，《從人間世到幽冥界——唐代的法制、社會與國家》（臺北：五南圖書，2005），第三章，〈侵害國家法益罪——「謀叛」以上重罪〉，頁112～113。

〔註92〕　《冊府元龜》，卷922，〈總錄部·妖妄〉，頁10889～10890。

〔註93〕　據唐長孺統計，現存記載中，唐代有兩次針對彌勒教的禁令：第一次是咸亨五年（674），敦煌出土的斯1344號唐敕條中，有咸亨五年紀年之條：「長髮等宜令州縣嚴加禁斷。其女婦識文解書堪理務者，並預送比校內職」。第二次即是本文所引的開元三年蘇頲所作〈禁斷妖訛等敕〉。北魏時期的彌勒信仰十分普遍，也反映在造像銘中，然因「彌勒出世」帶給人民反抗政府統治的藉口，屢遭統治者打壓。參見：唐長孺，〈北朝的彌勒信仰及其衰落〉，收入氏著，《魏晉南北朝史論拾遺》（北京：中華書局，2011），頁198～205。

〔註94〕　（宋）宋敏求編，《唐大詔令集》（北京：商務印書館，1959），卷113，〈政事·道釋〉，蘇頲，「禁斷妖訛等敕」（開元三年十一月十七日），頁588。相關討論亦可參見：陳登武，《從人間世到幽冥界——唐代的法制、社會與國家》，第三章，〈侵害國家法益罪——「謀叛」以上重罪〉，頁113～115。

〔註95〕　張九齡另作〈敕授十道（採訪）使〉：「間歲已來，數州失稔，頗致流亡，能勿殷懷？吏又不畏不仁，人或不安不便，誠須矯過，必在仗賢……今既各膺重寄，允謂通才，以躅疾苦之原，當協大中之義，若另行一道，利及萬人」，語句中也點出地方問題，既然地方長官沒有作為，只好另派使臣前往解決。

採訪使察地方不便、需改革之事，令中書門下簡擇奏聞，皇帝將親自過目，以示重視。古有西漢刺史由監察擴及行政一事，玄宗特別點名「貴在簡要」，且「其餘常務，不可橫干」，避免採訪使干預地方行政。

唐前期的地方監察諸使，在地方事務外，官員政績與吏治亦為其所察，有考課官人之權。玄宗於開元三年六月詔：「每年十月，委當道按察使較量理行殿最。從第一等至五等奏聞。校考使乃吏部長官，總詳覆諸州，亦比類定為五等奏聞」。〔註 96〕按察使如考使一般，於十月時上奏地方考課，由吏部長官充校考使，彙整諸州考績，再上報中央。開元四年（716）時，有人檢舉今年選敘浮濫，縣令非才任之，玄宗在縣令謝官日於宣政殿策試，唯有鄧城令韋濟詞理第一，授以醴泉令，其餘二百多人皆不入第。吏部侍郎盧從愿因失職被貶為豫州刺史、李朝隱為滑州刺史。盧從愿後因「為政嚴簡」，按察使奏課為天下第一，受玄宗獎賞，不久遷入工部侍郎，轉尚書左丞。〔註 97〕十道按察使雖廢置不定，但其評定諸州考課，排比殿最，為日後採訪使開了先河。〔註 98〕

採訪使的考課權，依《唐會要》記載，開元二十五年（737）十二月二十四日，玄宗「命諸道採訪使考課官人善績，三年一奏，永為常式」。〔註 99〕此處確認採訪處置使負責考核官員，三年一奏，日後皆遵循之。玄宗規定三年一奏，可能與官員的考數相關。〔註 100〕開元二十九年（741）七月敕：「採訪使等所資按部，恤隱求瘼。巡撫處多，事須周細，不可匆遽，徒有往來。宜準刺史例入奏」。〔註 101〕此敕希望採訪使能仔細訪查地方，「恤隱求瘼」。許採

　　　　參見：（宋）宋敏求編，《唐大詔令集》，卷 100，〈政事·官制〉「置十道採
　　　　訪使敕」（開元二十二年二月十九日），頁 509。（唐）張九齡撰，熊飛校注，
　　　　《張九齡集校注》（北京：中華書局，2008），卷 7，〈敕授十道（採訪）使〉，
　　　　頁 490。

〔註 96〕《冊府元龜》，卷 635，〈銓敘部·考課〉，頁 7621。

〔註 97〕《舊唐書》，卷 100，〈盧從愿傳〉，頁 3124。《資治通鑑》，卷 211，〈唐紀·玄
　　　　宗〉「開元四年」條，頁 6717。

〔註 98〕鄧小南認為，此為監察機制對於官人課績的直接干預，反映二者密切關係。
　　　　參見：鄧小南，〈課績與考察：試談唐代文官考核制度的發展趨勢〉，收入鄧
　　　　小南主編，《政績考察與信息渠道：以宋代為中心》，頁 24。

〔註 99〕《唐會要》，卷 78，〈諸使中〉「採訪處置使」，頁 1420。

〔註 100〕唐代官員是每年一小考，考滿後才能升遷轉任，此謂大考。大考的時間可能
　　　　有二年、三年，甚至到六年，考數的時間與官員的工作性質相關。參見：黃
　　　　清連，〈唐代的文官考課制度〉，《中央研究院歷史語言研究所集刊》，55：1
　　　　（臺北，1984.03），頁 169～172。

〔註 101〕《唐會要》，卷 78，〈諸使中〉「採訪處置使」，頁 1420。

訪使准刺史例入奏，指的就是朝集使每年進京之制。採訪使考核官人、又準刺史例入奏，一如朝集使，實際上已侵奪朝集使的職能。不僅如此，採訪使在糾舉官人方面，亦查刺史（朝集使）。上章提到曾有刺史利用進京朝集時，趁勢請託權貴，於返州時升遷。地方長官無心在當地久留，一心只想回京，如何能將地方治理得好？〔註102〕因此，玄宗在開元二十二年八月下詔，禁止刺史於到任當年入考，並命諸道採訪使「申明處分，勿使如此」。〔註103〕採訪使開始監督朝集使進京的資格，配合其在考課上的權力，採訪使已從監察與行政兩方面讓朝集使居於下風。〔註104〕

　　監察諸使掌考課權，反映朝廷對於朝集使上奏的考簿有所懷疑，才另派監察使負責。採訪使既司考課，自然影響刺史的升遷，朝廷也給予採訪使廢置刺史的權力。開元二十三（735）年十二月，「命十道採訪使舉良刺史、縣令」，所舉良刺史、縣令者達三十多人。〔註105〕中央不只要採訪使舉賢良，更使其黜不法，《唐會要・諸使》錄代宗大曆十二年（777）五月中書門下奏：「開元末，置諸採訪使，許其專停刺史務，廢置由己。請自今已後，刺史有犯贓等色，本道但具狀聞奏，不得輒追赴使，及專擅停務，差人權攝。其刺史亦不得輒詣使出界，未先聞奏，皆按常刑」。〔註106〕開元末年採訪使大權在握，或許當時地方行政有諸多需要大刀闊斧改革之處，朝廷才授予採訪使廢置刺史的權力，任其便宜行事。這也讓採訪使從一般「進官人善惡狀」的考課權，躍升成為「專停刺史務，廢置由己」的掌權者。此等大權，到了代宗大曆末年，中書門下奏請停止此法，才收回中央。

〔註102〕唐前期的官場上，普遍重內官輕外官，不少刺史是武夫勳人，或是在京官任內不稱職才調到外州，在邊遠之處，用人更加隨便。在此情況下，如何寄望刺史能好好治理地方，善待百姓？唐前期的君王重臣都清楚刺史縣令在地方治理的重要性，卻無法扭轉此等局面，此種現象自貞觀年間已有之，到了開元年間依然存在；朝集使趁著在京期間交游權貴，想盡辦法調回京城，就是唐代重內輕外的展現。更深一層的想，朝集使美化簿冊上的數字，除了害怕被責罰以外，尋求考績的優等，也是為了往後能升遷當京官著想。

〔註103〕《冊府元龜》，卷635，〈銓選部・考課〉，頁7623。

〔註104〕《冊府元龜・帝王部》「慶賜」中，留下了不少唐前期皇帝設宴或賜物予朝集使的紀錄，然而在玄宗天寶以後，相關宴饗增加節度使與採訪使的位次，卻幾乎不見朝集使，從側面紀錄了節度使和採訪使的興起，以及朝集使的興衰。參見：《冊府元龜》，卷80，〈帝王部・慶賜〉，頁923～938。

〔註105〕《冊府元龜》，卷128，〈帝王部・明賞〉，頁1534。

〔註106〕《唐會要》，卷78，〈諸使中〉「採訪處置使」，頁1421。

採訪使因掌考課與地方監察大權，成立不久就有濫權的跡象。開元二十六年（738）七月冊皇太子時，赦文中提到：「比年已來，十道採訪使通官人惡狀，以其微瑕，為終身之累，豈得永無甄敘，許以自新？宜令御史臺及刑部大理寺參詳所犯輕重，類例開奏」。〔註107〕採訪使掌考課權，官員或因細故被檢舉就不得翻身；當時受到牽連的官員想必為數不少，玄宗才會特別令御史臺、刑部、大理寺審理，再將結果上報。採訪處置使從開元二十二年設立，短短四年就有濫權的傾向，玄宗特命三司重新調查，〔註108〕顯示其對採訪使的不信任。玄宗於隔年（開元二十七年，739）赦文中提到：「比來諸道所通善狀，但優仕進之輩，與為選調之資，責實徇名，或乖古義。自今已後，諸道使更不須善狀。每三年，朕當自擇使臣，觀察風俗，有清白政理著聞者，當別擢用」。〔註109〕玄宗特別設採訪處置使，即是希望透過常設地方監察官，妥善革除地方弊病，沒想到採訪使本身也腐化，所進之狀名實不符，完全違背當初設立的目的。因此，玄宗下令停止採訪使進官員善狀之權，每三年官員大考之時，中央另派使臣至各地考察。採訪使因掌官員考課，影響官員升遷，極容易擴權、濫權，中央雖注意到此點，也僅是罷了採訪使進官員行狀之權，並未禁止採訪使的其他權力。

採訪處置使行地方監察，尚肩負玄宗所冀的改革地方之責。開元年間嚴重的逃戶問題，玄宗也特敕採訪使與刺史縣令相互配合，招逃戶歸首。〔註110〕中央徹底清查各地戶口數，每年年終之時，州縣會將本地戶口異動數申省，為避免刺史縣令刻意隱瞞或浮報，採訪使會重複報省，以求慎重，俾有司查

〔註107〕《冊府元龜》，卷85，〈帝王部・赦宥〉，頁1014。

〔註108〕唐代三司會審，就性質而言，是從詔獄的傳統長期發展制度化的結果。唐代的三司可分為兩種，其一為御史臺、中書門下二省組成，專門接受上訴稱冤的表狀，唐人稱為「三司受事」；其二為刑部、大理寺、御史臺組成，負責審理與判決事務，唐人稱為「三司推事」。三司是由皇帝下詔組成共同審案，反映所審案件的重要性。採訪使是受皇命差遣的使者，權力範圍受皇帝約束，因其濫權所受的冤案，亦是由皇帝下詔命三司審理，從此點可見皇權對於使人的運用與拿捏。唐代三司的討論，可見：陳登武〈唐代司法制度研究——以大理寺為中心〉（臺北：中國文化大學史學研究所碩士論文，1991），頁60～78。

〔註109〕《唐會要》，卷78，〈諸使中〉「採訪處置使」，頁1420。

〔註110〕有趣的是，玄宗在此敕中檢討逃戶問題之由來，如前敕朝集使一般，先反躬自省一番：「豈惟朕德所未及，教有未宏歟？」再將矛頭轉向地方長官「亦由牧守專城，莫能共理；令長為邑，多或非才」，因地方長官不察，放任下屬、與權貴勾結，導致人民愈貧，「逋逃歲增」。參見：《唐大詔令集》，卷111，〈政事・田農〉「聽逃戶歸首敕」（開元二十四年正月），頁577。

核數目，也確保考績的正確性。〔註111〕由此可見朝廷對於戶口數與考等的重視，以及採訪使在當中扮演複查的角色。朝廷也在詔書中屢提及，若地方有興利除弊之需，要採訪使上報奏聞，溝通中央與地方，此語在玄宗對朝集使發布的敕書中也常見。採訪使察官人善惡、地方民生，對於州縣情況也有所瞭解，朝廷在制定新方針時，也會尋求他們的意見，前引開元二十四年三月，戶部尚書同中書門下三品李林甫制定長行旨符時，就與採訪使、朝集使商量。〔註112〕當時採訪使才派出二年，就能參與國策的制定，意見受到朝廷重視，說明採訪使在中央眼中，是重要而可靠的。

　　採訪使的監察範圍，不限於考課與官人善惡，刑獄、民生、風俗等皆受其訪查。刑獄一向受君王重視，唐代不但規定審判分級制，地方也不得擅決人命，需報中央處理，朝集使每年所攜帶的刑獄簿即是為此。玄宗在開元二十三年四月曾下詔，為避免冤獄發生或是人民繫於獄中過久，本道採訪使與本州長官「隨事決斷，勿令冤繫」。〔註113〕民生方面，玄宗在給予朝集使的敕書中，屢提及順時令、應農時的重要性，開元二十九年下制，要地方長官勸農課，並命採訪使監察；非有要事，官方不得妄有追擾人民，以妨農事進行。〔註114〕官方在重視農業以外，對於捨本逐末的行為亦嚴加禁止，開元二十九年正月，玄宗下詔，如有士人以商賈為利者，「須革其弊，以清品流」，有犯者，在京都委御史臺，外州委諸道採訪使具狀奏聞，並廣布天下。〔註115〕

　　以上看到的都是採訪使在地方的監察工作，以下兩道詔敕中，可看出採訪使逐漸成為中央與地方的連結點。開元二十九年（741）五月，玄宗夢老子玄元皇帝告佳期，屬吉兆，命有司繪像，分送天下，接受的單位是「諸道採訪使」，「令當道州轉送開元觀安置，所在道士等皆具威儀法事迎候」。〔註116〕天寶八載（749）閏六月，玄宗謁太清宮，為老子加尊號為聖祖大道玄元皇帝，命「今內出一切道經，宜令崇元館即繕寫，分送諸道採訪使，令管內諸郡轉寫。其官本便留採訪郡，太一觀持誦」。〔註117〕皇帝將老子像與《道經》分轉

〔註111〕《冊府元龜》，卷486，〈邦計部・戶籍〉，頁5811。
〔註112〕（唐）杜佑，王文錦等點校，《通典》（北京：中華書局，1988），卷23，〈職官・尚書戶部〉「度支郎中員外郎」，頁637。
〔註113〕《冊府元龜》，卷151，〈帝王部・慎罰〉，頁1825。
〔註114〕《冊府元龜》，卷70，〈帝王部・務農〉，頁790。
〔註115〕《冊府元龜》，卷159，〈帝王部・革弊〉，頁1926。
〔註116〕《冊府元龜》，卷53，〈帝王部・尚黃老〉，頁595。
〔註117〕《唐大詔令集》，卷9，〈帝王・冊尊號敕〉「天寶八載冊尊號敕」，頁54。

各地，承旨者非各地刺史，而是諸道採訪使。此事與採訪使的監察業務無關，中央也不見得將諸道視為行政機構，反倒可能是為了行政簡便之因。〔註118〕

　　採訪使擁有的大權除了廢置刺史以外，因在地方監察時，一人管數州郡，轄內大小事物皆受其管轄，若不加以限制，權力越加膨脹。天寶九載（750）三月勅：「本置採訪使，令舉大綱。若大小必由一人，豈能兼理數郡。自今已後，採訪使但察訪善惡，舉其大綱。自餘郡務所有奏請，並委郡守，不須干及」。〔註119〕此勅規定採訪使在監察之時，僅訪查官人善惡並舉其大要即可，若地方事務需奏請則由郡守辦理。此勅呼應開元二十二年〈置十道採訪使勅〉中所指的「貴在簡要」、「簡擇奏聞」，就是要避免採訪使擁有州縣一把抓的大權。然而前引開元二十九年七月勅，卻要採訪使「恤隱求瘼，事須周細」，朝廷看似矛盾的要求，背後反映監察權的模糊性與實行的為難處。權限過輕，不足以達到糾核的目的；權力太重，恐會侵犯地方行政權，當中的分寸拿捏，實屬不易。此即張九齡在〈勅授十道使〉所言：「前此使車，不無殷鑒，事皆掣肘，務欲總權；小有舉於毫髮，大莫振於綱領，本不條察，卻用煩苛，永言所期，豈云自弊」，〔註120〕在採訪使之前的遣使，總有權力過大，徒增煩擾之事，朝廷汲取過去的經驗，期望新立的採訪使能張弛有道。從開元二十二年到天寶九載，地方監察權的大小，是玄宗視地方監察權的運作加以調控。〔註121〕

　　採訪使的出現，在考課、民生、監察、行政各方面，都有侵奪刺史權力，甚至由監察官成為行政官的跡象，極可能導致採訪使與刺史間的對立。玄宗除了下令調節採訪使的權力外，對於刺史，玄宗則在頒給朝集使的勅書當中，表達他的關心與立場。天寶元年（742）十月，玄宗勅朝集使：「當道採訪，固不得違。寮友之間，遞相戒勵，宜知朕意，各守章程」。〔註122〕玄宗在勅戒中向朝集使表示，採訪使代表皇命，故不可違，而同僚之間，宜彼此包容、勸戒勉勵；身為大唐官員，理當體會皇帝心意，各守為官之道與規範。玄宗特地

〔註118〕從秦漢以來，各王朝的地方行政體系都在二級與三級之間變換不定。若只有州縣二級制，朝廷直接統治數百個州，會花費較多的行政成本；若是在眾多州縣上另一個行政機構，在統治上面比較容易，中央也方便控管。張國剛認為，玄宗時期的道仍是監察區，但不久後凌駕州縣之上，實屬歷史發展的必然結果，並影響到後來的王朝。參見：張國剛，〈唐代藩鎮的歷史真相〉，頁1～2。
〔註119〕《唐會要》，卷78，〈諸使中〉「採訪處置使」，頁1420。
〔註120〕《張九齡集校注》，卷7，〈勅授十道（採訪）使〉，頁490。
〔註121〕林宗賓，〈唐代地方監察制度之研究〉，頁157。
〔註122〕《冊府元龜》，卷158，〈帝王部・誡勵〉，頁1910。

在頒予朝集使的敕書中，叮嚀朝集使當聽命於採訪使，雙方當相互理解、好好相處，可見當時採訪使與刺史的確有不小的矛盾。在採訪使之前，按察使也曾出現在敕書當中。張九齡〈敕處分十道朝集使〉之三中，寫道：「委諸道條查，具狀奏聞……使者廉問，必以狀聞」。〔註123〕此處只簡單寫出委諸道條查地方，並具狀奏聞，與一般地方監察情形無異，想見採訪使設立之後，其與刺史間的關係相當緊張。

安史之亂打破了唐朝原有的政治秩序，因應戰時體制，於各地設立藩鎮，賦予諸項大權。考慮到各地節度使與採訪使的職權有所重複，肅宗於乾元元年（758），廢採訪使與黜陟使，後改置觀察處置使。〔註124〕即使名稱改易，觀察使仍掌官員考課。肅宗寶應二年（763）正月，考功奏請設京外按察司，由御史臺與諸道觀察使訪查官吏善惡，「其功過稍大，事當奏者，使司案成便奏。每年九月三十日以前，具狀報考功。其功過雖小，理堪懲勸者，按成即報考功。至校考日，參事跡以為殿最」。〔註125〕此段文字可看出，觀察使已成為地方考課的最高負責人，訪官人善惡與功過，並在每年九月三十日以前，具狀上報考功，作為考課的評判標準。代宗時亦曾下詔，刺史縣令每年的工作績效成果，如「招緝逃亡、平均賦稅、增多戶口、廣闢田疇、清節有聞、課效尤著者」，由所在節度使、觀察使具名聞奏。〔註126〕由上述二例可看出，以往由朝集使負責的考

〔註123〕玄宗後期發布給朝集使的敕書中，由張九齡所撰的有四篇，《唐大詔令集》題名為〈處分朝集使敕五道〉，《張九齡集校注》作〈敕處分十道朝集使〉三篇（開元十二年三月、開元二十一年閏三月前、開元二十一年春）與〈敕處分朝集使〉（開元二十一年四月一日前），就名稱看來，應是共同授予十道按察使與朝集使之敕，但就內容觀之，真正表明與十道按察使相關的只有開元二十一年春篇。此篇除了內文以外，在開頭即云：「敕十道及朝集使……」，一開頭就點出敕書授予的對象，是十道按察使與朝集使，在四篇中僅有此篇清楚說出十道按察使的角色與朝集使的關係，其餘三篇與一般朝集使敕無異。參見：《張九齡集校注》，卷7，〈敕處分十道朝集使〉，頁477～478。

〔註124〕採訪使於天寶末年又兼黜陟使，此時一併停廢。原採訪使督察州縣之職，改由觀察處置使行之。至於採訪使與觀察使的差異，張國剛提出，無須從字面上去細究，只要明白觀察使例由節度等使兼任，諸道的軍事與行政督察權就此合一了。安史亂後的道或藩鎮，實際上應指觀察使，因為觀察使不一定帶節度使，很多情況下只帶都團練使、都防禦使或經略使，但節度、都團練、都防禦、經略等使必帶觀察使。參見：《新唐書》，卷49，〈百官志〉「外官」，頁1311。《唐會要》，卷78，〈諸使中〉「採訪處置使」，頁1421。張國剛，〈唐代藩鎮形成的歷史考察〉，頁19。

〔註125〕《唐會要》，卷81，〈考上〉，頁1503。

〔註126〕《冊府元龜》，卷635，〈銓敘部・考課〉，頁7624。

課，此時已完全被觀察使取代。開元、天寶時期的採訪使，雖掌考課，影響官員升遷，弱化朝集使的職能，但朝集制度仍運行不廢。後因安史亂的影響，諸州無力派遣朝集使進京，觀察使趁勢成為地方長官，完全掌握地方考課大權。

　　肅、代二帝時期為朝集制度停擺的階段，德宗曾短暫恢復朝集使，然當時考課制度有殘缺。建中二年六月，門下侍郎盧杞奏：「准《六典》，中書舍人、給事中充監中外官考使，重其事也。今者有知考使，無監考使，伏望依前置監中外官考使」，德宗准奏。〔註127〕依《唐六典》的規定，每年別敕定京官位望高者二人校京官與外官考，又命給事中、中書舍人任監京官與外官考。〔註128〕建中二年為德宗初繼位，盧杞之奏反映了可能自代宗末年中央就未別敕命監考使的現象。當時的考課制度下，不僅是朝集使，連監考使也在校考時缺席。〔註129〕

　　朝集使每年入京，是國家體制下中央瞭解地方情況的方法之一，也是檢查官員一年來的表現。若該地戶口增益、農產豐殖，刺史、縣令進考一等，並依照所增比例加分，反之則降考，事關官員考績。〔註130〕玄宗亦曾於敕文中提到：「若考論政績，在戶口存亡不有甄明，何憑賞罰」，〔註131〕在賞罰有度的考核制度下，官員擔心遭到降考而選擇欺瞞，此種情形，自古皆然，前章論述漢代上計之時，亦曾提及官員在計簿中動手腳的現象。為了檢驗地方上奏的情報虛實，或者即時瞭解民情，朝廷會遣使巡察四方，破除單方信息傳遞的盲點。監察的必要性絕非顯示朝集制度的缺失，而是各種制度皆有其限制，需要其他方式相輔相成，才能臻至完善。唐代政府正是藉由監察此種由

〔註127〕《冊府元龜》，卷636，〈銓敘部・考課〉，頁7626。

〔註128〕《唐六典》，卷2，頁42。

〔註129〕前引黃清連的〈唐代的文官考課制度〉，考課的行政業務與監校工作的劃分，實與三省制有很大的關係。天寶年間，李林甫與楊國忠擅政，逐漸破壞三省制衡的體制，之後三省制更遭到嚴重的打擊。此外，安史亂後，尚書省各部的職權普遍被分割，如吏部所掌的銓敘、考課之權，上為君主、權相所侵奪，下為諸司、諸使、諸道州府所分割。不過，考課權雖被侵奪，但考課制度並未受到破壞，考課效率也一直維持到九世紀中葉。參見：黃清連，〈唐代的文官考課制度〉，頁148～150。

〔註130〕仁井田陞據《通典・選舉三・考績》、《宋刑統・職制律》、《續資治通鑑長編》卷三《太祖》、《文獻通考・選舉考十二・考課》復原〈考課令〉「州縣官人進考降考」（開元二十五年令）。參見：（日）仁井田陞原著，栗勁等編譯，《唐令拾遺》（長春：長春出版社，1989），〈考課令〉「州縣官人進考降考」（開元二十五年令），頁252。

〔註131〕《冊府元龜》，卷486，〈邦計部・戶籍〉，頁5811。

上往下，以及朝集使由下往上的兩種管道，控制天下。

　　採訪使的監察權因涉及官員考課、地方民生等事，起初與刺史平行，在溝通上下、瞭解民情方面，與朝集使的角色相當。然而，地方考課一向是朝集使的專責，按察、採訪使紛紛介入，先是成為定制，與朝集使奪權；後採訪使更準刺史例入奏，與朝集使擁有同樣的權力，已有取代朝集使之勢。此外，新任的刺史不得任朝集使入計，亦由採訪使監督。之後，監察權逐漸延伸為行政權，儼然成為刺史的上級長官。

　　採訪使處置使由監察官過渡到地方行政長官之因，不僅如前所述，對考課、民生，及其他地方事物有糾舉的範圍與權力，採訪使本身使職的規模化也是個重要因素。採訪使有固定治所，〔註132〕底下有判官、支使、推官等幕僚，並由採訪使自辟〔註133〕。更重要的是，採訪使在位任期長，司馬光在《資治通鑑》「唐玄宗開元二十一年」條設置採訪使時，於事末記：「非官有遷免，則使無廢更。惟變革舊章，乃須報可；自餘聽便宜從事，先行後聞」。〔註134〕採訪使常在任上，長期管理該道，玄宗又給予便宜從事之權，除非是更改既有制度，其餘皆能便宜從事。採訪使設置的本意雖是要改革地方，但過大的權力儼然成為該道行政首長，縱使皇帝曾下敕限制採訪使干涉刺史之令，終究無法改變採訪使漸從監察前往行政的道路。

　　以上由採訪使的職權論述其在地方各面向的發展，以及對朝集使、刺史職權的侵奪。就職務上而言，採訪使與刺史、朝集使似屬對立關係；然而，若以擔任採訪使的官員資格來檢視，採訪使與刺史、朝集使其實是密不可分，甚至是重疊的。開元二十二年設置的十道採訪使當中，只有京畿與都畿由御史中丞任之，其他皆由外官擔任，幾乎皆具有朝集使資格。當身兼朝集使與

〔註132〕《資治通鑑》「唐玄宗開元二十一年」條列出各道治所，其治所皆為「所部之大郡」，雖然各道採訪使之治所並非固定不變，仍不離「大郡」的原則。採訪使有治所，即由以往的臨時派遣變為駐於當地，《雲麓漫鈔》引〈江西節度觀察判官壁記〉：「使臣有土，自此始也」。參見：《資治通鑑》，卷213，〈唐紀·玄宗〉「開元二十一年」條，頁6804。（宋）趙彥衛撰，傅根清點校，《雲麓漫鈔》（北京：中華書局，1998），頁135。
〔註133〕據《通典》載：「採訪使有判官二人，分判尚書六行事及州縣簿書。支使二人，分使出入，職如節度使之隨軍。推官一人，推鞫獄訟。皆使自辟召，然後上聞。其未奉報者稱攝」。參見：《通典》，卷23，〈職官·州郡〉「州牧刺史·大唐」，頁889～890。
〔註134〕《資治通鑑》，卷213，〈唐紀·玄宗〉「開元二十一年」條，頁6804。

採訪使時，因二者的職權部份重疊，而採訪使權力又大過於朝集使，所任官員自然會往採訪使這一使職靠攏。另外，採訪使多由大州都督、刺史兼任，本就擁有當地的行政權力，在監管該道之後，其權力從本州擴展至本道，以監察權干涉他州行政，進而將整個道歸於自己的管轄之內。開元、天寶之時，採訪使的權力再大，始終有皇命在背後收放調節，採訪使也僅是佔盡上風，無法取代朝集使。安史亂的爆發，催化了採訪使從監察官變為行政官。

第三節　賀正使與禮儀參與

上節談論朝集使的考課功能已被採訪使取代，採訪使甚至準刺史例入京奏事，這對朝集使來說是很大的威脅。不過，採訪使僅作為監察之官，進京也只是單純地報告事項，未如朝集使需要參加諸項國家禮儀，且朝集使背後所蘊含的天下觀，是採訪使無法取代的。因此，採訪使雖侵奪了朝集使的考課權，然朝集使在禮儀方面的職能，尚未受到撼動。只不過，這樣的局面到天寶年間有了轉變，諸道開始派遣使節至中央參加元會，稱為「賀正使」，似有與朝集使一較長短的意味。

唐代的賀正使有兩種，一種是外藩遣使入唐朝賀，另一種是地方遣使向中央朝賀。派遣賀正使來唐，參加元會大典的國家，〔註135〕有新羅、〔註136〕、日本〔註137〕契丹、〔註138〕勃律、〔註139〕靺鞨、〔註140〕大食、〔註141〕波

〔註135〕漢代時就有此例，如漢宣帝神爵二年（B.C.60）九月，匈奴單于遣名王奉獻，賀正月，始和親。參見：（漢）班固，《漢書》（北京：中華書局，1962），卷8，〈宣帝紀〉「神爵二年」，頁262。

〔註136〕如中宗景龍四年三月（710），授予新羅賀正使臣金楓厚員外郎，放歸蕃。參見：《冊府元龜》，卷974，〈外臣部‧褒異〉，頁11444～11445。

〔註137〕東野治之觀察遣唐使出發的時間，不在季風順向的秋季出發，夏季回國，卻反其道而行，應是為了參加元日朝賀之故。轉引自（日）古瀨奈津子，高泉益譯，《遣唐使眼中的中國》（臺北：臺灣商務印書館，2005），頁134～135。

〔註138〕如開元十二年（724）二月，契丹遣使涅禮來賀正，并獻方物。參見：《冊府元龜》，卷971，〈外臣部‧朝貢〉，頁11407。

〔註139〕如開元十二年二月，勃律遣大首領蘇磨羅來賀正，唐廷賜帛五十四，放還蕃。參見：《冊府元龜》，卷971，〈外臣部‧朝貢〉，頁11407。

〔註140〕如開元十二年十二月，越喜靺鞨遣使破支蒙來賀正，并獻方物。開元十三年（725）正月，黑水靺鞨遣其將五郎子，來賀正旦獻方物。參見：《冊府元龜》，卷971，〈外臣部‧朝貢〉，頁11407。

〔註141〕如開元十三年正月，大食遣其將蘇黎等人並來賀正旦，獻方物。參見：《冊

斯、〔註142〕吐蕃、〔註143〕突厥、〔註144〕奚、〔註145〕，以及于闐、焉耆、龜茲、牂牁〔註146〕、渤海、〔註147〕南詔、〔註148〕等國，當中以新羅為最。新羅遣使賀正次數最多，且受玄宗重視，就連曾來唐賀正的使者過世，玄宗都在給新羅王的書函中表達哀憫之情。〔註149〕前來賀正的諸蕃使節，會受到皇帝款待、賜物，甚至會授予虛名官職，以示尊榮。

　　以上所論是外藩入唐賀正的使節，唐代地方開始向中央遣使賀正，〔註150〕武后年間已有蹤跡。久視元年（700）十月，復舊正朔，以一月為正月，大赦天下，崔融作〈賀赦表〉，文末提到：「謹附賀正使某官奉表稱賀以聞」。〔註151〕

府元龜》，卷 971，〈外臣部・朝貢〉，頁 11407。

〔註142〕 如開元十八年（730）正月，波斯國王遣使來朝賀正。參見：《冊府元龜》，卷 971，〈外臣部・朝貢〉，頁 11408。

〔註143〕 如開元二十三年（735）二月，吐蕃贊普遣其臣悉諾勃藏來賀正，貢獻方物。參見：《冊府元龜》，卷 971，〈外臣部・朝貢〉，頁 11409。

〔註144〕 如開元二十九年（741）三月，突厥遣使，首領伊難如來賀正，並獻方物上表。參見：《冊府元龜》，卷 971，〈外臣部・朝貢〉，頁 11411。

〔註145〕 如天寶八載（749）正月，奚遣使賀正。參見：《冊府元龜》，卷 971，〈外臣部・朝貢〉，頁 11413。

〔註146〕 如天寶七載（748）三月，于闐、焉耆、龜茲、牂牁並遣使賀正且獻方物。另代宗大曆十二年（777）正月，牂牁遣使來賀正。參見：《冊府元龜》，卷 971，〈外臣部・朝貢〉，頁 11412～11413；卷 972，〈外臣部・朝貢〉，頁 11416。

〔註147〕 如德宗貞元七年（791）五月，以渤海賀正使太嘗靖為衛尉卿同正，令歸國。參見：《冊府元龜》，卷 976，〈外臣部・褒異〉，頁 11462。

〔註148〕 如開成二年（837）正月，唐文宗御麟德殿，對賀正南詔洪龍君三十人、渤海王子大明俊等一十人賜宴。參見：《冊府元龜》，卷 976，〈外臣部・褒異〉，頁 11466。

〔註149〕 《張九齡集校注》，卷 8，〈敕新羅王金興光書〉，頁 534～535。

〔註150〕 唐以前地方向中央賀正，可見《北史・宋隱附宋世良傳》，當中記載北魏孝莊帝時，諸州要派遣賀正使人向皇帝進表一事：「河州刺史梁景叡，枹罕羌首，恃遠不敬，其賀正使人，頻年稱疾。秦州刺史侯莫陳悅受其贈遺，常為送表。（宋）世良並奏科其罪」。河州刺史梁景叡自恃地處偏遠，每年應派至朝廷的賀正使人，常藉口有疾不至京，由秦州刺史侯莫陳悅送表。梁景叡此舉已違反國家典章，宋世良上奏科其罪責。李永認為，與北魏同時及之後的諸朝皆承襲賀正之禮，但未見關於賀正使的記載。事實上，北齊元會中就有「奉正使人」，從其名稱觀之，可能與北魏賀正使人的性質相近。參見：（唐）李延壽，《北史》（北京：中華書局，1974），卷 26，〈宋隱附宋世良傳〉，頁 941。李永，〈從 P.3547 號敦煌文書看唐中後期的賀正使〉，《史學月刊》，2012 年 4 期（開封，2012.04），頁 25。

〔註151〕 （宋）李昉等奉敕編，（宋）彭叔夏辨證，（清）勞格拾遺，《文苑英華》（北京：中華書局，1966），卷 558，崔融，〈賀赦表〉，頁 2854。

崔融於久視元年坐忤張昌宗意，貶為婺州長史，[註152] 此處賀正使很明顯非外藩賀正使，應是婺州派遣的賀正使。根據《唐令拾遺・儀制令》「刺史等奉表疏賀」：「皇帝踐祚及加元服、皇太后加號、皇后、皇太子立，及赦元日，刺史若京官五品以上在外者，並奉表疏賀，州遣使，餘附表，皆禮部整比，送中書總奏之」，舉凡皇帝登基、加元服、皇太后加號、立皇后皇太子，以及大赦、元日等國家重要的禮儀時刻，刺史或五品以上京官在外者，要上表祝賀，由州遣使送京，其餘附表，皆由禮部整理完後，送中書統一上奏。據仁井田陞考釋，此令為開元七年（719）令，[註153] 很可能在久視年間已有此風氣，身在外州的崔融才會上〈賀赦表〉。此外，開元六年（718），張說任幽州都督、河北節度使，十二月作〈請置屯田表〉，[註154] 文末寫道：「謹附賀正使隨軍前曹州考城縣尉同希再奉表以聞」。[註155] 此乃賀正使在進奉禮節性文書時，替地方官代上事務表文。[註156] 上述二例唐前期少見的地方賀正使，第一例的賀正使由州派遣，第二例可能是由州，或是節度使派遣。

到了開元末、天寶初，地方遣使賀正的層級有了轉變：史籍中的賀正使，從寥寥數筆增為集體派遣。除了張說〈請置屯田表〉外，上述所引的賀正使皆以州為單位。天寶六載（747）十二月敕：「承前諸道差使賀正，十二月早到，或有先見，或有不見。其所賀正表，但送省司，又不同進，因循日久，於禮全乖。自今以後，應賀正使，並取元日，隨京官例，序立便見。通事舍人奏知，其表直送四方館，元日仗下後一時同進」。[註157] 諸道向中央賀正的使者，於年底到達，其進奉的賀正表交至省司，但賀正使不見得會被接見，此舉有失禮儀；因此，玄宗下敕，此後賀正使於元日隨京官例同受接見，賀正表直接送至四方館，[註158] 在元日一同呈上。此敕發於天寶六載，敕中說到：

〔註152〕《舊唐書》，卷94，〈崔融傳〉，頁2996。

〔註153〕《唐令拾遺・儀制令》，「刺史等奉表疏賀」（開元七年、開元二十五年令），頁409～410。

〔註154〕陳祖言，《張說年譜》（香港：中文大學出版社，1984），頁45～46。

〔註155〕（唐）張說，《張燕公集》（北京：商務印書館，2006），卷13，〈表〉「請置屯田表」，頁1070～96。

〔註156〕李永，〈從 P.3547 號敦煌文書看唐中後期的賀正使〉，頁29。

〔註157〕《通典》，卷70，〈禮典・沿革〉「嘉禮・元正冬至受朝賀朔望朝參及常朝日附・大唐」，頁1945。

〔註158〕唐代四方館隸屬中書省，其屬官為通事舍人，是負責受理各方上奏表箋的機構。敦煌寫本 S.6537 背14分號，唐憲宗元和年間吏部尚書鄭餘慶所撰《大唐新定吉凶書儀一部並序》，第五篇《諸色表箋》記載：「上四方館牒式：外

「因循日久，於禮全乖」，可見此情況已存在一段時間，可能在開元末期到天寶初年就有此現象。

從諸州賀正使，到諸道賀正使人，是開元末期的一大轉變。當道開始遣使賀正，顯示監察區的特殊性，諸道首長認為自己也算是地方層級的代表了，才會派遣賀正使送表入京。當時諸州派往中央參加元會的使者為朝集使，在律令國家制下，朝集使有其任務與特殊涵義，諸道無法仿效；何況朝集使的任使資格已規定在法典當中，不可能隨意更動，諸道使用已有的賀正使之名，不僅方便，也不違反禮義。不過，從中央對待諸道賀正使的隨意性，顯示諸道賀正使未制度化，應是諸道初遣賀正使，朝廷尚未正式納入禮儀常軌的緣故。

賀正使的出現，是否威脅到朝集使的地位？以天寶時期的情勢看來，暫時無此疑慮。且不論朝集使參與的國家活動，都受到律令與禮典的保障，朝集使承繼漢代以來上計的傳統，背後代表著地方與中央的聯繫，都不是賀正使所能比擬。玄宗後來也覺得賀正使的必要性並沒那麼高，天寶十三載（754）十一月二十九日詔：「自今已後，每載賀正及賀赦表，並宜附驛遞進，不須更差專使」，〔註159〕此後賀正表函只要由驛路傳遞即可，無須差專使進京，但隔年就爆發安史之亂，無論是朝集使或是賀正使，都因此停擺。

武后到玄宗年間，賀正使與朝集使曾同時並存，至此不免有個疑問：地方既有朝集使，何須賀正使的存在？二者並存是否產生衝突？此問題要從兩個面向釐清：一是以崔融為代表的州賀正使，二為天寶前後的道賀正使。道賀正使前已論述，它的出現是由於地方區域的增設，並不會造成朝集使存在的危機，州賀正使則不然。論者將朝集使與賀正使的職能作區分，指出朝集使僅是參與元會、貢獻方物，以及地方考課的使者，賀正使才是身負賀正的職責；更進一步指出，《大唐開元禮》中〈皇帝元正冬至受群臣朝賀並會〉的「諸州使人」就是賀正使，中書令所奏的「諸州表」即為賀正表，亦為賀正使所呈上；並推論唐代賀正使乃是上承漢魏發展而來。〔註160〕此說看似解決州賀正使與

官每上表，皆牒上四方館」。石曉軍曾撰文釐清四方館從隋代管理外交事務的官署，到唐代負責處理各方公文的單位之間的關係。參見：石曉軍，〈隋唐四方館考略〉，《唐研究》，7（北京，2001.12），頁311~322。

〔註159〕《唐會要》，卷26，〈牋表例〉，頁506。

〔註160〕李永〈從P.3547號敦煌文書看唐中後期的賀正使〉主旨在論述唐代中後期地方派遣至中央的賀正使，並追溯唐前期賀正使的發展，可說是少數論述唐代地方向中央遣使之作，然關於開元時期諸州賀正使的看法，實有再商榷之必要。參見：李永，〈從P.3547號敦煌文書看唐中後期的賀正使〉，頁32。

朝集使同時並存的矛盾，但仔細推敲，實有再商榷之必要。首先關於朝集使沒有賀正任務之說。朝集使參與元會、進獻諸州貢物，難道不是「賀正」的實體表現？〔註161〕僅由賀正表非朝集使所送，就斷定朝集使沒有「賀正」的任務，理由似乎不夠充分？朝集使上承秦漢上計吏的傳統，且上計吏也參加元會，不論是上計吏或朝集使，其「賀正」的傳統一脈相承，非常清楚。反而賀正使的源頭僅能追到北魏中期，且記載不多，或許該深究的是在上計吏以外，地方為何又另外派遣賀正使入京的意義。其次，將《大唐開元禮》中的「諸州使人」直接視為賀正使，是否恰當？為何《大唐開元禮》不直接書之為賀正使？再者，《大唐開元禮》中的諸州使人不只參與冬至元正的朝賀，一年四季都有國家大典要參與，如此以來，豈不降低賀正一職的專門性？另一個關鍵問題是：州賀正使是否為常態性的派遣？唐前期州賀正使的記載相當少，若身負賀正之職，為何不見皇帝宴賜賀正使的記載？顯示此職可能不是常態性的使職，或意義不太重大，才會被人忽視。唐代的使職系統相當龐大，關於賀正使、諸州使人的記載卻只有寥寥數語，其與朝集使的關係才會難以釐清。

　　德宗朝後，朝集使從歷史舞台退場後，賀正使被扶正，成了地方參與元會的主角。此後賀正使的身影常留在唐後期皇帝正月發布的詔書中，如唐穆宗長慶四年（824）正月元日德音：「其應元日緣朝賀行事官，三品以上賜爵一級，四品以下加一階；文武常參官并六品以下，及宗子應陪位者，并諸道賀正使，各賜勳一轉」、〔註162〕敬宗寶曆元年（825）正月南郊赦書：「諸道知上都進奏院官在城者各賜勳兩轉，應緣大禮四方進表疏及賀正官各賜勳三轉」，〔註163〕武宗會昌五年（845）正月南郊赦文：「諸道知上都進奏院官在城者各賜勳三轉，應緣大禮四方進表疏及賀正官各賜勳三轉」，〔註164〕宣宗大中元年（847）赦文：「諸道知上都進奏院官在城者各賜勳三轉，應緣大禮四方進表疏及賀正官，各賜勳三轉」。〔註165〕從以上詔書中可發現，賀正使、賀正官不僅參加元會，

〔註161〕 張國剛亦認為唐前期的朝集使當兼有賀正之職，後來諸道亦遣使賀正，稱為賀正使，然此說遭到李永質疑，理由同正文所引述。參見：張國剛，〈敦煌唐代「進奏院狀」辨析〉，收入氏著，《唐代藩鎮研究》，頁183。李永，〈從P.3547號敦煌文書看唐中後期的賀正使〉，頁32。

〔註162〕 《唐大詔令集》，卷85，〈政事·恩宥〉「長慶四年正月一日德音」，頁486。

〔註163〕 《唐大詔令集》，卷70，〈典禮·南郊〉「寶曆元年正月南郊赦」，頁393～396。

〔註164〕 （宋）彭叔夏辨證 ，（清）勞格拾遺，《文苑英華》，卷429，〈翰林制詔·赦書〉「會昌五年正月三日南郊赦文 編制」，頁2176。

〔註165〕 《文苑英華》，卷430，〈翰林制詔·赦書〉「大中元年正月十七日赦文」，頁2181。

也參與南郊，同時還有進奏官的出席，進奏官作為藩帥的代理，〔註166〕賀正使代表地方。一個單位派出兩個代表，說明誰都不能作為當地的全權代表。

敦煌文書 P.3547 號記載僖宗乾符四年（877）到五年（878）沙州賀正使至京活動的情形，讓後人對於賀正使團的運作有了更多的認識：

1.　上都進奏院　　　　　　　狀上

2.　　當道賀正使押衙陰信均等，押進奉表函一封、

3.　　玉一團、羚羊角一角、犛牛尾一角，十二月二十七日晚到院，

4.　　廿九日進奉訖。謹具專使上下共廿九人，到院安下，

　　　……

21.　　一賀正專使押衙陰信均　　副使張懷普等二人，正

22.　　　　月廿五日，召於　三殿對設訖。並不赴對，及

23.　　　　在靈州勒住軍將長行等，各賜分物錦彩

24.　　　　銀器衣等。

25.　　　　押衙三人：各十五疋，銀碗各一口，熟線綾錦衣各一副。

26.　　　　軍將十三人：各一十疋，銀屈厄各一枚，楊綾錦衣各一副。

27.　　　　長行十三人：各五疋，絁綿衣各一副。

　　　……

39.　　一賜賀正專使陰信均等上下廿九人，駝馬價

40.　　　　　　絹，每人各卅三疋三丈三尺六寸，三月廿一日

41.　　　　　　請領訖。

42.　南公佐狀一封。

43.　右謹具如前。其　敕書牒並寄信疋段，並

44.　專使押衙陰信均等押領。四月十一日發離院

45.　訖。到日伏乞准此申　上交納，謹錄狀上。

46.　牒件狀如前，謹牒。

47.　　□□□　□□　　都 統 陰 信 均　謹狀〔註167〕

〔註166〕（日）福景信昭，〈唐代の進奏院—唐後半期「藩鎮體制」の一側面〉，頁49。
〔註167〕池田溫將此文書題為〈唐乾符年間？（874～879？）歸義軍上都進奏院賀正

此文書為唐代的進奏院狀，是進奏院官員向藩帥報告本道賀正使在京活動的狀文。〔註168〕從文書中可看出，沙州賀正使是十二月二十七日才到京城，與前引天寶六載敕記載賀正使十二月到京時間一致。表函即是賀正表，「玉一團、羚羊角一角、牛尾一角」是賀正的進奉。玉、羚羊角、牛尾為當道土物，〔註169〕依然有前期進奉土貢的精神。文書記載了沙州賀正使團一行二十九人，當中賀正專使為押衙陰信均，副使為張懷普、張懷德。軍將與長行主要任務是保護使團一路上的安全，並押運所攜之物。〔註170〕沙州賀正使於元月二十五日受皇帝召見，整團人員接受賞賜，補充了史籍中只見賀正使本人受賜的情形。賀正使離去時，僖宗另賜每人駝馬價，應是貼補歸途的旅費。〔註171〕此狀末紀錄陰均信等人是四月十一日離開，在京期間約停留三個半月。

　　唐後期擔任賀正使者，除了前引文宗太和九年的「諸道判官」，以及 P.3547 號文書的押衙外，獨孤及〈送李副使充賀正使赴上都〉：

　　之子領祕書著作於是邦，參我軍事，事必肅，謀必忠，居處必恭。三年矣。……今茲將束諸侯之命，朝於京師，稱壽之儀舉，專對之才達，是行也。將為度材者所得，豈復顧池中乎。正月元日，和氣資始，大行設九賓於蓬萊前殿，皇帝輦出，百辟奉賀，公將以此時捧章奏於雲陛之下。……斯可謂之榮矣。〔註172〕

此文為獨孤及於大曆十一年冬（776）於常州刺史任上所作，文中李副使名縱，乃李紓之兄。〔註173〕據學者考證，李縱當時是以常州別駕領常州幕府

　　　　使押衙陰信均狀〉，張國剛根據文書中有王、盧、鄭三姓為相者，認為僅限
　　　　於乾符四年閏二月至五年五月期間。參見：（日）池田溫著，龔澤銑譯，《中
　　　　國古代籍帳研究》（北京：中華書局，2007），頁 438～439。張國剛，〈敦煌
　　　　唐代「進奏院狀」辨析〉，頁 182～183。

〔註168〕張國剛，〈敦煌唐代「進奏院狀」辨析〉，頁 182。

〔註169〕《唐六典・尚書戶部》：「隴右道……厥賦布、麻。厥貢麩金、礪石、碁石、
　　　　蜜蠟、蠟燭、毛毼、麝香、白及鳥獸之角、羽毛、皮革。（小注：……沙州
　　　　碁子）」。參見：《唐六典》，卷 3，頁 68～69。

〔註170〕文書中雖未明說張懷德的身分，李永從張氏同身為押衙，且所獲賞賜同於陰
　　　　信均、張懷普這兩點來看，即有可能為賀正副使。參見：李永，〈從 P.3547
　　　　號敦煌文書看唐中後期的賀正使〉，頁 27。

〔註171〕張國剛，〈敦煌唐代「進奏院狀」辨析〉，頁 184。

〔註172〕（唐）獨孤及，劉鵬、李桃校注，蔣寅審訂，《毗陵集校注》（瀋陽：遼海出
　　　　版社，2006），卷 16，〈送李副使充賀正使赴上都〉，頁 353～354。

〔註173〕李縱於正史中無傳，其父為禮部侍郎李希言，《舊唐書》中有其弟李紓的傳
　　　　記。參見：蔣寅，〈獨孤及文繫年補正〉，《山西大學師範學院學報（哲學社

某副使〔註174〕任賀正使，對比前引敦煌文書中的判官、押衙，諸道派任賀正使，似乎沒有固定的職位擔任。獨孤及先是在文章開頭稱讚李縱平日的為人處事，再提到他奉當道藩主之命，入朝賀正。從獨孤及的文字中，透露出能參與元會是何等殊榮，並以「非池中物」勉勵李縱，必能藉此行發揮所長。因為進了京師，有更多的機會，便能攀上更高的地位，與其說此為賀正使與朝集使進京的相似處，不如說是從地方派往中央的使者因職務之便而產生的附加價值。

朝集使在貞元三年被廢，德宗於貞元六年（790），開始舉行五月朔日朝賀禮。此日行禮的由來：「五月一陰生，臣子道長，君父道衰，非善月也。父子必以是朔面焉，臣子一例，因令是月朝見」。〔註175〕傳統中國以陰陽作為化育萬物的源頭。五月一日陰氣大生，使得應處卑下的臣子之道壓過君父之道，因此父子要於此日會面，臣子亦同此例，於五月朝見。隔年（貞元七年，791）四月又下敕：「自今以後，每年五月一日，御宣政殿，與文武百寮相見。京官九品以上，外官因朝參在京者，并聽就列。宜令所司，即量定儀注頒示，仍永編禮式」。〔註176〕德宗相當重視五月朔日的會面禮，規定京官九品以上，外官在京者，皆需就列，且每年皆要行此禮，並命相關單位將禮儀規範寫定儀注，編入禮式當中。

德宗新創五月朔日君臣禮見的原因，顯然是其種種經歷的投射，建中四年出逃奉天，以及隨之引起的諸藩之亂，皆讓他感受到「臣子道長，君父道衰」。〔註177〕德宗以「五月一陰生，臣子道長，君父道衰，非善月」為理由，特命群臣參拜，無非是重新建構君臣間的會面禮，取代意義漸失的元會。德

　　　會科學版）〉，33（太原，1996.03），頁 12。《舊唐書》，卷 87，〈李紓傳〉，頁 3763。
〔註174〕《毘陵集校注》，卷 16，〈送李副使充賀正使赴上都〉，頁 354，注釋 1。
〔註175〕《冊府元龜》，卷 107，〈帝王部・朝會〉，頁 1279。
〔註176〕《唐會要》，卷 24，〈受朝賀〉，頁 455。
〔註177〕德宗出生於天寶元年（742），生長於帝國由盛轉衰的輝煌年代；代宗即位時，被封為天下兵馬元帥，曾與史朝義一戰，收復東都，另平定河南河北，戰功彪炳。經過代宗年間政治局勢的好轉，德宗甫上台就宣佈恢復朝集制度、頒布兩稅法，無一不是在重振皇權，提昇中央對於地方的支配。相關討論可見：黃永年，〈論建中元年實施兩稅法的意圖〉，頁 314～335。伍伯常，〈唐德宗的建藩政策──論中唐以來制馭藩鎮戰略格局的形成〉，《東吳歷史學報》，6（臺北，2000.03），頁 1～33。

宗藉此提高皇權，壓制藩鎮。〔註178〕既然是因政治目的而行的禮儀，〔註179〕當目的不在或現實情況改變時，就會影響禮儀的存廢。德宗雖創此禮，但「其後每歲，率多權停」。憲宗在元和三年（808）四月，以「數術之說，經典不載，遂罷之」，特敕停止，很大的程度是此禮的實行狀況不佳。〔註180〕

　　唐中葉後元會與國家祭祀的改變，首先展現在正月朝賀與皇帝親祭上，即朝賀與親祭關係的斷裂，皇帝不再於元日改元，〔註181〕而是在系列親祭最後的南郊改元。〔註182〕由於連結朝賀與親祭關係的樞紐斷裂，因此舉行系列親祭就不舉行元會，原本在元會宣佈改元的時機就改到系列親祭的最後階段中。這意味著元會地位的下降，也與朝集使的衰亡有關。朝集使是在貞元四年被廢除，而朝賀與皇帝親祭的斷裂也是在此之後。〔註183〕可見，賀正使即

〔註178〕（日）金子修一，（日）小澤勇司，〈唐代後半期的朝賀之禮〉，《唐史論叢》，12（西安，2010.04），頁6。

〔註179〕張文昌亦指出，德宗雖然以術數運道為由創制五月朔日朝會，但透過朝賀禮儀向臣下展示皇權威儀才是主因。參見：張文昌，《制禮以教天下──唐宋禮書與國家社會》（臺北：臺大出版中心，2012），頁76。

〔註180〕金子修一從《冊府元龜》的記載，可證實貞元七年、八年（792）、十一年（795）、十四年（798）曾舉行五月朔日的朝賀；貞元十三年（797）、十五年（799）、十六年（880）、二十年（804）多因為降雨未舉行。參見：（日）金子修一，（日）小澤勇司，〈唐代後半期的朝賀之禮〉，頁6。《冊府元龜》，卷107，〈帝王部・朝會〉，頁1280。

〔註181〕金子修一考察唐前期幾位皇帝：睿宗、武后與玄宗，皆在正月舉行親祭與朝賀，因此正月朝賀與皇帝親祭的關聯性相當高。然而穆宗長慶元年（821）、敬宗寶曆元年（825）、武宗會昌元年（841）、宣宗大中元年（847）都不是在元日改元。參見：（日）金子修一，（日）小澤勇司，〈唐代後半期的朝賀之禮〉，頁13～14。

〔註182〕唐玄宗自天寶十載（751）親祀太清宮、太廟、南郊後，此順序即成為日後唐代君王親祭時所遵行的範式。參見：（日）金子修一，《中國古代皇帝祭祀の研究》（東京：岩波書院，2006），第七章〈唐代における郊祀・宗廟の運用〉，頁362。

〔註183〕德宗建中元年，元會與皇帝親祭皆舉行，並於元日改元；從德宗貞元七年起，首開去年親郊而罷來年朝賀，此後，再也不見正月同時有元會與親祭同時舉行一事。如穆宗長慶元年正月初一，親薦獻太清宮、太廟、赴南郊，數日後於圜丘祭祀昊天上帝，御丹鳳樓大赦天下、改元長慶；即位四年後，才首次至含元殿舉行朝會。唐敬宗於寶曆元年正月七日，親祀南郊、御丹鳳樓大赦，改元寶曆；到了寶曆二年（826），才在含元殿舉行受朝賀。另外，金子修一從史書記載判斷，武宗在位期間基本上都不曾舉行元會。參見：（日）金子修一，（日）小澤勇司，〈唐代後半期的朝賀之禮〉，頁8～14。《舊唐書》，卷16，〈穆宗本紀〉「長慶元年」，頁484；卷17，〈敬宗本紀〉「寶曆元年」，頁

使能代替朝集使在元會上行禮如儀，無法代表朝集使身負的天下秩序觀與君臣關係。

隨著朝集使的缺席，唐代元會地位的下降，直接反映在帝王舉行元會次數減少，也常因用兵而未舉行元會。〔註184〕唐後期次數漸減的元會，到了昭宗時期開始密切舉行，龍紀元年（889）、大順元年（890）、景福元年（892）、乾寧元年（894）正月皆於武德殿受朝賀、改元、大赦；〔註185〕乾寧四年（897）在華州行宮受群臣朝賀；天復元年（901），昭宗回到長安，登長樂門樓受朝賀。〔註186〕昭宗一反唐後期帝王不行朝賀之風，頻繁舉辦，似乎是要回到盛世風範，可惜當時的景況已難與前期相比。甚至有學者認為，唐代朝賀禮儀在懿宗朝後就不再有意義。〔註187〕

唐前期的賀正使有兩種，其一為外藩到唐參加元會賀正的使者，另一是從地方派至中央的賀正使，當中又可分為州賀正使與道賀正使。外藩賀正使是基於奉唐為天下共主，展現天下秩序而來的使者，與國內「奉表疏賀」的意義不同。州賀正使在唐前期的記載相當少，到了開元末天寶初期，道賀正使出現，與朝集使同負賀正一職，但其地位無法與朝集使相比擬。從安史亂後，到德宗時期朝集使短暫復興又被廢止，諸道的賀正使取代朝集使在元會大典上的位置。然而，朝集使代表的帝國秩序與禮儀內涵，是賀正使無法填

513。《冊府元龜》，卷108，〈帝王部・朝會〉，頁1283。《資治通鑑》，卷240，〈唐紀・穆宗〉「長慶四年春正月」條，頁7830。

〔註184〕唐朝前後期的元會，會因氣候不佳、皇帝身體不適、重臣或皇家成員過世而停止朝會，此乃常情，並不能視為唐後期的特色。唐後期帝王出於軍事因素停止元會者，有憲宗元和十二年（817）與十四年（819），因「淮右宿兵」和「東討淄青李師道未班師」之故，停止元日朝賀。穆宗長慶二年（822）因用兵罷元會。文宗大和二（828）、四（830）、五（831）、六（832）年皆因氣候或用兵等因素停止元會，大和七年（833）才在含元殿受朝賀。武宗會昌三年（843）與四年（844）因「宿師于野」和「澤潞用兵」紛紛罷元會。懿宗咸通五年（864）與十年（869），皆因用兵停止朝賀。參見：《冊府元龜》，卷107，〈帝王部・朝會〉，頁1281、1283。《舊唐書》，卷16，〈穆宗本紀〉「長慶二年」，頁493；卷17，〈文宗本紀〉「大和五年」、「大和六年」、「大和七年」、「開成元年」、「開成五年」，頁540、544、547、564、579；卷18，〈武宗本紀〉「會昌三年」、「會昌四年」，頁593、599；卷19，〈懿宗本紀〉「咸通五年」、「咸通十年」，頁655、664。

〔註185〕《舊唐書》，卷20，〈昭宗本紀〉「龍紀元年」、「大順元年」、「景福元年」、「乾寧元年」，頁737、739、747、751。

〔註186〕《舊唐書》，卷20，〈昭宗本紀〉「乾寧四年」、「天復元年」，頁760、771。

〔註187〕（日）金子修一，（日）小澤勇司，〈唐代後半期的朝賀之禮〉，頁15。

補的；賀正使與進奏官同時出席帝國禮儀之事，亦說明賀正使的地位未如想像中的高。唐後期始終未發展出如朝集使般在禮儀方面同俱意義的使者。因此，朝集使的消亡，連帶造成唐代後期元會次數日漸減少、地位日益降低。

　　論者在評論朝集制度時，雖肯定朝集使在唐前期控制地方、加強中央集權之上起過作用，但在國家日趨穩定，且朝集使的職能被日益分化的情況下，依然耗費錢財維持朝集制度，實為不智之舉。另外，唐代朝集制度是上承兩漢上計制度而來，但與上計制度相較，朝集使實際的政務職能已日漸喪失，只剩正月的禮儀活動而已。至於信息傳遞的角度上，進奏院的效率與職能都遠遠勝過朝集使，給予進奏院較高的評價。〔註188〕對此，筆者對此有不同的看法：首先，朝集使的職能日益分化，是源於玄宗開元時期設立的採訪使。當時雖稱開元盛世，但社會問題嚴重，如流民、脫籍、水旱災頻仍，玄宗屢屢下敕亦難以解決，朝廷正是為了解決這些問題才在各地設置採訪使；至於日後出現的賀正使，更是從未取代朝集使的地位。其次，與漢代上計制度相較，朝集使攜帶的簿冊信息確實減少不少，但繼續要向中央稟報的資料，如官員考課、治安、交通運輸工具概況等，皆是帝國統治下相當重要的項目。再者，朝集使參與元會對朝廷而言意義重大，象徵皇權的強大；當朝集使消失在元會大典後，元會的意義也日漸降低。至於進奏院的歷史地位高於朝集制度，背後反映制度初設時中央力量的強弱；再加上進奏院官長年在京，朝集使只待在京城幾個月，完成任務後就返州，二者在京時間的長短與必要性，決定了他們的任務屬性與機動性。

小結

　　自安史之亂爆發之後，朝集制度被迫中斷，直至德宗即位才恢復朝集使進京。然而，建中朝的朝集制度已如強弩之末，難以繼續。首先是朝集人員的資格將原先的州長官排除在外，僅命地方上佐任使，其代表性與中央直接控制地方的象徵意義降低。其次，當年入京的朝集使僅有 173 人，為應到人數的一半。如果將德宗命上佐入考理解為恢復朝集制度的試探，那只有天下諸州半數的人到場，則是讓德宗瞭解到此制難以運行。建中二年暫停朝集使，僅命考典運送貢物與文解，則是德宗對朝集制度已不再抱希望了。

〔註188〕申忠玲，〈唐代朝集制度與進奏制度關係之辨析〉，頁26。

　　德宗放棄重建朝集制度，勢必代表朝集使在當時已沒有繼續的必要，或是有難以推行的原因。就中央與地方的關係而言，朝廷同時面臨藩鎮與州的治理，州不再是唯一連結中央的橋樑，朝集使的重要性亦大為降低。另外，從安史亂平定後，地方在京城設立進奏院，負責中央與地方之間的聯繫。進奏院應時而生，在實際運作上配合中央與地方的需求，在此環境下，已沒有朝集使生存的空間。

　　本章後兩節由玄宗朝中晚期出現的採訪使與地方賀正使出發，探討朝集使是否在安史亂前就已有不振的趨勢。採訪使與賀正使在考課與禮儀上與朝集使的職能重疊，採訪使弱化了朝集使作為考使的一職，地方賀正使雖代表諸道至中央賀正，但朝集使繼承了漢代上計的傳統，其在元會中隱含中央與地方的關係，此為賀正使無法取代，故賀正使的出現撼動不了朝集使的地位。不可否認，安史亂前朝集使的職能已受到採訪使的挑戰，但造成唐代朝集使直接滅亡的原因是安史之亂，因安史之亂而改變的政治與社會局面，則是朝集使再也無法繼續的原因。

第五章 結　論

　　隋唐時代的朝集使，是在秦漢上計的脈絡下發展而來。上計制度起初帶有「述職」的意味，地方將諸項統計資料上報官方，接受考核，官方藉此檢驗官員一年來的工作表現。秦簡中規定上計的項目，有糧食、公器、衣物等，展現國家對於物資的統一調配管理。上計制度隨著漢代國家的擴大而完備，兩漢上計的內容多元，可謂地方一切情況都要入計，反映國家要全面掌控地方的情形。地方上計的數據都被官方吸收整理，留在史書當中，讓後世得以知曉當時的歲入支出、人民戶口數等；當統治者易主時，得到相關的圖籍文冊，亦能快速瞭解統治地的基本樣貌。

　　漢代上計人員由地方長官的僚屬擔任，名為上計吏。上計吏於每年秋天之際，攜帶著地方計簿、貢物與儒生等一同上京，先將計簿上呈中央，再參加元會。漢代元會具有重新締結君臣關係的意義，上計吏獻上貢物，也有臣服的意味。自東漢末到魏晉時期，在元會上發展出授予上計吏敕戒的儀式。南北朝時期，南方與北方出現「冬使」與「奉正使人」，是在上計吏之外，地方派遣至中央參與元會的使者。

　　隋文帝結束魏晉以來中國分裂的局面，建立一統政權。隋文帝改革上計，創建了朝集制度。朝集使由地方長官充使入京，展現中央對於地方的直接支配，也反映中央對地方的重視，帝國境內的每一吋土地都納入朝廷的統治之下。上計吏的工作也一分為二，戶籍與計帳由計帳使在年初攜帶入京，朝集使帶著考課與其他資料於年底入京，參加元會。

　　唐代朝集使攜帶的簿冊，有考課、刑獄、捉錢品子名、官畜私馬與官船帳，以及僧尼身死還俗帳等，當中牽涉到官僚考績、司法運行、運輸體系和

特殊身分者優待事項。朝廷透過朝集使的簿冊，掌握天下概況。朝集使提供的信息，除了有形的文字簿書之外，他對地方風俗的瞭解、對國家政策的看法，亦為朝廷採用。朝集使多由都督、刺史所任，兼具地方官的身分，朝集使群聚的場合，可作為天下的代表，唐代帝王在新君登基之時，召集朝集使，有展現皇權之效；武則天掌權時屢次利用朝集使，亦是仿此。

朝集使所上報的各種簿冊，其實皆與「考核」相關，中央皆可藉由這些簿冊檢視地方長官當年的行政效能，因此「考使」不僅單指攜帶考簿之使，更是接受中央全面考課的使者。這也突出了朝集使的角色，背後反映了中央對於地方的直接控制，以及中央勢力的滲透度，其實又與朝集使成立的原因：隋文帝實施朝廷直接任命刺史僚屬相關，是一體兩面的。

朝集使承襲了上計制度中，帶著貢士與貢物進京的傳統，展現國家對地方的統治力與統治範圍。唐代元會雖已不具更新君臣關係的功能，但在參與者的位次上，京官、朝集使、外藩的排序，為中國天下觀的實際表現。唐代諸多使職當中，唯有朝集使參與多項國家禮儀，顯示其特殊性。朝集使參與的國家祭祀，絕大多數都是皇帝曾親祭過、與皇權密切相關的儀式。

玄宗朝留下多道〈處分朝集使敕〉，內容反映了當時的政治、經濟與社會問題；敕書發布的時間點，與官方遣使至地方監察的時間吻合，而〈處分朝集使敕〉只到開元二十一年，因為在開元二十二年，官方就派採訪使常駐地方監察，一改過往臨時遣使之例。

採訪使監察地方，權力日益擴大，逐漸從監察走向行政，不僅侵奪朝集使的考課權，更仿刺史例入奏，在很大程度上危及朝集使之權。朝集使會受到如此大的打擊，主要是朝集使由地方長官出任，朝集使負責的事務與刺史息息相關，當行政首長的權力被剝奪時，朝集使亦受連帶影響。採訪使的出現代表監察使職的固定化，反映地方治理的危機，以及中央逐漸失去對地方的控制。

唐前期的君王雖然屢次在敕書中表達對地方牧守的重視，君臣們也認識到地方首長對地方治理的重要性，但唐前期「重內輕外」的現象，加上皇帝降罪時，總是將官員貶到外州，在地方長官素質不一的情況下，冀求他們妥善治理，無疑是緣木求魚。在此背景之下，才會有皇帝屢屢在敕戒中提及他對刺史們的期許，卻又對刺史們的表現失望、不滿的現象。

由於官方會從計簿內容來評斷官員的績效，不論是上計或是朝集制度，

都會發生造假的行徑，這是制度設計之初，沒有考慮人性弱點所致，漢唐兩代國家都注意到這個問題，一方面嚴令禁止虛報，一方面遣使巡行驗證檢查。朝廷透過由下而上的朝集使，以及由上而下的監察使，兩種管道牢牢掌握地方，徹底落實帝國統治的效力。

　　唐代朝集使受到安史之亂的影響，暫停了二十五年，到德宗朝曾短暫恢復，但丕變的局勢，已不適合朝集使的運作。採訪使轉為觀察使，統領地方大權，刺史不再是中央與地方之間的連接點，考課權、送貢士入京也由觀察使負責。中晚唐信息傳遞的管道，由新起的進奏院溝通上下。進奏院是在肅、代二帝因時興起的機構，最初是為藩鎮服務。進奏院與朝集使曾一度並存，但二者沒有繼承關係，朝集使的業務也沒有被進奏院接手。

　　信息傳遞是朝集使的事務性功能，雖然易被取代，但朝集使的禮儀功能，背後代表的中央對地方的直接統治、展現唐代天下觀的精神，卻無人能代替，縱使諸道派遣使者賀正，也無法與朝集使相比擬。因此，在朝集使消失之後，唐代元會的意義也隨之降低，君王少在元會改元、舉行元會的次數也減少。

　　唐代前期的不少重要制度，如均田制、府兵制等，皆是承襲前朝而來，在當時自有其時代意義與代表精神。然而，隨著國家疆域擴大，人口增多、經濟發展，發軔於南北朝的制度無法負荷日益擴大且複雜化的社會，現有制度跟不上時代的變化，與現實脫勾，便產生了種種問題；若官方未加以改進，制度實是名存實亡，縱使三令五申，也是枉然。均田制亦是，府兵制亦是，朝集制度亦是。不能單就制度終結的結果，就將該制度的存在意義全盤抹煞。

　　唐代朝集使運行的時間，起始於武德時期，至玄宗開元年間達到巔峰；採訪使的出現造成朝集使職能被削弱，安史之亂在實質上終結了唐代朝集制度，而德宗朝的朝集使如曇花一現，不過是迴光返照罷了。

參考書目

壹、古典文獻與史料

1. （周）左丘明傳，（晉）杜預注，（唐）孔穎達正義，十三經注疏整理委員會整理，《春秋左傳正義》，北京：北京大學出版社，2000。

2. （戰國）韓非，陳奇猷校注、中華書局上海編輯所編輯，《韓非子》，北京：中華書局，1958。

3. （漢）毛亨傳，（漢）鄭玄箋，（唐）孔穎達疏，十三經注疏整理委員會整理，《毛詩正義》，北京：北京大學出版社，2000。

4. （漢）司馬遷，《史記》，北京：中華書局，1959。

5. （漢）劉安，（漢）高誘注，《淮南子》，北京：中華書局，1989。

6. （漢）劉向，《新序》，臺北：商務印書館，1991。

7. （漢）劉向，盧元駿註譯，《說苑》，臺北：商務印書館，1988。

8. （漢）王充，黃暉，《論衡校釋》，北京：中華書局，1990。

9. （漢）衛宏撰，（清）紀昀等輯，《漢官舊儀》，收入（清）孫星衍等輯，周天游點校，《漢官六種》，北京：中華書局，1990。

10. （漢）班固，《漢書》，北京：中華書局，1962。

11. （漢）蔡質撰，《漢官典職儀式選用一卷》，收入（清）孫星衍等輯，周天游點校，《漢官六種》，北京：中華書局，1990。

12. （漢）趙岐注，（宋）孫奭疏，十三經注疏整理委員會整理，《孟子注疏》，北京：北京大學出版社，2000。

13. （漢）鄭玄注，（唐）孔穎達疏，十三經注疏整理委員會整理，《禮記正義》，北京：北京大學出版社，2000。

14. （漢）鄭玄注，（唐）賈公彥疏，十三經注疏整理委員會整理，《周禮注疏》，北京：北京大學出版社，2000。

15. （漢）鄭玄注，（唐）賈公彥疏，十三經注疏整理委員會整理，《儀禮注疏》，北京：北京大學出版社，2000。

16. （晉）陳壽，（南朝宋）裴松之注，《三國志》，北京：中華書局，1959。

17. （南朝宋）范曄，《後漢書》，北京：中華書局，1973。

18. （梁）沈約，《宋書》，北京：中華書局，1974。

19. （梁）蕭子顯，《南齊書》，北京：中華書局，1972。

20. （北齊）魏收，《魏書》，北京：中華書局，1974。

21. （唐）姚思廉，《梁書》，北京：中華書局，1973。

22. （唐）房玄齡，《晉書》，北京：中華書局，1974。

23. （唐）魏徵，《隋書》，北京：中華書局，1973。

24. （唐）令狐德棻等，《周書》，北京：中華書局，1971。

25. （唐）李延壽，《北史》，北京：中華書局，1974。

26. （唐）長孫無忌，《唐律疏議》，北京：中華書局，1983。

27. （唐）杜寶撰，辛德勇輯校，《大業雜記輯校》，西安：三秦出版社，2006。

28. （唐）許敬宗編，羅國威整理，《日藏弘仁本文館詞林校證》，北京：中華書局，2001。

29. （唐）張鷟，趙守儼點校，《朝野僉載》，北京：中華書局，1997。

30. （唐）張說，《張燕公集》，北京：商務印書館，2006。

31. （唐）吳兢，《貞觀政要》，臺北：黎明文化，1990。

32. （唐）張九齡撰，熊飛校注，《張九齡集校注》，北京：中華書局，2008。

33. （唐）韋述撰，辛德勇輯校，《兩京新記輯校》，西安：三秦出版社，2006。

34. （唐）蕭嵩等撰，（日）池田溫解題，《大唐開元禮》，東京：古典研究院發行，汲古書院發賣，1972。

35. （唐）李林甫等撰，陳仲夫點校，《唐六典》，北京：中華書局，1992。

36. （唐）獨孤及，劉鵬、李桃校注，蔣寅審訂，《毘陵集校注》，瀋陽：遼海出版社，2006。

37. （唐）杜佑，王文錦等點校，《通典》，北京：中華書局，1988。

38. （唐）王涇，（日）池田溫解題，《大唐開元禮・附大唐郊祀錄》，東京：古典研究院發行，汲古書院發賣，1972。

39. （唐）白居易，《白氏六帖事類集》，北京：文物出版社，1987。

40. （唐）柳宗元，《柳河東集》，上海：上海古籍出版，2008。

41. （唐）劉肅，許德楠、李鼎霞點校，《大唐新語》，北京：中華書局，1997。

42. （唐）李肇，《新校國史補》，臺北：世界書局，1962。

43. （五代）王定保撰，黃壽成點校，《唐摭言》，西安：三秦出版社，2011。

44. （後晉）劉昫，《舊唐書》，北京：中華書局，1975。

45. （宋）王溥，《唐會要》，北京：中華書局，1990。

46. （宋）王溥，《五代會要》，上海：上海古籍出版社，2006。

47. （宋）釋贊寧，《大唐大慈恩寺三藏法師傳・附大宋僧史略》，上海：上海古籍出版，2002。

48. （宋）李昉等奉敕編，（宋）彭叔夏辨證，（清）勞格拾遺，《文苑英華》，北京：中華書局，1966。

49. （宋）李昉等編，《太平御覽》，臺北：臺灣商務印書館，1975。

50. （宋）李昉等編，《太平廣記》，北京：中華書局，1995。

51. （宋）王欽若等編，《冊府元龜》，北京：中華書局，1994。

52. （宋）司馬光編著，（元）胡三省音註，《資治通鑑》，北平：古籍出版社，1956。

53. （宋）歐陽脩、宋祁等撰，《新唐書》，北京：中華書局，1975。

54. （宋）宋敏求編，《唐大詔令集》，北京：商務印書館，1959。

55. （宋）趙彥衛撰，傅根清點校，《雲麓漫鈔》，北京：中華書局，1998。

56. （宋）陳振孫撰，徐小蠻、顧美華點校，《直齋書錄解題》，上海：上海古籍出版，1987。

57. （宋）王應麟，《玉海》，南京：江蘇古籍出版社，1987。

58. （元）馬端臨，《文獻通考》，臺北：臺灣商務印書館，1987。

59. （清）張英，《淵鑒類函》，臺北：世界書局，1987。

60. （清）陳廷敬，《御選唐詩》（《文淵閣四庫全書》，第1449冊，北京：商務印書館，2006）。

61. （清）彭定求編，《全唐詩》，北京：中華書局，1960。

62. （清）董誥等編，《全唐文》，北京：中華書局，1987。

63. （清）孫星衍，《續古文苑》，上海：上海古籍出版社，1995。

64. （清）嚴可均校輯，《全上古三代秦漢三國六朝文》，北京：中華書局，1991。

65. （清）李兆洛編，殷海國、殷海安校點，《駢體文抄》，上海：上海古籍出版社，2001。

66. （清）徐松撰，李健超增訂，《增訂唐兩京城坊考》，西安：三秦出版，1996。

67. 吳則虞編著，《晏子春秋》，北京：中華書局，1962。

68. 黑板勝美、國史大系編修會編，《令集解》，東京：吉川弘文館，1974。

69. 上海師範大學古籍整理組校點，《國語》，上海：上海古籍出版社，1978。

70. 武漢大學歷史系編，《吐魯番出土文書（第六冊）》，北京：文物出版社，1985。

71. 唐耕耦、陸宏基編，《敦煌社會經濟文獻真蹟釋錄（第一輯）》，北京：書目文獻出版社，1986。

72. 仁井田陞原著，栗勁等編譯，《唐令拾遺》，長春：長春出版社，1989。

73. 唐耕耦、陸宏基編，《敦煌社會經濟文獻真蹟釋錄（第四輯）》，北京：全國圖書館文獻縮微複製中心，1990。

74. 小田義久編，《大谷文書集成（貳）》，東京：法藏館，1990。

75. 周紹良主編，《唐代墓誌彙編》，上海：上海古籍出版社，1992。

76. 仁井田陞著，池田溫編集代表，《唐令拾遺補：附唐日兩令對照一覽》，東京：東京大學出版會，1997。

77. 上海古籍出版社編，《俄藏敦煌文獻》，上海：上海古籍出版社，2000。

78. 睡虎地秦墓竹簡整理小組，《睡虎地秦墓竹簡》，北京：文物出版社，2001。

79. 李希泌主編；毛華軒等編，《唐大詔令集補編（下）》，上海：上海古籍出版社，2003。

80. 天一閣博物館，中國社會科學院歷史研究所天聖令整理課題組校證，《天一閣藏明鈔本天聖令校證：附唐令復原研究》，北京：中華書局，2006。

貳、近人論著

一、專書

（一）中文部分

1. 乜小紅,《唐五代畜牧經濟研究》,北京:中華書局,2005。

2. 王永興,《陳門問學叢稿》,江西:江西人民出版社,1993。

3. 王東洋,《魏晉南北朝考課制度研究》,北京:社會科學文獻出版社,2009。

4. （日）古瀨奈津子著,高泉益譯,《遣唐使眼中的中國》,臺北:臺灣商務印書館,2005。

5. 史念海,《唐代歷史地理研究》,北京:中國社會科學出版社,1998。

6. 甘懷真,《皇權、禮儀與經典詮釋:中國古代政治史研究》,臺北:臺大出版中心,2004。

7. 全漢昇,《中國經濟史研究（上）》,板橋:稻鄉出版社,2003。

8. （日）池田溫著,龔澤銑譯,《中國古代籍帳研究》,北京:中華書局,2007。

9. 艾沖,《唐代都督府研究——兼論總管府・都督府・節度司之關係》,西安:西安地圖出版社,2005。

10. 何平立,《巡狩與封禪——封建政治的文化軌跡》,濟南:齊魯書社,2002。

11. （日）尾形勇,張鶴泉譯,《中國古代的「家」與國家》,北京:中華書局,2011。

12. 李方,《唐西州行政體制考論》,哈爾濱:黑龍江教育出版社,2001。

13. 李錦繡,《唐代財政史稿（第一冊）》,北京:社會科學文獻出版社,2007。

14. 李錦繡,《唐代財政史稿（第二冊）》,北京:社會科學文獻出版社,2007。

15. 李錦繡,《唐代財政史稿（第三冊）》,北京:社會科學文獻出版社,2007。

16. 谷霽光,《府兵制度考釋》,北京:中華書局,2011。

17. 辛德勇,《歷史的空間與空間的歷史》,北京:北京師範大學出版社,2005。

18. 孟憲實,《唐高宗的真相》,北京:北京大學出版社,2008。

19. 胡寶華,《唐代監察制度研究》,北京:商務印書館,2005。

20. 郁賢皓,〈蘇頲年譜〉,收入《中國典籍與文化》編輯部編,《中國典籍與文化論叢（第二輯）》,北京:中華書局,1995。

21. 倉修良,《倉修良探方志》,上海:華東師範大學出版社,2005。

22. 唐長孺，《魏晉南北朝史論拾遺》，北京：中華書局，2011。

23. 孫英剛，《神文時代：讖緯、術數與中古政治研究》，上海：上海古籍出版社，2015。

24. 徐富昌，《睡虎地秦簡研究》，臺北：文史哲出版社，1993。

25. 高明士，《中國中古禮律綜論續編：禮教與法制》，臺北：元照，2020。

26. 高明士，《律令與天下法》，臺北：五南圖書，2012。

27. 高明士，《隋唐貢舉制度》，臺北：文津出版社，1999。

28. 高敏，《秦漢史探討》，鄭州：中州古籍出版社，1998。

29. 張弓主編，《敦煌典籍與唐五代歷史文化（上卷）》，北京：中國社會科學出版社，2006。

30. 張文昌，《制禮以教天下——唐宋禮書與國家社會》，臺北：臺大出版中心，2012。

31. 張文昌，《唐代禮典的編纂與傳承：以《大唐開元禮》為中心》，永和：花木蘭出版社，2008。

32. 張國剛，《唐代藩鎮研究》，北京：中國人民大學出版社，2009。

33. 張達志，《唐代後期藩鎮與州之關係研究》，北京：中國社會科學出版社，2011。

34. 張榮強，《漢唐籍帳制度研究》，北京：商務印書館，2010。

35. 梁滿倉，《魏晉南北朝五禮制度考論》，北京：社會科學文獻出版社，2009。

36. 陳志堅，《唐代州郡制度研究》，上海：上海古籍出版社，2005。

37. 陳俊強，《皇恩浩蕩：皇帝統治的另一面》，臺北：五南圖書，2005。

38. 陳祖言，《張說年譜》，香港：中文大學出版社，1984。

39. 陳登武，《從人間世到幽冥界——唐代的法制、社會與國家》，臺北：五南圖書，2005。

40. 陶新華，《北魏孝文帝以後北朝官僚管理制度研究》，成都：巴蜀書社，2004。

41. 傅璇琮，《唐代科舉與文學》，陝西：陝西人民出版社，2003。

42. 曾一民，《唐代考課制度研究》，臺北：臺灣商務印書館，1978。

43. （日）渡邊信一郎，徐沖譯，《中國古代的王權與天下秩序：從日中比較史的角度出發》，北京：中華書局，2008。

44. 程志、韓濱娜著,《唐代的州和道》,西安:三秦出版社,1987。

45. 黃永年,《唐代史事考釋》,臺北:聯經出版社,1998。

46. 楊曉宜,《唐代的捕亡制度》,新北市:花木蘭文化出版社,2012。

47. 寧志新,《隋唐使職制度研究(農牧工商編)》,北京:中華書局,2005。

48. 劉俊文,《敦煌吐魯番唐代法制文書考釋》,北京:中華書局,1989。

49. 劉後濱,《唐代中書門下體制研究——公文形態‧政務運行與制度變遷》,濟南:齊魯書社,2008。

50. 潘子正,《意外的臨界點:皇權傳承與僖宗朝前期(873～880)的政治角力》,臺北:五南圖書,2019。

51. 鄧小南,《課績‧資格‧考察——唐宋文官考核制度側談》,河南:大象出版社,1997。

52. 賴瑞和,《唐代中層文官》,臺北:聯經出版社,2008。

53. 謝元魯,《唐代中央政權決策研究》,臺北:文津出版社,1992。

54. 羅彤華,《唐代官方放貸之研究》,板橋:稻鄉出版社,2008。

55. 嚴耕望,《唐史研究叢稿》,香港:新亞研究所,1969。

56. 嚴耕望,《中國地方行政制度史甲部:秦漢地方行政制度》,臺北:中央研究院歷史語言研究所,1997。

57. 嚴耕望,《中國地方行政制度史‧魏晉南北朝地方行政制度(上)》,上海:上海古籍出版社,2007。

58. 顧建國,《張九齡年譜》,北京:社會科學出版社,2005。

(二)外文部分

1. (日)大津透,《日唐律令制の財政構造》,東京:岩波書店,2006。

2. (日)中村裕一,《中國古代の年中行事(第一卷:春)》,東京:汲古書院,2009。

3. (日)坂本太郎,《日本古代史の基礎的研究(下:制度篇)》,東京:東京大學出版會,1964。

4. (日)青山定雄,《唐宋時代の交通と地誌地圖の研究》,東京:吉川弘文館,1963。

5. (日)金子修一,《古代中國と皇帝祭祀》,東京:汲古書院,2001。

6. (日)金子修一,《中國古代皇帝祭祀の研究》,東京:岩波書院,2006。

7.（日）曾我部靜雄，《中國社會經濟史の研究》，東京：吉川弘文館，1976。

8.（日）渡邊信一郎，《中國古代國家の思想構造》，東京：校倉書房，1994。

9.（日）渡邊信一郎，《天空の玉座——中國古代帝國の朝政と儀禮》，東京：柏書房，1996。

二、期刊與專書論文

（一）中文部分

1. 于賡哲，〈從朝集使到進奏院〉，《上海師範大學學報（社會科學版）》，31：5（上海，2002.09）。

2.（日）工藤元男，李守愛譯，〈秦內史——依睡虎地簡為主之研究〉，《簡牘學報》，10（臺北：1981.07）。

3. 孔祥軍，〈西晉上計簿書復原與相關歷史研究——以湖南郴州蘇仙橋出土晉簡為中心〉，《中華歷史與傳統文化研究論叢》，1（秦皇島，2015.04）。

4. 王義康，〈唐代蕃州朝集制度試探〉，《陝西師範大學學報（哲學社會科學版）》，43：3（西安，2014.05）。

5. 王德權，〈決杖於朝堂——隋唐皇帝與官僚群體互動的一幕〉，《唐研究》，21（北京，2015.12）。

6. 王德權，〈東京與京都之外——渡邊信一郎的中國古代史研究〉，收入（日）渡邊信一郎，徐沖譯，《中國古代的王權與天下秩序：從日中比較史的角度出發》，北京：中華書局，2008。

7. 王靜，〈唐長安城中的節度使宅第——中晚唐中央與方鎮關係的一個側面〉，《人文雜誌》，2006 年 2 期（西安，2006.03）。

8. 王靜，〈朝廷和方鎮的聯絡樞紐：試談中晚唐的進奏院〉，收入鄧小南主編，《政績考察與信息渠道：以宋代為中心》，北京：北京大學出版社，2008。

9. 古怡青，「〈廐牧令〉唐 23 條譯註」，收入高明士主編，《天聖令譯註》，臺北：元照，2017。

10. 申忠玲，〈唐代朝集制度的廢止及其原因〉，《青海師範大學學報（哲學社會科學版）》，2009 年 6 期（西寧，2009.11）。

11. 申忠玲，〈唐代朝集制度與進奏制度關係之辨析〉，《太原師範學院學報（社會科學版）》，9：4（太原，2010.07）。

12. 申忠玲，〈唐代朝集制度確立時間小考〉，《西安文理學院學報（社會科學版）》，10：1（西安，2007.02）。

13. 石曉軍，〈隋唐四方館考略〉，《唐研究》，7（北京，2001.12）。

14. 伍伯常，〈唐德宗的建藩政策——論中唐以來制禦藩鎮戰略格局的形成〉，《東吳歷史學報》，6（臺北，2000.03）。

15. （日）池田溫，〈採訪使考〉，收入《第一屆國際唐代學術會議論文集》，臺北：中華民國唐代研究學者聯誼會出版，1989。

16. （日）池田溫，〈開元十三年西州都督府牒秦州殘牒簡介〉，收入季羨林等編，《敦煌吐魯番研究（第三卷）》，北京：北京大學出版社，1998。

17. 吳昌廉，〈兩漢障侯、都尉上計考略〉，收入簡牘學會編輯部主編，《勞貞一先生九秩榮慶論文集(簡牘學報第十六期)》，臺北：蘭臺出版社，1997。

18. 吳麗娛，〈營造盛世：《大唐開元禮》的撰作緣起〉，《中國史研究》，2005年3期（北京，2005.08）。

19. 吳麗娛，〈朝賀皇后：《大唐開元禮》中的則天舊儀〉，《文史》，74（北京，2006.02）。

20. 吳麗娛，〈兼融南北：《大唐開元禮》的冊后之源〉，《魏晉南北朝隋唐史資料》，23（武漢，2006.12）。

21. 吳麗娛，〈朝集使在郊廟禮儀中的出現——《大唐開元禮》校讀箚記一則〉，《隋唐遼宋金元史論叢》，7（北京，2017.06）。

22. 吳麗娛，〈唐代信息研究的特色與展望——以信息傳遞的介質、功能為重點〉，《唐宋歷史評論》，4（北京，2018.05）。

23. 李小榮，〈政治、宗教與文學——閻朝隱《鸚鵡貓兒篇》發覆〉，《福建師範大學學報（哲學社會科學版）》，2013年5期（福州，2013.09）。

24. 李孔懷，〈秦漢課計制度〉，《中國古代史論叢》，1981年1輯（福州，1981）。

25. 李永，〈從P.3547號敦煌文書看唐中後期的賀正使〉，《史學月刊》，2012年4期（開封，2012.04）。

26. 李永，〈從州邸到進奏院：唐代長安城政治格局的變化〉，《南都學壇（人文社會科學學報）》，30：2（南陽，2010.03）。

27. 李永，〈從朝集使到進奏官——兼談中國古代的「駐京辦事處」〉，《天府新論》，2011年6期（成都，2011.11）。

28. 李永，〈貓與鸚鵡：武則天時期的動物、宗教與政治〉，《宗教學研究》，
2019 年 2 期（成都，2019.06）。

29. 李成珪，〈虛像的太平：從漢帝國之瑞祥與上計的造作——從尹灣簡牘
〈集簿〉的分析說起〉，《國際簡牘學會會刊》，4（臺北，2002.05）。

30. 李彬，〈唐代進奏院述略〉，《現代傳播——北京廣播學院學報》，1998 年
1 期（北京，1998.02）。

31. 李斌城主編，〈唐代禮儀風俗〉，收入《唐代文化（中）》，北京：中國社
會科學出版，2002。

32. 李錦繡，〈唐開元二十五年《倉庫令》研究〉，《唐研究》，12（北京，
2006.12）。

33. （日）妹尾達彥，黃正建譯，〈唐代長安城的禮儀空間〉，收入（日）溝
口雄三、小島毅主編，《中國的思維世界》，南京：江蘇人民出版社，
2006。

34. 孟彥弘，〈唐代的驛、傳送與轉運——以交通與運輸之關係為中心〉，《唐
研究》，12（北京，2006.12）。

35. 孟憲實，〈唐令中關於僧籍內容的復原問題〉，《唐研究》，14（北京，
2008.12）。

36. （日）金子修一，（日）小澤勇司，〈唐代後半期的朝賀之禮〉，《唐史論
叢》，12（西安，2010.04）。

37. （日）金子修一，〈唐代長安的朝賀之禮〉，《唐史論叢》，11（西安，
2009.02）。

38. 侯旭東，〈丞相、皇帝與郡國計吏：兩漢上計制度變遷探微〉，《中國史研
究》，2014 年 4 期（北京，2014.11）。

39. 胡寶華，〈唐代朝集制度初探〉，《河北學刊》，1986 年 3 期（石家莊，
1986.06）。

40. 夏國強，〈拜舞長安——唐代元正朝會「舞蹈」禮儀的禮據與內涵〉，《唐
研究》，21（北京，2015.12）。

41. 翁俊雄，〈唐代計帳制度探索〉，《北京師院學報（社會科學版）》，1988 年
3 期（北京，1988.06）。

42. 高明士，〈唐律中的皇權〉，收入《中國古代社會研究》編委會主編，《中

國古代社會研究——慶祝韓國磐先生八十華誕紀念論文集》，廈門：廈門大學出版社，1998。

43. 高恒，〈漢代上計制度論考——兼評尹灣漢墓木牘《集簿》〉，《東南文化》，123（南京，1999.02）。

44. 張國剛，〈唐代鄉村基層組織及其演變〉，《北京大學學報（哲學社會科學版）》，46：5（北京，2009.09）。

45. 陳俊強，〈唐代量移試探〉，收入中國唐代學會、國立中正大學中文系、歷史系合編，《第五屆唐代文化學術研討會論文集》，高雄：麗文文化事業，2001。

46. 陳俊強，〈從《天聖·獄官令》看唐宋的流刑〉，《唐研究》，14（北京，2008.12）。

47. 陳俊強，「〈獄官令〉宋令31條譯註」，收入高明士主編，《天聖令譯註》，臺北：元照，2017。

48. 陳登武，〈從內律到王法：唐代僧人的法律規範〉，《政大法學評論》，111（臺北，2009.10）。

49. 彭邦炯，〈從出土秦簡再探秦內史與大內、少內和少府的關係與職掌〉，《中國文化月刊》，123（臺中，1990.01）。

50. （日）渡邊信一郎，周長山譯，〈元會的建構——中國古代帝國的朝政與禮儀〉，收入（日）溝口雄三、小島毅主編，《中國的思維世界》，南京：江蘇人民出版社，2006。

51. 游自勇，〈漢唐時期「鄉飲酒」禮制化考論〉，《漢學研究》，22：2（臺北，2004.12）。

52. 華林甫，〈隋唐《圖經》輯考（上）〉，《國立政治大學歷史學報》，27（臺北，2007.05）。

53. 黃清連，〈唐代的文官考課制度〉，《中央研究院歷史語言研究所集刊》，55：1（臺北，1984.03）。

54. 楊希義，〈唐代君臣朝參制度初探〉，《唐史論叢》，10（西安，2008.02）。

55. 葛劍雄，〈秦漢的上計和上計吏〉，《中華文史論叢》，22（上海，1982.05）。

56. 雷聞，〈俄藏敦煌 Дх.06521 殘卷考釋〉，《敦煌學輯刊》，39（蘭州，2001.06）。

57. 雷聞，〈隋唐朝集制度研究——兼論其與兩漢上計制之異同〉，《唐研究》，7（北京，2001.12）。

58. 劉子凡，〈唐代使職借印考——以敦煌吐魯番文書為中心〉，《敦煌吐魯番研究》，16（上海，2016.10）。

59. 劉安志，〈關於《大唐開元禮》的性質及行用問題〉，《中國史研究》，2005年3期（北京，2005.08）。

60. 劉豔杰，〈唐代進奏院小考〉，《廈門大學學報（哲學社會科學版）》，1997年4期（廈門，1997.10）。

61. 蔣寅，〈獨孤及文繫年補正〉，《山西大學師範學院學報（哲學社會科學版）》，33（太原，1996.03）。

62. 鄧小南，〈課績與考察：試談唐代文官考核制度的發展趨勢〉，收入鄧小南主編，《政績考察與信息渠道：以宋代為中心》，北京：北京大學出版社，2008。

63. （日）濱口重國，黃正建譯，〈所謂隋的廢止鄉官〉，收入劉俊文主編，《日本學者研究中國史論著選譯（六朝隋唐卷）》，北京：中華書局，1992。

64. 韓連琪，〈漢代的戶籍和上計制度〉，《文史哲》，126（濟南，1978.07）。

65. 魏斌，〈五條詔書小史〉，《魏晉南北朝隋唐史資料》，26（武漢，2010.12）。

66. 嚴耕望，〈景雲十三道與開元十六道〉，《中央研究院歷史語言研究所集刊》，36上（臺北，1965.12）。

（二）外文部分

1. （日）池田溫，〈沙州圖經略考〉，收入榎博士還曆記念東洋史論叢編纂委員會編，《榎博士還曆記念東洋史論叢》，東京：山川出版社，1975。

2. （日）金子修一，〈唐朝帝室の謁廟について——皇帝・皇太子・皇后〉，收入堀敏一先生古稀記念集編集委員會編《中國古代の國家と民眾》，東京：汲古書院，1995。

3. （日）前田紫穗美，〈律令制下における朝集使と文書の遞送〉，《皇學館論叢》，34：6（伊勢，2001.12）。

4. （日）重近啟樹，〈秦の內史をめぐる諸問題〉，收入「中國古代の國家と民眾」編輯委員會編，《堀敏一先生古稀記念：中國古代の國家と民

眾》，東京：汲古書院，1995。

5.（日）氣賀澤保規，〈唐代皇后の地位についての一考察——則天武后上台の歷史的背景〉，《明大アジア史論集》，8（東京，2002.03）。

6.（日）新城理惠，〈唐宋期の皇后・皇太后——太廟制度と皇后〉，收入野口鐵郎先生古稀記念論集刊行委員會編，《中華世界の歷史的展開》，東京：汲古書院，2002。

7.（日）福景信昭，〈唐代の進奏院——唐後半期「藩鎮體制」の一側面〉，《東方學》，105（東京，2003.01）。

參、碩博士論文

1. 林宗賓，〈唐代地方監察制度之研究〉，臺北：中國文化大學政治學研究所碩士論文，1989。

2. 徐知誼，〈隋唐禮制研究——以郊祀禮與皇帝權力為中心〉，臺北：國立政治大學歷史研究所碩士論文，2012。

3. 陳登武，〈唐代司法制度研究——以大理寺為中心〉，臺北：中國文化大學史學研究所碩士論文，1991。

肆、網路資料

1.（日）金子修一，〈則天武后與杜嗣先墓誌——與新發現井真成墓誌有關〉，讀書網 http://big5.dushu.com/showbook/101725/1058189.html（2011/10/18）本文收入王雙懷，郭紹林主編，《武則天與神都洛陽》。